Dorian Hartmuth

Wissenschaftliche Grundlegung für das Design eines Blended-Coaching-Instrumentariums

Hartmuth, Dorian

Wissenschaftliche Grundlegung für das Design eines Blended-Coaching-Instrumentariums

ISBN: 978-3-86741-831-7
Auflage: 1
Erscheinungsjahr: 2012
Erscheinungsort: Bremen, Deutschland

© Europäischer Hochschulverlag GmbH & Co KG, Fahrenheitstr. 1, 28359 Bremen

www.eh-verlag.de

Dorian Hartmuth

Wissenschaftliche Grundlegung für das Design eines Blended-Coaching-Instrumentariums

‚Manche Menschen sehen die Dinge,
wie sie sind, und sagen: Warum?
Ich träume von Dingen, die es nie gab, und sage:
Warum nicht?'

John F. Kennedy

Inhaltsverzeichnis

Verzeichnis der Abbildungen IV
Verzeichnis der Tabellen V
Verzeichnis der verwandten Abkürzungen VI

A 1 Einführung 1
    A 1.1 Thematische Grundlegung 1
    A 1.2 Forschungsüberblick zur Themenstellung 5
        A 1.2.1 Forschungsfeld 1: Überblick zu aktuellen Selbstmanagement-Theorien 5
        A 1.2.2 Forschungsfeld 2: Theoretische Ansätze zum herkömmlichen Coaching 13
        A 1.2.3 Forschungsfeld 3: Erste Theorien zum virtuellen Coaching 21
        A 1.2.4 Zusammenfassung zum derzeitigen Forschungsstand 23

B   Grundlegende Erkenntnisse 25
B 1 Formen des Coachings und deren Verwertbarkeit für das Blended-Coaching-Projekt 25
B 2 Zum Coaching-Prozess 31
    B 2.1 Erkenntnisse aus dem Bereich der Personalentwicklung für das Blended Coaching 31
    B 2.2 Erkenntnisse aus dem Bereich der Erwachsenenbildung für das Blended Coaching 41
B 3 Kooperativ ausgerichtetes E-Learning und Blended Learning 48
B 4 Erkenntnisse aus dem E-Learning für das Blended Coaching 59
B 5 Vorteile, Nachteile und Gemeinsamkeiten von virtuellem Coaching und herkömmlichen Verfahren 68

C   Auswertung didaktischer Theorien für das Blended Coaching 71
C 1 Entwicklung von Kriterien für das Design eines Blended-Coaching-Instruments auf der Basis didaktischer Theorien 71
C 2 Beiträge der Wirtschaftsdidaktik für die Entwicklung entsprechender Kriterien 79
C 3 Lernen innerhalb des virtuellen Coachings: Der problemorientierte Ansatz als Alternative zu den Modellen von Skinner, Bandura oder des Lernens durch Einsicht 83

D   Konkrete Operationalisierung des problemorientierten didaktischen Ansatzes für die vorliegende Aufgabenstellung 93
D 1 Problemsensitivierung durch Problemdiagnostik am Beispiel der Diagnostik von Krisen: Wie nimmt der Betroffene seinen Coaching-Bedarf wahr? 93
D 2 Krisendiagnostik konkret: Erfahrungsberichte von Krisenbetroffenen zu ihren persönlichen Interventionsstrategien 98

D 2.1 Vorstellung der Betroffenen 98
D 2.2 Zusammenfassung übertragbarer Erkenntnisse der Betroffenen zum Thema Krisendiagnostik und Krisenintervention und zugehörige Vorschläge 99
D 2.3 Wie bewältigten die Experten die Krise mental ohne externe Hilfsmittel? 110
D 2.4 Entwicklung von Handlungsalternativen durch die Krisenbetroffenen 113
D 2.5 Wie beurteilen die Experten die Notwendigkeit strategisch geplanter Krisenüberwindung? 117
D 2.6 Bereitschaft zur Zusammenarbeit mit einem Coach im Krisenfall 118
D 2.7 Einstellung zum Internet-Coaching-Instrument im Krisenfall 121
D 2.8 Nutzungsinteresse am Blended Coaching generell 122
D 2.9 Finale Wünsche an das Blended Coaching 123

D 3 Systematische Kriseninterventionsstrategien: Übertragbare Erkenntnisse für das Blended Coaching auf Basis der vorliegenden Forschung 128

E Schlussbetrachtung 134

F Anhang 137

G Literaturverzeichnis 169

Verzeichnis der Abbildungen

Abb. 1:	Notwendige Basisqualifikationen des Coaches	16
Abb. 2:	Zielorientierter Ablauf des Coaching-Prozesses	17
Abb. 3:	Prototypisches Modell eines Evaluationsprozesses	18
Abb. 4:	Partnership philosophy between coach and coachee	20
Abb. 5:	Blended Coaching structure example for a larger organisation	22
Abb. 6:	Web-Coaching-Modell für das Projekt-Coaching	28
Abb. 7:	Coaching-Formen und -Varianten	29
Abb. 8:	Abstimmung der Unternehmens- und Mitarbeiterziele in der Personalentwicklung	34
Abb. 9:	Systemisches Denken und Beraten in Kreisläufen	39
Abb. 10:	Bedingungsfelder von Lernen nach dem Berliner Modell	44
Abb. 11:	Methoden zur Erfassung von Lernvoraussetzungen	47
Abb. 12:	Zielfunktionen von Evaluation	57
Abb. 13:	Aufgabenprofil einer Programmevaluation	58
Abb. 14:	Paralleles Blended Learning	61
Abb. 15:	Wichtige Faktoren für die Gestaltung eines multimedialen Unterrichts	64
Abb. 16:	Organisation of an online discussion group	66
Abb. 17:	Systematisches Aktionsschema, hier in Anwendung auf das Blended Learning	67
Abb. 18:	Bestimmungen der Didaktik nach Gegenstandsfeldern	72
Abb. 19:	Kernbereiche ökonomischer Bildung	80
Abb. 20:	Klassische Lerntheorien: Vom Behaviorismus zu kognitiven Theorien	83
Abb. 21:	Lernen als problemlösender Prozess	88
Abb. 22:	Der Weg zur Selbststeuerung beim problemorientierten Lernen	91
Abb. 23:	Phasen von krisenhaften Entwicklungen in Unternehmen	129

Verzeichnis der Tabellen

Tab. 1: Begriffscharakterisierungen bzw. Definitionen zur Erläuterung von Selbstmanagement 5

Tab. 2: Von außen versus von innen angestoßenes Selbstmanagement 11

Tab. 3: Definition von Coaching nach Rauen 14

Tab. 4: Coaching und Supervision, eine Gegenüberstellung 19

Tab. 5: Art des Coaches und mögliche Settings nach Rauen 26

Tab. 6: Zieldefintionen von unternehmensbezogenem Coaching 36

Tab. 7: Verschiedene Ausrichtungen von Handlungsintentionen erwachsener Lernender und Coachees 45

Tab. 8: Lernarten und deren Einsatzmöglichkeiten mittels verschiedener Lernapplikationen 50

Tab. 9: Lernen mit virtuell unterstützenden Medien im Vergleich zum herkömmlichen Lernen 52

Tab. 10: Reasons for organizations to evaluate E-Learning 55

Tab. 11: Schlussfolgerungen für die Programmevaluation 56

Tab. 12: Vergleich virtuelles und herkömmliches Coaching 70

Tab. 13: Kompetenz-Teilbereiche von Didaktik (entwickelt anhand von Methodikstandards für die Lehrerfortbildung) 73

Tab. 14: Wege zum Erreichen von Handlungsorientierung 75

Tab. 15: Rolle der Kommunikation zur Krisenbewältigung bei Abwesenheit fremder Hilfsmittel 110

Tab. 16: Krisenüberwindung und strategische Planung 118

Tab. 17: Einstellung zum Internet-Coaching-Instrument im Krisenfall 122

Tab. 18: Nutzungsinteresse am Blended Coaching im Überblick 123

Verzeichnis der verwandten Abkürzungen

Aufl.	Auflage
Bd.	Band
bspw.	beispielsweise
bzw.	beziehungsweise
d. h.	das heißt
et al.	et altera
etc.	et cetera
f.	folgende (Seite)
ff.	folgende (Seiten)
ggf.	gegebenenfalls
Hf.	Heft
Hrsg.	Herausgeber
i. d. R.	in der Regel
i. e. S.	im engeren Sinn
insb.	insbesondere
i. S.	im Sinne
Jg.	Jahrgang
o. J.	ohne Jahr
o. V.	ohne Verfasser
S.	Seite
s.	siehe
s. o.	siehe oben
Sp.	Spalte
u. a.	unter anderem
usw.	und so weiter
u. U.	unter Umständen
vol.	Volume
z. B.	zum Beispiel
z. T.	zum Teil

A 1 Einführung

A 1.1 Thematische Grundlegung

Diese Arbeit gehört zu einer Reihe wissenschaftlicher Arbeiten des Verfassers, die sich mit der Entwicklung einer Innovation befassen, von der wesentliche Impulse für den Aufbruch aus krisenhaften Entwicklungen und zirkulär gleichbleibenden Schwächen im Berufsleben ausgehen sollen. Die Bereiche des Management-Coachings und des damit verbundenen Selbstmanagements, um die es hier in wesentlicher Weise geht, wurden wissenschaftlich in den letzten Jahrzehnten noch nicht befriedigend durchdrungen. Entscheidender jedoch: Es fehlen noch schlagkräftige Strategien, um den Berufstätigen aus nivellierender Funktionsbezogenheit jahrzehntelang gleichförmiger Tätigkeiten zu befreien. Die Revolution der Informationstechnologie brachte bisher eine Formalisierung, eine Systematisierung und erhöhte Kontrollmöglichkeiten für das Arbeitsleben mit sich, trug aber wenig zur Weckung der kreativen, der innovativen und selbstverantwortlichen Potenziale bei, die in Millionen jener Menschen ruhen, die tagtäglich überall auf der Welt acht Stunden lang auf Bildschirme schauen und Aufgaben ausführen, die ihnen vorgegeben werden.

Experten schlagen Alarm, nach aktuellen Messungen geht die Intelligenz solchermaßen in Räderwerken aus E-Mails und Informationssystemen gefangener Menschen eher zurück, als dass sie steigt.[1]

Der Heidelberger Gründer des FORUM, Institut für Management, ein marktführendes Unternehmen im Bereich der Managementweiterbildung, Axel von Schellenberg[2], beschreibt diesen Prozess wie folgt:

> Seit dreißig Jahren ist eine Vielzahl von Führungskräften zu einem großen Teil ihrer Tätigkeit zu Datentypisten geworden: Sie verbringen die Tage gebeugt über Laptops und geben Kennziffern ein, sie verlieren den Blick für die Dinge, die ihre Strategien und ihre Unternehmen wirklich voranbringen.

Die Resultate dieser Entwicklung sind bekannt: Scheuklappenbehaftete Topmanager in weltweiten Finanzinstituten produzierten im Jahr 2008 eine

---

[1] Hemp (2009): 101, vor wenigen Jahren ergab eine von Hewlett-Packard durchgeführte Studie, dass der IQ von Wissensmitarbeitern, die durch E-Mails und Telefonanrufe abgelenkt wurden, durchschnittlich um zehn Punkte unter ihr normales Niveau sank. Hemp zitiert eine AOL-Studie (2008), wonach 46 Prozent von 4.000 befragten US-Amerikanern E-Mail-süchtig seien.
[2] Mündliches Zitat aus dem Jahr 2008

Wirtschaftskrise, die alles bisher Dagewesene sprengte. Sie hatten Geldvermehrung um ihrer selbst willen betrieben, nicht nur ethische Normen ignorierend, sondern jeden Blick für eine objektive Risikobeurteilung verlierend. Gleichzeitig rollt eine neue Modewelle über das weltweite Management: Kein Topmanager kommt mehr ohne Sparringspartner, ohne Coach aus in dem Bemühen, dort den Werte-, den Krisenbegegnungs- und Kreativitätsimpuls zurückzuerhalten, der ihm im Beruf verloren geht.

Diese Untersuchung befasst sich mit einer wissenschaftlichen Grundlegung für eine Dienstleistung, die heute noch nicht existiert, dem Blended Coaching. Der Leitgedanke ist einfach: Wenn persönliches Coaching zu teuer ist, um einen großen Teil der Berufstätigen damit versorgen zu können, dann sollen nun Instrumente entwickelt werden, die Coaching leichter verfügbar werden lassen. Der erste Gedanke ist hier, Teile der persönlichen Interaktion zwischen Coach und Coachee in einen elektronisch gesteuerten Dialog zu überführen. Wesentlich ist aber auch, systematisierende, ordnende und perspektivenerweiternde Gesichtspunkte in den Coaching-Prozess einzuführen, der bisher nur vom persönlichen Horizont beider Gesprächspartner eingegrenzt war.

Gegenstand dieser Arbeit ist nun, aus verschiedenen Blickwinkeln der Personalentwicklung, der Erwachsenenbildung und der systemischen Beratung zu eruieren, worin diese perspektivische Erweiterung eines elektronisch gesteuerten Teilprozesses im Coaching bestehen kann.

Mit dieser Absicht werden zunächst Forschungsergebnisse aus klassischen Coaching-Feldern gesammelt. Weiterhin fließen erste Erkenntnisse einer Untersuchung mit den neuen elektronischen Medien im Coaching ein.

Im nächsten Schritt werden klassische Felder der (Personal-)Entwicklung von Berufstätigen dahin gehend analysiert, welche inhaltlichen Faktoren und Strategien für ein neues Instrument anwendbar sind, das Weiterbildung und Beratung in der Kombination aus persönlichem und elektronischem Coaching vereint. Diese neuen Perspektiven werden aus dem Bereich der Personalentwicklung und dem Erwachsenenlernen gewonnen.

Als ein dritter Fundus für neu aufbereitetes Wissen für ein Blended-Coaching-Instrument werden aktuelle Trends aus dem Bereich des E-Learnings vorgestellt. Ein ganzes Kapitel widmet sich dann dem Thema, nach welchen Kriterien E-Learning als Grundlegung für das Blended Coaching dienen kann.

Obwohl viele interessante Transfermöglichkeiten aus den oben genannten Nachbardisziplinen existieren, fehlt für ein elektronisch gestütztes Coaching bis dato jegliche Antwort auf die folgende Frage: Wie wird der Coachee konkret befähigt, in der Kommunikation mit einem Computer, statt wie bisher nur mit einem Menschen, zu neuen Kompetenzen zu finden?

Welche Strategien des Lernens sind hier in Anwendung zu bringen, welche Wege führen in Sackgassen? Diskutiert werden in dieser Arbeit verschiedene didaktische Forschungsrichtungen. Dies mit der Maßgabe, zu Aussagen zu finden, was sie konkret zur Beantwortung der obigen Fragestellung beitragen können.

Zu der Struktur der vorliegenden Arbeit im Detail, aufgeschlüsselt nach den folgenden Kapiteln:

Im ersten Kapitel wird eine Sondierung zu wesentlichen Forschungserkenntnissen vorgenommen, zunächst ausgehend von klassischen Theorien im Bereich Selbstmanagement und herkömmliches Coaching, dann eingehend auf erste Untersuchungen, die im Feld des virtuellen Coachings stattgefunden haben.

Im zweiten Kapitel werden bestehende Formen des herkömmlichen Coachings genauer untersucht und dahin gehend überprüft, welche Kriterien aus diesen für das Blended Coaching verwertbar sind. Um eine breitere Perspektive aus dem Bereich benachbarter Disziplinen zu schaffen, werden dann moderne Entwicklungen in der Personalentwicklung und in der Erwachsenenbildung mit dem Ziel diskutiert, daraus Grundlagen für erste Konzepteigenschaften des Blended Coachings herzuleiten.

Der Bereich des E-Learnings und hier insbesondere der des Blended Learnings ist dem Blended Coaching eng verwandt. Daher wird zunächst eingehend die aktuelle Forschung in diesen Feldern betrachtet, um dann konkrete Vorschläge aus diesen Erkenntnissen für das Blended Coaching zu formulieren. Ein eigenes Unterkapitel wird hier dem Bereich des rein virtuellen Coachings gewidmet, zu dem erste Forschungsergebnisse vorliegen und es wird konkret gefragt, wo die Möglichkeiten und Grenzen des virtuellen Coachings in der Anwendung des zu entwickelnden Blended-Coaching-Modells liegen.

Das dritte Kapitel geht auf aktuelle Entwicklungen im Bereich der Didaktik und hier insbesondere der Wirtschaftsdidaktik ein; denn ein schlüssiges didaktisches Konzept ist essentiell, um die vielen Zweifel von Experten an elektronisch gesteuerte Coaching-Modelle zu überwinden.

Es werden erste Ansätze für die Darstellung didaktischer Plausibilität des Blended-Coaching-Instruments formuliert. Explizit stehen problemorientierte Theorien des Lernens im Vordergrund, die von weniger für das Blended Coaching geeigneten Axiomen wie des Lernens durch Einsicht, weiterhin der Thesen von Bandura und Skinner abgegrenzt werden.

Im vierten Kapitel schließlich wird diese problemorientierte didaktische Sicht am Beispiel der Diagnostik und Überwindung von Krisen konkretisiert. Dieser Bereich wird gewählt, weil er wesentlich erfolgsbedingend für die Innovation des Blended Coachings ist. Krisenprävention, Krisen zu erkennen und Krisen zu lösen sind die entscheidenden Kriterien in der Bedarfslage von Coachees. (Wobei hier gewarnt wird vor einer ausschließlichen Perspektive des „fire fighting" für ein Coaching-Konstrukt, weil die Sicht auf Krisen und Probleme nicht genügt, um im Leben des Coachee tatkräftig neue Ziele anzugehen, neuere und erfüllendere Lebenskonstrukte zu finden und zu realisieren.)

Zunächst wird versucht, die Frage zu beantworten, ob Manager und Berufstätige überhaupt affin sind, Krisen durch die Begleitung eines Coaches aufzuarbeiten. Einige Artikel aus mehreren Jahrgängen des *manager magazins* zum Verhalten von Führungskräften im Krisenfall werden mit diesem Ziel analysiert. Solch eine Evaluierung ist nötig als Grundlegung für die spätere Diskussion darüber, inwiefern das Blended Coaching überhaupt von Krisenbetroffenen potenziell nachgefragt werden wird.

Unter anderem mit der Absicht, den eben angesprochenen Punkt zu klären, wurde acht krisenbetroffenen Führungskräften aus der deutschsprachigen Wirtschaft ein einheitlicher Fragebogen vorgelegt, aus dem Auskünfte zu ihrem konkreten Verhalten im Krisenfall hergeleitet werden.

Jede der Antworten auf die Fragen wird dann sorgfältig dahin gehend analysiert, welche Erkenntnisse der Experten sich für ein Kriseninterventions-Modul im Blended-Coaching-Instrument ableiten lassen. Dieser Ansatz wird zum Schluss noch erweitert um die Diskussion wissenschaftlicher Theorien zum Feld der Krisendiagnostik und -intervention, um so weitere Aussagen für ein systematisches Blended-Coaching-Modul im Bereich der Krisenbewältigung generieren zu können.

Es bleiben für die weitere Entwicklungsarbeit noch einige Fragen offen, wie die nach einer konkreten Konzeptionisierung des Onlineauftritts, der tatsächlichen Vernetzung zwischen persönlichem und elektronischem Coaching und nicht zuletzt der technischen Abbildung eines Mediums, das von einer größeren Zahl Coachees gleichzeitig genutzt werden soll. Wesentlich scheint aber, den Gesichtspunkt softwaregesteuerter Coaching-Teilprozesse aus dem unkonkreten, nur unzureichend erforschten Bereich mit wenig inhaltlicher Validierung herauszuheben.

Das soll Aufgabe der hier vorliegenden Untersuchung sein.

A 1.2 Forschungsüberblick zur Themenstellung

A 1.2.1 Forschungsfeld 1: Überblick zu aktuellen Selbstmanagement-Theorien

Blended Coaching wie es in dieser Untersuchung als innovatives Instrument vorgestellt wird, beinhaltet als wesentliche Komponente das Selbstcoaching. Zum Begriff des Selbstcoachings selbst gibt es noch keinerlei relevante Forschungsarbeiten, aber ein eng verwandter Begriff, Selbstmanagement, vermittelt wertvolle Erkenntnisse im Spiegel der aktuellen Forschung, die für die Aufgabenstellung dieser Arbeit direkt verwertbar sind.

Im Folgenden werden solche Arbeiten aus dem Bereich der Selbstmanagement-Forschung benannt und dargestellt, die für den Aufbau einer Blended-Coaching-Systematik hilfreich sind.

Einleitend soll die Darstellung mehrerer Definitionsversuche von angelsächsischen Autoren dazu dienen, einen ersten Zugang zur Theorie des Selbstmanagements zu entwickeln:

Autor (Jahr)	Begriffscharakterisierung bzw. Definition
Thoresen und Mahoney (1974)	„A person displays self-control when in the relative absence of immediate external constraints, he engages in behavior whose previous probability has been less than that of alternatively available behaviors." (S. 12)
Frayne und Latham (1987)	„The theory states that by arranging environmental contingencies, establishing specific goals, and producing consequences for their actions, people can be taught to exercise control over their behavior." (S. 387)
Frayne und Geringer (2000)	„One approach to controlling behavior in organizations is through the external application of control mechanisms to influence employees toward organizational goals. In contrast, self-management is an effort by an individual to exert control over certain aspects of his or her decision making and behavior." (S. 361)

Tab. 1: Begriffscharakterisierungen bzw. Definitionen zur Erläuterung von Selbstmanagement[3]

Die genannten Forscher betonen hier sämtlich die Eingebundenheit des Individuums in äußere Bezugssysteme, von denen konkrete Reaktionsweisen des Einzelnen abhängen.

Es ist festzuhalten, dass die Forschung zum Bereich des Selbstmanagements eine junge Disziplin ist. Erst seit circa fünfzehn Jahren existiert eine systematische Evaluation zum Nachweis der Effektivität von Selbstmanagement-Verfahren im Bereich der Arbeits- und Organisationspsychologie.

Klein[4] (2001) zitiert Frayne und Latham (1987), wenn er zum Stand der empirischen Forschung im Bereich Selbstmanagement Folgendes herausstellt:

---

[3] Haberstroh (2006): 17
[4] Frayne und Latham (1987) in Klein (2001): 13

„Few, if any, empirically based experiments have been conducted in organizational settings on the efficacy of training in self-management."
Selbstmanagement ist eine praxisnahe Art der Entwicklung von Strategien für die Lebensrealität. Es geht hier in der Auseinandersetzung mit den Anforderungen der Außenwelt um eine anwendende und um eine aktiv direkte Antworten formulierende Form praktischer Lebenshilfe.[5] Diese Ausrichtungen an den Erfordernissen des Lebens formen auch eigene Werthaltungen zum Leben und über die eigene Person. So entstehen Handlungsleitsätze, die richtungweisend für eigene Einstellungen sind.[6]

Grundlage dieser reinen Praxisorientierung ist eine Steuerung von fortlaufenden, aktiven und reaktiven Veränderungsprozessen, die durch ein bewusstes Selbstmanagement angestoßen werden. Konflikte mit der Außenwelt stoßen immer neue Formen der Reaktanz an. Ziel ist es, zu immer neuen und erfolgversprechenderen Strategien zu finden, die zu einer Auflösung von Konflikten führen.[7]

Dabei kann es bei Selbstmanagement nicht einfach um ein Aneinanderreihen von erfolgreich aufgelösten Konflikten gehen. Der Prozess benötigt das nach vorn ausgerichtete Formulieren von Zielen und daraus abgeleiteten, sorgfältig ausgearbeiteten Strukturen.[8] Wer bestimmt solche Zielrichtungen? Es geht hier um eine Orientierung, die dem Selbstmanager als persönlich bedeutend erscheint, damit er sie verinnerlicht und motiviert an ihrem Erreichen arbeitet.

Denn nur bei Zielausrichtungen, die persönlich relevant sind und direkt eigene Motivationen berühren, können Werte und Wünsche Erfüllung finden, die wesentliche Triebkräfte für ein erfolgreiches Handeln sind.

Was an Selbstmanagement wirklich geschieht in der Praxis des Berufslebens, was also in aller Regel von Managern und sonstigen Berufstätigen von dem oben theoretisch Festgelegten umgesetzt wird, beschreibt Heinemeier[9], wenn er die klassischen Grundfehler von Berufstätigen, die heutzu-

---

[5] Müller (2004): 30-41, Müller führt in diesem Zusammenhang den Begriff der „Selbstführung" ein und beschreibt sich gut selbst führende Menschen als mit einem objektiven Blick auf eigene Fähigkeiten und Ziele ausgestattete Individuen, er verweist auf Drucker (1999): 14, der erfolgreiche Menschen als solche definiert, die ihre eigenen Stärken kennen und einsetzen.
[6] Wehmeier (2001): 10, Wehmeier spricht hier von „neuen Handlungsleitsätzen" und einer „praktischen Psychologie", die sich auf die eigene Lebenseinstellung auswirkt.
[7] Wehmeier (2001): 9
[8] Pütz (1997): 83
[9] Heinemeier (1991): 82

tage in der Mehrheit ohne Instrumente aktiven Selbstmanagements arbeiten, benennt und davon spricht, dass in schnelllebig konzeptlos aufgesetzten Lebensprozessen wichtige, langfristige Ziele zugunsten kurzfristiger, drängender Aufgaben vernachlässigt werden. Er bezieht diese Fehlentwicklung nicht nur auf den beruflichen Bereich, sondern sieht diese Kurzfrist-Orientierung auch als prägend für eine große Zahl „moderner" privater Lebenskonzepte.

Wenn also heute Selbstmanagement im landläufig formulierten Sinn diskutiert wird, so handelt es sich oft um ein Einteilen des Arbeitstages in Aufgaben und Projekte.

Eine ganze Anzahl aktueller Forschungsberichte nehmen in diesem Zusammenhang dagegen Stellung mit einfachen Methoden wohlorganisierter Zeiteinteilung, wie etwa von Seifert in seinen vielen populärwissenschaftlichen Büchern postuliert, Zielerreichungsmethoden zu einem bloß mechanistischem Modell zu erklären. Die Abwesenheit von zugrunde liegenden Konstrukten der Sinnerfüllung wirkt sich verheerend für den Einzelnen aus.

Pütz[10] sei hier als ein kritisierender Forscher von vordergründig agierenden Selbstmanagement-Methoden herausgegriffen, er gibt Hinweise auf die Unzulänglichkeit bisheriger Gestaltungshilfen, die von der aktuellen Gehirnforschung mit ihren Hirnhälftendominanz- bzw. Seitigkeitsuntersuchungen kommen. Pütz bezieht sich hier auf Seiber und Kleiner (1991), die gängige Zeit- und Selbstmanagement-Theorien insofern infrage stellen, als diese mechanistischen Modelle unterschiedlich ausgerichtete Hirndominanzen unberücksichtigt lassen.

Pütz stellt heraus, dass Prinzipien wie rational-logische Organisation und Strukturierung lediglich den „linksdominanten Anwendern" als brauchbare Hilfestellung dienen. Schließlich geht Pütz auf die Forschungen von Schömbs[11] ein. Dieser bezweifelt die Tauglichkeit gängiger Zeitmanagementempfehlungen für die erfolgreiche Bewältigung des (Arbeits-)Alltags. Schömbs weist darauf hin, dass insbesondere bei erfolgreichen und kreativen Menschen der Eindruck entstehe, dass „das scheinbare Chaos regiert", auch wenn Erfolge im Nachhinein als das Ergebnis eigenen Plänen folgenden Wirkens dargestellt werden.

Hier wird deutlich, dass die tatsächliche Forschung zum Selbstmanagement bisher zu wenig Eingang findet in die große Zahl populärer ratgebender Erzeugnisse. Was von Pütz angesprochen wird, ist die Fähigkeit besonders leis-

---

[10] Pütz (1997): 46
[11] Schömbs (1989): 14

tungsfähiger Menschen, entgrenzend zu denken und zu handeln und durch solche Perspektivwechsel Probleme weitreichender und effizienter zu lösen als dies ein reiner Zeitmanager zu organisieren vermag. Ein mechanisches Verwalten, bloßes Einteilen und effizienteres Gestalten von Zeit kann nicht darüber hinwegtäuschen, dass wir in einer Zeit mangelnder zugrunde liegender Visionen, Konzepte und werteorientierter Überzeugungen leben. Solche tiefer analysierenden Ausrichtungen sind es, die zu überzeugenden Lebensantworten finden lassen.

Eine große Zahl von, aus dem beschriebenen limitierten Blickwinkel agierender, Managern hat heute ein System des Zeitmanagements akzeptiert, das sich von Belohnung zu Belohnung, vergleichbar mit einer Skinner'schen Box, bewegt und dankbar auf jede positive Verstärkung reagiert, wenn die Zeitanforderungen umgebender verpflichtender und einengender Instanzen erfüllt werden.[12]

Hier geht es also um ein Leben unter ständigen Zeitdruck, einem Stress, die Zeitanforderungen anderer zu erfüllen ohne Berücksichtigung eigener Wünsche und Bedürfnisse, ja ohne auch nur ein eigenes Konzept dieser Wunscherfüllung in irgendeiner Weise zu verfolgen. Dabei steigt der eben beschriebene Außenstress umso mehr an, je mehr unterschiedliche soziale Bezugssysteme Reaktionen einfordern. Je komplexer die Netze sozialer Beziehungen, desto höher der blindmachende Zeitdruck.[13]

In diesem ständigen Eingehen auf die Wünsche anderer werden die sozialen Beziehungen selbst mechanisiert, ihr menschlicher Kern, ihre zugrunde liegenden ethischen Werte gehen verloren. Wo Menschen miteinander nur noch „funktionieren" wird die Selbst-, Affekt- und Triebkontrolle mit all den negativen Auswirkungen für das eigene Wohlbefinden verinnerlicht.[14] Tiefe, Innigkeit und menschliche Intimität des Miteinanders werden geopfert in dem Tempel der Macht der Funktion, die selbst keinen tieferen Konzepten folgt.

Es lässt sich zusammenfassen: Um heute nach übergreifender Forschungsmeinung von einem selbstinitiiert effektiven und nicht mehr wie bisher nur von einem fremdbestimmt effizienten Selbstmanagement zu sprechen, muss sich der selbstmanagende Zeitgenosse in wesentlicher Form davon lösen, als Rädchen im Getriebe der ihn umgebenden Welt perfekt eingepasst mitzulaufen.

---

[12] Hunt (1992): 220, Hunt spricht von „positiver Belohnung" nach einer Reaktion auf die Zeitanforderungen anderer.
[13] Fraisse (1985): 285
[14] Geissler (1992): 20

Wenn die umgebende Welt heute aus verschiedenen komplexen Bezugssystemen besteht, denen ein übergreifend ordnender Faktor fehlt, so muss der konzeptgebende Impuls von demjenigen kommen, der werte-, ziel- und wunschbehaftet im Zentrum aller Außenanforderungen steht. Wehmeiers Thesen, die weiter oben wiedergegeben wurden, machen deutlich: Gerade aufgrund der mangelnden Konzeptorientierung ist unsere Berufsrealität ständig konfliktgeladen und veränderungsnotwendig.

Der Berufstätige kann sich noch so rational auf seine Umwelt zuorganisieren, er wird scheitern, wenn er sich nicht eigene Freiräume erkämpft, in denen Raum entsteht um das Wesentliche, Eigene, Impulsgebende für ein erfüllendes Leben zu finden und um es zum orientierenden Faktor des Selbstmanagements zu machen.

Die psychosomatische Medizin beschreibt den, trotz immer besserer medizinischer Versorgung immer kränkeren modernen Menschen, der zwischen den Forderungen ungeordnet einwirkender externer Instanzen zerrieben wird.

Dabei bleibt die Frage, ob aus dem Blickwinkel der Forschung zum Selbstmanagement ein Mehr an sozialen Beziehungen mit einer steigenden Qualität des sozialen Austauschs gleichzusetzen ist.

Starker Zeitdruck, so die aktuelle Selbstmanagement-Forschung, wirkt eher kontraproduktiv auf die Qualität sozialer Beziehungen.[15]

Selbstmanagement- und Selbstcoaching-Forschung muss heute dementsprechend ganz andere und weitergehende Antworten auf die Frage finden, wie Zielerreichung und Selbstverwirklichung des Berufstätigen gefördert werden können. Die Demonstration der Wichtigkeit von Berufstätigen über die Darstellung der zeitlichen Inanspruchnahme, dass Zeitknappheit also zum unverzichtbaren Attribut jener geworden ist, die als privilegiert angesehen werden, reflektiert die Fehlentwicklung, die Selbstmanagement im Licht von zeitlicher Beanspruchung sieht.[16]

Ein kurzer Exkurs: Ganze Konzerne verabschiedeten sich in der Wirtschaftskrise des Jahres 2009 vom Weltmarkt, weil über Jahre in den Etagen des Topmanagements Reflektion durch Reaktion ersetzt wurde.

Als Beleg sei hier nur das Beispiel des Warenhausunternehmens Arcandor genannt, das über einen langen Zeitraum immer wieder Firmenteile veräußert hat und Kostenreduktionen durchführte, ohne am Konzept des großflächigen niedrigpreisorientierten Warenhauses irgendetwas zu verändern. Ein

---

[15] Geissler (1992): 20
[16] Geissler (1989): 22, Geissler nennt Zeitknappheit hier ein „Statussymbol der Oberen".

herkömmlich Prioritäten setzendes Management, das durch Zeitmanagement statt durch reflektierendes (und damit innovativ geprägtes) Selbstmanagement der Protagonisten geprägt wurde, stieß an enge Grenzen bei der Notwendigkeit, neuen Anforderungen im Wirtschaftsleben mit strategisch überzeugenden Antworten zu begegnen.

Der Mangel an zugrunde liegenden Konstrukten wurde im Selbstmanagement-Bildungsmarkt scheinbar mehr als aufgefangen durch ein extensives Ratgeber-Marketing, das einen neuen Markt von Fortbildungsmedien im Sinne der effizient verwandten Zeit hat entstehen lassen.

Was den praktischen und replizierbaren Wert von solchen Selbstmanagement-Seminaren angeht, bestehen im Licht der aktuellen Forschung jedoch viele Zweifel an langfristigen Trainingseffekten: Wie zahlreiche persönliche Gespräche mit Unternehmern und ehemaligen Teilnehmern an Zeitmanagementkursen bestätigen, ist die Aufrechterhaltung der Trainingseffekte über einen längeren Zeitraum offenbar eines der größten Probleme gängiger, überwiegend auf Planungsmethoden abhebender Selbstmanagement-Trainings.[17]

Im Folgenden soll nun dargestellt werden, wie die moderne Selbstmanagement-Forschung Alternativen zu den Fehlentwicklungen der Vergangenheit formuliert. Hier geht es natürlich um solche Alternativen, die für die Aufgabenstellung dieser Untersuchung im Sinne eines ganzheitlichen Selbstcoachings relevant sind.

Zunächst eine kurze Zusammenfassung des oben Gesagten in Form einer Tabelle:

---

[17] Klein (2001): 12

	Außengeleitetes Selbstmanagement	Innengeleitetes Selbstmanagement
Selbstmanagement-Ansatz	Durch Anforderungen der Außenwelt SM von außen angestoßen. Reaktion auf Veränderungsnotwendigkeiten	Infolge autonomer Zielorientierung SM von innen initiiert. Erfüllen eigener Werte und Wünsche kreativer/innovativer Ansatz
Methode der Reaktanz	Konfliktüberwindung durch Anpassungsstrategien	eigenes Anstreben langfristiger Ziel-erreichung statt kurzfristigem „firefighting"
Kommunikatives Handeln	auf Wünsche anderer möglichst integrativ eingehen	Kommunikationsprozesse zielorientiert und autonom steuern
Zeitmanagement-Systematik	effektives Aufteilen von Zeitressourcen, um allem extern Angestoßenem zu genügen	Zeitmanagement erfolgt bedürfnisbezogen und dient dem Verwirklichen übergreifend langfristig orientierter Interessen.

Tab. 2: Von außen versus von innen angestoßenes Selbstmanagement[18]

Pütz gibt einen Überblick über solche Parameter, die die Reaktionsnotwendigkeit auf externe Anforderungen im Unternehmensumfeld hin zu einer zielorientierten Verarbeitung im eigenen selbstbestimmten kognitiven Steuerungsprozess führen. Er reiht sich ein in eine große Gruppe von Selbstmanagement-Forschern, die heute aktiv reflektierend generierte und individuell geprägte Antworten auf die Problematiken des Berufsalltags fordern. Pütz[19] definiert für modernes Selbstmanagement die folgenden drei Kriterien:

1) Klienten lernen, das eigene Verhalten in speziellen Situationen (z. B. als Reaktionen in Konfliktsituationen) in Richtung der persönlichen Ziele zu steuern.

2) Klienten lernen, spezielle physiologische Erregungsmuster und Emotionen zu erkennen, zu beeinflussen oder zu vermeiden (z. B. Angst, Erfahrung von Schmerzen).

---

[18] Riesman (1950): 35, beschreibt den Typus des außengeleiteten Menschen als oberflächlich, freigiebig, verhaltensunsicher und von der Anerkennung anderer abhängig. Er bezieht sich hier konkret auf die obere Mittelschicht in amerikanischen Großstädten.
[19] Pütz (1997): 76

3) Klienten lernen mit kognitiven (vorgestellten) Prozessen (z. B. selbstabwertenden Gedanken) zielführender umzugehen und die kognitiven Prozesse in Einklang mit den eigenen Zielvorstellungen zu bringen.

Diese Thesen eines „Selbstmanagements von innen" sollen nun weiter reflektiert werden und es soll erklärt werden, warum diese ganzheitlichere Sicht erfolgreichen Selbstmanagements erfolgversprechender ist als die alten extern geprägten Zeitmanagement-Theorien.

Beim „Selbstmanagement von innen" geht es letztlich immer um die konstruktive Gestaltung eigener Denkmuster. Daraus ergibt sich nicht nur die autonom aufgestellte Situation des Einzelnen, möglich wird auch eine realistische Sicht sowohl des eigenen Arbeitsumfelds als auch der Privatsphäre. So kann „Selbstmanagement von innen" dazu beitragen, greifendere und auf der Basis tiefergehender Reflektion entstandene Antworten auf die mangelnde Sinnfindung zu finden, die nicht nur einzelne Individuen, sondern in der Folge ganze Wirtschaftszweige und globale Institutionen befällt.[20]

Es wird klar, dass die moderne Zeitmanagement-Forschung nicht nur dazu auffordert, im hier zu entwickelnden Blended Coaching einfach virtuell gestützt die gleichen Planungsschemata zur Verfügung zu stellen wie es seit Jahrzehnten bekannt ist.

Auf der Basis der hier wiedergegebenen Forschungsergebnisse ist eher das Anregen kognitiver Prozesse zur entgrenzenden Problemlösung, zu einer inhaltlichen Erneuerung sinnerfüllten und zielorientierten Arbeitens angezeigt. Auch eine Ermunterung zur Kreativität und zum Gestalten von innovativen Zielerreichungsmethoden, nicht zuletzt die Auseinandersetzung mit dem Thema der eigenen seelischen Balance wird zum Beispiel von Wehmeier (2001) gefordert.

Herauszuarbeiten ist noch ein Aspekt zur Selbstmanagement-Forschung, der in der gängigen Literatur überhaupt nicht beleuchtet wird und der für die Aufgabe dieser Arbeit, eine Systematik für kooperatives Selbstmanagement innerhalb mentorieller Netzwerke zu entwickeln, ganz entscheidend ist:

Da eine aufgeklärtere, eine „innen" nachfragende und selbständig Konstrukte entwerfende Persönlichkeitsentwicklung des Einzelnen in weiteren Schritten auch zur Entwicklung konstruktiver Gruppenprozesse beiträgt, zu einem bewussteren und sinnerfüllenden Miteinander also, bedeutet ein tiefergehendes Selbstmanagement des Einzelnen immer auch einen Gewinn für die

---

[20] Wehmeier (2001): 9

Gruppe. Vielfach sind die positiven Auswirkungen für schlagkräftiger agierende Organisationen.[21]

Das Zusammenwirken von Gruppen an einem gemeinsamen Arbeitsziel wird im Rahmen des Projekt-Coachings seit Längerem praktiziert.

Ein virtuelles, nach „innen" orientiertes Selbstmanagement-Netzwerk eröffnet viele Perspektiven gegenseitiger Optimierung, nicht nur in berufsspezifischen Fachthemen, sondern auch im Prozess des gemeinsamen sinnerfüllten Zieloptimierens von beruflicher Ausrichtung dort, wo der Einzelne Gefahr läuft, sich im Kreise immer gleicher Anforderungen zu drehen. Entgrenzendes Denken ist immer auch eine Variable *gegenseitigen* Anstoßens von Innovationen wenn es um den Aufbruch aus solchen limitierenden Selbstmanagement-Schemata geht, die ohne Unterstützung von außen nicht überwunden werden können.

Die Diskussion von Forschungsmeinungen zum Thema Selbstmanagement, die hier erfolgt ist, erbrachte erste Erkenntnisse für das im Folgenden zu entwickelnde Blended-Coaching-Projekt.

Hier wurde gezeigt, dass gerade der Zwang zur bloß effizienteren Organisation von Zeit den Menschen in die Orientierungslosigkeit führt. Dementsprechend können dem Blended Coaching wesentliche Aufgaben zufallen, um Menschen selbstbestimmter, kreativer und erfolgreicher werden zu lassen in einem tieferen Sinn als nur der Erfüllung beruflich vorgegebener Ziele. Wenn in einem solchen virtuellen Instrument jeden Tag Menschen über ihre eigentlichen Prioritäten und Wünsche nachdenken, wenn sie dazu in geeigneter Weise motiviert werden, zum Beispiel durch dargestellte Vorbilder[22], dann kommt ein Prozess in Gang, der diese Nutzer schrittweise aus ihrer „selbstverschuldeten Unmündigkeit"[23] befreit.

A 1.2.2 Forschungsfeld 2: Theoretische Ansätze zum herkömmlichen Coaching

Herkömmliches Coaching findet ohne ergänzende virtuelle Komponenten ausschließlich im persönlichen Dialog zwischen Coach und Coachee statt. Im Folgenden werden Forschungsergebnisse zum Bereich Coaching dargestellt, die Forschungsgrundlagen für die Konstruktion eines durch virtuelle Teile ergänzten Blended-Coaching-Projekts darstellen.

---

[21] Wehmeier (2001): 15, hier die Bemerkung zitiert von De Waele (1993)
[22] Hartmuth (2005): 64
[23] Kant (1784): 481

Zunächst einige einleitende Bemerkungen, die mit der Begrifflichkeit vertraut machen:

Zur Etymologie des Begriffs Coaching im historischen Kontext lässt sich aus dem Englischen Folgendes ableiten: Der englische Coach gleicht begrifflich dem deutsche Kutscher, dem Lenker des gleichnamigen Gefährts und dem Betreuer der Pferde, die die Kutsche früher bewegten.[24] Rauen fasst in der folgenden Tabelle in differenzierter Weise die Eigenschaften eines Coaching-Prozesses nach Qualitätsstandards definitorisch zusammen.

Coaching ist ein *interaktiver, personenzentrierter Beratungs- und Betreuungsprozess*, der berufliche und private Inhalte umfassen kann. Im Vordergrund steht die Berufsrolle bzw. damit zusammenhängende Anliegen des Gecoachten.
Coaching ist individuelle Beratung auf der *Prozessebene*, d.h. der Coach liefert keine direkten Lösungsvorschläge, sondern begleitet den Gecoachten und regt dabei an, eigene Lösungen zu entwickeln.
Coaching findet auf der Basis einer tragfähigen, diskreten und durch *gegenseitige Akzeptanz* und *Vertrauen* gekennzeichneten, *freiwillig* gewünschten Beratungsbeziehung statt.
Coaching zielt immer auf eine (auch präventive) Förderung von *Selbstreflexion* und *-wahrnehmung*, *Bewusstsein* und *Verantwortung*, um so Hilfe zur Selbsthilfe zu geben.
Coaching ist *transparent* und erlaubt *keine manipulativen Techniken*.
Coaching setzt ein ausgearbeitetes *Coaching-Konzept* voraus, das das Vorgehen des Coachs erklärt und den Rahmen für Interventionen, Methoden, Prozesse und Wirkzusammenhänge festlegt.
Coaching findet in *mehreren Sitzungen* statt und ist *zeitlich begrenzt*.
Coaching richtet sich an *bestimmte Personen* mit Führungsverantwortung/ Managementaufgaben.
Coaching wird praktiziert durch Beraterinnen und Berater mit *psychologischen und betriebswirtschaftlichen Kenntnissen* sowie *praktischer Erfahrung* bezüglich der Anliegen des Gecoachten.
Ziel ist immer die *Verbesserung der Selbstmanagementfähigkeiten* des Klienten, d.h. der Coach soll sein Gegenüber derart beraten bzw. fördern, dass der Coach letztendlich nicht mehr benötigt wird.
Der Coach arbeitet im Rahmen zuvor vereinbarter „*Spielregeln*", die der Klient freiwillig akzeptiert. Grundlage der Beratung ist die auf Vertrauen basierende, persönliche Beziehung zum Klienten.
Der Coach drängt dem Kunden keine Meinungen auf, sondern nimmt eine *unabhängige Position* ein.

Tab. 3: Definition von Coaching nach Rauen[25]

---

[24] Fatzer et al. (1999): 107
[25] Birgmeier (2005): 50, nach Rauen (2003a): 3

Coaching ist ein berufsbezogener Prozess, dementsprechend geht es um eine Verbesserung der selbst zu verantwortenden und änderbaren Rahmenbedingungen im Berufsleben. Coaching hat als Grundlage des Beratungsgeschehens die Verbesserung professioneller, berufsbezogener Kompetenz und die Verwirklichung eigener Wünsche und Interessen im Arbeitsleben zum Ziel.[26]

Rauen hat in Deutschland in den vergangenen Jahren einige wissenschaftliche Veröffentlichungen zum Thema Coaching publiziert. Auf seine Darstellungen zum Thema Coaching soll an anderer Stelle (Kapitel B 1) noch ausführlich eingegangen werden. Eine einführende Äußerung Rauens[27] trägt hier zum grundlegenden Verständnis bei, in welchen Fällen ein Coaching notwendig werden kann:

> Coaching ist immer wieder Beratung bei einer schweren persönlichen Krise: Depression, psychosomatische Anfälligkeit, Sucht-Gefährdung, Burnout-Entwicklung, Fluchtgedanken, Sackgassen, die mit dem Beruf aufs Engste verbunden sind.

Im Coaching tritt eine große Zahl von Autoren am Markt sowohl mit populären, semi-wissenschaftlichen Ratgebern und Coaching-Trainings, als auch mit Coach-Ausbildungsgängen auf. Dabei bleibt in den meisten Fällen offen, an welchen Standards Nachhaltigkeit und Qualität von Coaching-Verfahren denn nun eigentlich gemessen werden können.[28]

Es existiert zurzeit weltweit ein gute Geschäfte generierender Coaching-Boom. Wer auf welcher bildungsmäßigen Grundlage in diesem unüberschaubaren Markt welche Form der konkreten Unterstützung anbietet, bleibt oft unklar. Die Zugangsschranken zum Markt sind leicht überwindbar. Die Begriffe Coach und Coaching sind nicht rechtlich geschützt oder berufsständisch gesichert, es besteht also eine dringende Notwendigkeit der Standardisierung und Qualitätssicherung von Coaching.[29]

---

[26] Schmid (2004): 176
[27] Rauen (2002): 47
[28] Berglas (2003): 98-105, gibt im *Harvard Business Manager* seine Einschätzung wieder, dass viele Executive Coaches ohne solide psychologische Ausbildung in einer alarmierend hohen Zahl von Fällen dem Coachee eher schaden als nützen.
[29] Rauen (2002): 43

Eine Indikation zu für den qualifizierten Coach notwendigen Kompetenzen gibt die folgende Abbildung:

Basisqualifikationen des Coaches

(1) Praxiskompetenz:
 Berufs- und Lebenserfahrung

(2) Sozialkompetenz:
 Beziehungsfähigkeit

(3) Selbstkompetenz:
 Persönlichkeit

(4) Theoriekompetenz:
 Basiswissen

(5) Feldkompetenz:
 Arbeitsfelder

(6) Methodenkompetenz:
 Spezifische Qualifikationen

Abb. 1: Notwendige Basisqualifikationen des Coaches[30]

Wenn all diese sechs Qualifikationsfelder seitens eines Coaches abgedeckt sein sollen, so bedarf dies einer wissenschaftlich orientierten und nicht zuletzt konkrete Fallszenarien beinhaltenden Ausbildung. Eine Übersicht über empfehlenswerte Coaching-Fortbildungen liefert der Deutsche Bundesverband Coaching e. V. Er hat zum ersten Mal in Deutschland ein Curriculum standardisierter Qualitätsrichtlinien für Coaching erarbeitet.[31]

In dieser Untersuchung sollen die Grundlagen für eine Blended-Coaching-Systematik gelegt werden. Daher werden, basierend auf dem eben beschriebenen Postulat, konkrete Hinweise zur Qualitätssicherung eines solchen Projekts in dieser Arbeit entwickelt. Dies kann nur über eine mehrphasige Evaluation vor, während und nach dem Coaching-Prozess erreicht werden.

An dieser Stelle sollen einige erste Bemerkungen zur Sicherstellung von Zielsetzungsstandards für ein qualitätsorientiertes Coaching erfolgen, wie sie in

---

[30] Pallasch & Petersen (2005): 36
[31] Ein Überblick über Coaching-Ausbildungen, die den angesprochenen Kriterien genügen, findet sich hier:
http://www.dbvc.de/cms/index.php?id=367&PHPSESSID=a59cfe12285a810d16187d962d0add28, gesichtet am 30. Januar 2010.

der Forschung genannt werden. Zunächst sei herausgestellt, dass im Coaching Ziele konkret und vor allem messbar formuliert werden müssen. In nächsten Unterschritten werden dann Lösungswege dazu konzipiert, wie Ist- in Soll-Zustände überführt werden können. Die Festschreibung der bisher vom Coachee nicht erreichten Ziele kann dann in folgenden Unterphasen der Zielbestimmung erfolgen.[32]

Hier eine Übersicht von Rauen zu den Phasen eines zielorientierten und kontinuierlich rejustierten Coaching-Prozesses:

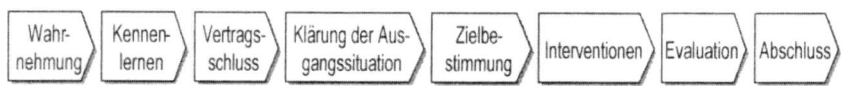

Abb. 2: Zielorientierter Ablauf des Coaching-Prozesses[33]

Die ständige Reflektion des Coaching-Prozesses, des gemeinsam Gesagten und Unternommenen, des Erlebten, der Erfolgserlebnisse wie der gemeinsamen Enttäuschungen in der Evaluation bleibt im Licht der aktuellen Forschung die wesentliche Voraussetzung für ein qualitativ hochwertiges Coaching. So wird zum Beispiel am Schluss des gemeinsamen Weges, in der Abschlussphase, die im ersten Schritt die Evaluation des Coaching-Prozesses umfasst, gefragt, ob die erreichten Ergebnisse mit den Zielbestimmungen in der Hauptphase des Coachings übereinstimmen.[34] Im Folgenden wird beispielhaft gezeigt, mit welcher Strukturierung in diesem Fall vorgegangen werden kann.

---

[32] Wrede: (2000): 55, in Krcmar (2006); Krcmar (2006): 108
[33] Rauen (2002b): 235
[34] Krcmar (2006): 109; Wrede (2000): 188, in Krcmar (2006)

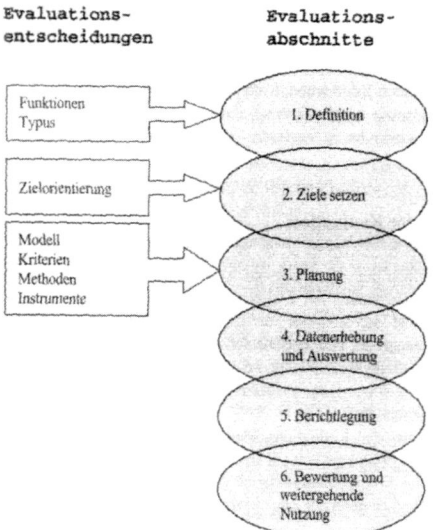

Abb. 3: Prototypisches Modell eines Evaluationsprozesses[35]

Evaluation soll sich nicht nur zwischen Coach und Coachee abspielen. Vielmehr ist ein externes Controlling hinsichtlich der Ziele und gewählten Lösungsstrategien anzustreben. Zentrale Bedeutung für die sinnfällige Strukturierung des Coaching-Prozesses hat die Planung und das Monitoring des Coaching-Verlaufs durch eine externe Instanz.[36]

Solch ein externer Prozessbegleiter kann durchaus ein externer Supervisor des Coaches sein, der die Betreuung anhand seiner Qualitätskriterien auditiert. Für die Zielstellung dieser Arbeit, dem Entwickeln von Qualitätsparametern für Blended Coaching, ist diese Aussage von großer Bedeutung. Wenn ein Coaching-Prozess generell externer Supervision unterliegen sollte, so gilt das auch für Coaching-Netzwerke, die sich im Internet unter der Themenstellung gegenseitiger Unterstützung zusammenfinden. Die Zielrichtung eines gegenseitig unterstützenden Coachings sollte unbedingt in künftige Konzeptionen von Blended Coaching aufgenommen werden. Wenn virtuell gestaltete mentorielle Gruppen mit einem Moderator ausgestattet sind, so muss ein solcher sich regelhaft einer externen Supervision unterwerfen, um in seiner Leistung selbst Gegenstand von Überprüfung und Legiti-

---

[35] Niegemann, Domagk, Hessel. et al. (2008): 411
[36] Krcmar (2006): 282

mation zu sein. Hier ein kurzer Überblick zu den beiden hier angesprochenen Thematiken:

Unterschiede	Gemeinsamkeiten	Überschneidungen
• Bei der Supervision werden die Ziele und Interessen des Individuums und beim Coaching vermehrt die Ziele des Unternehmens verfolgt. • Im Gegensatz zur Supervision (bes. im Sozial- und Bildungsbereich) ist Coaching: direkter und direktiver, pragmatischer, risikobereiter, entscheidungsorientierter, realitätsorientierter, konkret aufgabenbezogener, joborientierter."[42]	• Die Beratungsformen weisen eine thematische Nähe im Hinblick auf Methodenrepertoires, Phasenprozessverläufe und zugrunde liegende Menschenbilder auf. • Bei beiden Beratungsformen werden Wahrnehmungs-, Denk-, Verhaltens- und Handlungsmuster bearbeitet.[43]	• In der Praxis kommt es oft vor, dass aus einem Coachingthema ein Supervisionsthema oder umgekehrt wird. Bsp.: Eine Führungskraft die sich mittels Coaching auf eine neue Tätigkeit vorbereiten will, wird vielleicht erst im Rahmen einer Supervision an der „Aufarbeitung des beruflichen Selbstkonzeptes"[44] arbeiten.
• Für Schreyögg bleibt Supervision auf die Förderung von sozialen Kompetenzen fokussiert, während Coaching auch fachliche Defizite im Sinne von konzeptionellen und sachlichen Managementkompetenzen zu begradigen oder zumindest ihre Erweiterung zu fördern sucht.		• Eine weitere Überschneidung sehen Fallner und Pohl darin, dass es sich um „(...)zwei Sichtweisen auf den gleichen Prozess(...)"[45] handelt.
• Coaching dient vor allem der persönlichen Leistungsverbesserung, während Supervision als Qualitätssicherungsinstrument eingesetzt wird.		

Tab. 4: Coaching und Supervision, eine Gegenüberstellung[37]

Vielen nicht wissenschaftlich orientierten Coaching-Ratgebern ist eine direktiv führende und anleitende Grundhaltung inne. Dem steht der wissenschaftlich orientierte, systemische Coaching-Ansatz entgegen, der den Coachee und sein subjektives Erleben in den Mittelpunkt des Prozesses stellt. Diese Zurückhaltung des Coaches ist notwendig, um den Coachee in seinem originären Freiraum und Verantwortungsbereich die für ihn vertretbaren und erfolgversprechenden Lösungen finden zu lassen.

Dabei sollen die Ideen, die impulsgebenden Kommentare auf der Seite des Coachees entstehen, der Coach muss sich im Sinne direktiver Handlungsleitung so weit zurücknehmen wie irgend möglich.[38]

Allerdings kann diese weitgehende Aussage nicht ohne weitere Reflektion im Raume stehen bleiben. Der aktuelle Forschungstrend zur systemischen

---

[37] Klink (2009): 23
[38] Raddatz (2006): 39

Beratung macht deutlich, dass ein reines Spiegeln und Begleiten des Coachees im Prozess der Beratung nicht ausreichend ist. Als Beispiel hier ein differenziertes Bild zur Beziehung zwischen Coach und Coachee, vermittelt anhand der folgenden Graphik:

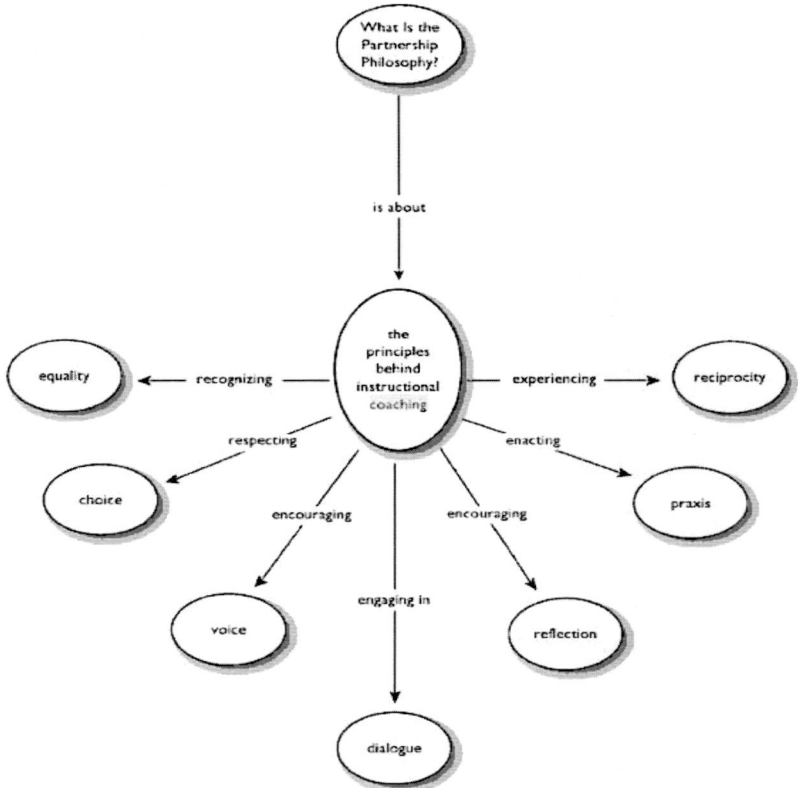

Abb. 4: *Partnership philosophy between coach and coachee*[39]

Coaching ist ein Lernprozess, der richtigerweise vom Coachee ausgeht und von ihm wesentlich geprägt wird[40], er wird aber in diesem Lernen durch eine Prozessberatung unterstützt und er erfährt Anregungen, die sich nicht auf ein reines Spiegeln des Gesagten reduzieren lassen. Auch das Moment einer rein begleitenden Prozessberatung wäre ein zu distanziertes, zu passives

---

[39] Knight (2007): 36
[40] Höher (2007): 382, sieht Coaching als „selbstreflexiven Lernprozess".

Coaching-Verständnis, das mit systemischen Ansätzen allein dem Wunsch des Coachee nach aktiven Beratungsimpulsen nicht ausreichend Rechnung trägt. [41] Im Wesentlichen, da ist sich die zugrunde liegende Literatur einig, müssen die Verantwortung und auch die gestalterische Kraft für Weg und Ziel klar beim Coachee liegen, der als Einziger die Erfolgswahrscheinlichkeit seines Handelns im Rahmen seines beruflichen Kontextes zuverlässig beurteilen kann.

Zum Schluss soll noch auf eine aktuelle Forschungsrichtung eingegangen werden, die Arbeiten über einen Unterbereich des Management-Coachings, das projektorientierte Coaching betrifft. Hier gibt Höher[42] eine kurze Einführung, wo die Schwerpunkte liegen:

> Projektcoaching dient dazu, effektive und konfliktfreie Projektarbeit zu ermöglichen. Die persönliche Entwicklung der einzelnen Mitglieder steht nicht im Fokus. Insofern hier auch Techniken des Projektmanagements vermittelt oder verbessert werden oder Konfliktmanagement installiert wird, verlässt dieser Ansatz die Idee von Coaching als reiner Prozessberatung.

Aktuelle Trends bestimmen immer neue Formen des Coachings, von denen hier nur das Projekt-Coaching kurz angesprochen werden soll, weil es eine wesentliche Neuentwicklung für berufliche Optimierungsprozesse darstellt. In Kapitel B 1 wird ausführlicher auf die verschiedenen neuen Coaching-Bezüge eingegangen.

Ziel dieses Kapitels war es, wesentliche Grundlagen für die weitere Diskussion zu bilden, wenn es um die Frage geht, in welche Richtung sich das Coaching weiterbewegen wird, welche Kriterien wertvoll und welche Ansätze eher kontraproduktiv für eine Aufnahme in das Forschungsprojekt Blended Coaching sind.

A 1.2.3 Forschungsfeld 3: Erste Theorien zum virtuellen Coaching

In diesem sehr neuen Bereich gibt es erste wissenschaftliche Erkenntnisse im deutschsprachigen Raum, wie weiter oben bereits angesprochen, von Krcmar[43]. Aus seinen empirischen Untersuchungen seien erste Ergebnisse beleuchtet. Krcmar führte eine empirische Studie zur Effektivität von virtuellem Coaching im Bereich des Projekt-Coachings durch. Sicherlich ist die Effektivität von Coaching nicht leicht in empirischer Weise zu messen. Krcmar

---

[41] Höher (2007): 382
[42] Höher (2007): 74
[43] Krcmar (2006): 259

bezog sich daher auf einen naheliegenden Parameter, der wohl keine tiefergehende Inhaltsvalidität beanspruchen kann, aber erste Hinweise auf eine Bündelung von Arbeitsprozessen gibt. In zwei Vergleichsgruppen maß er die Zahl von notwendigen Präsenzterminen einmal mit und einmal ohne den Einsatz von Web-Coaching.

Seine Forschungen ergaben, dass die Zahl der im klassischen Projekt-Coaching erforderlichen Termine mit einem persönlichen Zusammentreffen von Coach und Coachee unter Zuhilfenahme von virtuellem Coaching signifikant zurückging. Weiter stellt er[44] Folgendes fest:

> In der virtuellen Arbeitsumgebung wurde die Verwendung der privaten Projekträume von den Coaching-Akteuren als durchweg positiv hinsichtlich ihrer Eignung zur Kommunikation, Abstimmung und Zusammenarbeit in den jeweiligen Phasen des Coaching-Prozesses empfunden.

Es entsteht hier ein neuer Markt, der sich nicht auf eine Neuausrichtung für die klassisch eher „weichen" Coaching-Themen beschränkt, sondern für betriebswirtschaftlich hochinteressante Planungsprozesse, wie das im Projekt-Coaching der Fall ist, konkrete und messbare Vorteile erbringt.

Die Kombination aus Web-Coaching und der personellen Verteilung auf mehrere, auch räumlich getrennte Mitarbeiter im Projektmanagement generiert Marktvorteile gegenüber der aufwändigen Organisation immer neuer Präsenztermine für alle Beteiligten. Die folgende beispielgebende Abbildung erläutert, wie in einer Organisation ein multimedial operierender Blended-Coaching-Prozess konkret aufgesetzt werden kann:

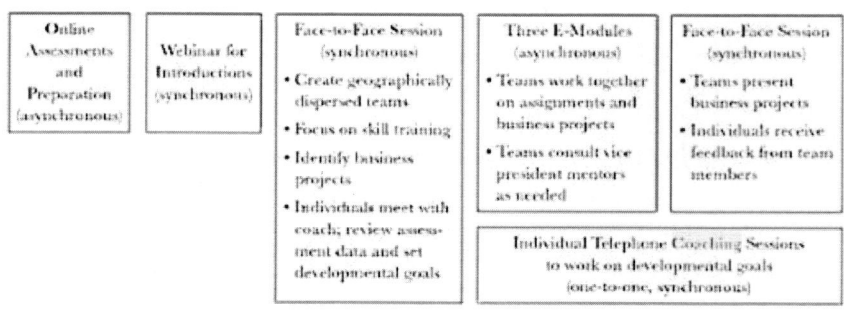

Abb. 5: Blended Coaching structure example for a larger organisation[45]

---

[44] Krcmar (2006): 259
[45] Ting & Scisco (2006): 367

Krcmar[46] prognostiziert für das virtuelle Coaching eine Rolle als Nischenprodukt in einem rasant wachsenden Zukunftsmarkt.

Virtuelles Coaching steht erst am Anfang seiner Forschungshistorie. Die kommenden Jahrzehnte werden hier im Rahmen der Weiterentwicklung künstlicher Intelligenzmethoden sicher bahnbrechende Umwälzungen mit sich bringen.

Zu prüfen ist nun die Frage, mit welchen innovativen Instrumenten erste Schritte in die Richtung eines qualitativ akzeptablen Coachings auf elektronischer Grundlage erfolgen können.

A 1.2.4 Zusammenfassung zum derzeitigen Forschungsstand

Wenn multimediales Coaching in der wissenschaftlichen Literatur aufgrund der Neuigkeit der Thematik eine zuwenig reflektierte Größe ist und wenn über Parameter und Standards von Qualität im Bereich des Coachings überhaupt bislang zu wenig geforscht wurde, dann ergibt sich hieraus ein akuter Bedarf nach wissenschaftlich verwertbarer neuer Information zum Thema.

Es fehlt an wissenschaftlichen Ansätzen, die definieren, wie genau Coaching-Innovationen zu objektiv verwertbaren und in einer strengeren Prüfung standhaltenden Ergebnissen finden. Hieraus ergeben sich für die vorliegende Arbeit zwei Aufgabenstellungen:

1. In der Konstruktion eines eigenen/neuen multimedialen Coaching-Instruments die wenigen wissenschaftlichen Erkenntnisse sorgfältig abzubilden, um sich der Dominanz populärer bis volkstümlich-direktiver Ansätze des Coachings zu entziehen. In diesem Sinn geht es aber auch darum, neue Aussagen zu treffen, unter welchen Bedingungen virtuelles Coaching gangbare neue Wege abbilden kann, und zwar solche Wege, die auch von der wissenschaftlichen Forschungsseite her Bestätigung und Anerkennung finden.

2. Wenn die in diesem Forschungsüberblick diskutierte Literatur die Notwendigkeit zu einer sorgfältigen Bestimmung von Zielen, Operatoren und Evaluationskriterien des Coaching-Prozesses herausstellt, besteht eine wesentliche Aufgabe für die Forschung darin, Methoden zu entwickeln, die die Qualität eines Coaching-Prozesses evaluierbar werden lassen.

---

[46] Krcmar (2006): 321, Krcmar macht an dieser Stelle besonders darauf aufmerksam, dass auf dem Markt zurzeit noch kein Produkt, das dem Blended-Coaching-Projekt vergleichbar wäre, existiert und er betont die großen Marktchancen einer solchen Innovation.

Da es sich hier um eine Dissertation im Bereich der Wirtschaftsdidaktik handelt, können Forschungserkenntnisse aus weiteren verwandten Bereichen wie dem internetbasierten E-Learning, der Personalentwicklung und der Erwachsenenbildung helfen, den derzeitigen Forschungsstand in der Kerndisziplin des Management-Coachings anzureichern.

Aus diesen benachbarten Disziplinen werden im nun folgenden Abschnitt B themenbezogene Forschungsergebnisse ausführlich dargestellt.

B Grundlegende Erkenntnisse

B 1 Formen des Coachings und deren Verwertbarkeit für das Blended-Coaching-Projekt

Coaching ist, ausgehend von der Entwicklung in den angelsächsischen Ländern, in den letzten Jahren auch in Deutschland zu einem Trendthema geworden. Aus dieser tausendfachen Multiplizierung des Coaching-Gedankens entstand eine Diversifizierung, was Anlässe zum Coachen, was Coaching-Settings, Coaching-Situationen und Coaching-Instrumente anbelangt.

Ein Protagonist dieser neueren Entwicklung in Deutschland ist der Coach Christopher Rauen. Er hat Internet-Datenbanken zur wissenschaftlichen Coaching-Diskussion, ein Forum von praktizierenden Coaches, einen virtuellen Coaching-Report über aktuelle Entwicklungen am Coaching-Markt, eine periodisch erscheinende Coaching-Zeitschrift, ein virtuelles Coaching-Lexikon und ein Coaching-Ausbildungsinstitut eingerichtet, um Coaching-Qualitätsstandards in Deutschland zu etablieren. Zu den vielen neuen Spielarten des Coachings gibt Rauen[47] folgenden Überblick:

> Es gibt heute eine unüberschaubare Fülle von Coachingarten und Formen. Sie sind in der Regel an dem Bindestrich zu erkennen, der das Wort „Coaching" mit einer Zielgruppe (z. B. Executive-, Führungskräfte-, Meister-, Fachkräfte-Coaching aber auch Unternehmensgründer-, Politiker-, Schauspieler-, Leistungssportler-Coaching), mit einer Thematik bzw. einem Anwendungsfeld (z.B. Führungs-, Verkaufs-, Konflikt-, Karriere-, Outplacement /Newplacement- oder IT-Coaching, aber auch Partnerschafts-, Gesundheits- oder Rhetorik-Coaching) oder mit einem bestimmten Setting (z.B. persönliches oder virtuelles Coaching, Einzel-, Partner-, Gruppen-, Team- oder Organisation/Organisationsbereichs-Coaching) verbindet. Weiterhin lassen sich Coaching-Varianten unterscheiden mit Bezug auf verschiedene Merkmale des Coachs (z. B. organisationsinterne oder -externe Coaches oder die Führungskraft als Coach) sowie durch die Verbindung von Coaching mit anderen Personalentwicklungsformen (z. B. Coaching-basiertes Training, coaching-basierte Fachberatung, coaching-basierte Workshops).

Hilfreich zur Orientierung über die verschiedenen Coaching-Systematiken ist auch die folgende Graphik, die Rauen[48] entwickelt hat, um die verschiedenen möglichen Coaching-Instanzen innerhalb und außerhalb von Unternehmen mit der Situation des Einzel-Coachings bzw. des Gruppen-Coachings zu vernetzen.

---

[47] Rauen (2008): www.coaching-lexikon.de/Coaching
[48] Rauen (2002): www.coaching-report.de/index.php?id=360, auch in Rauen (2002b): 71

Setting Art des Coachs	Einzel-Coaching	Gruppen-Coaching
Externer Coach	Verbreitete und etablierte Variante, z.B. als Coaching für (Top-)Führungskräfte oder Freiberufler	Verbreitete und etablierte Variante für die Zusammenarbeit von Gruppen, z.B. als begleitende Maßnahme bei Teamentwicklungsprozessen
Interner Stabs-Coach	Beliebter werdende Variante der internen Personalentwicklung für Führungskräfte der mittleren bis unteren Ebene	Sich weiterentwickelnde Variante, da hier z.B. interne und externe Coaches zusammenarbeiten, insbesondere bei größeren oder vielen Gruppen.
Vorgesetzter als Coach (Linien-Coach)	Ursprüngliche Variante, als Teil der entwicklungsorientierten Führungsaufgabe kommen nur rangniedere Mitarbeiter als Zielgruppe in Frage	Gehört i.d.R. nicht zu den Aufgaben einer Führungskraft, da es die Kompetenz und den Zeitrahmen übersteigt.

Tab. 5: Art des Coaches und mögliche Settings nach Rauen

Gruppen-Coaching ist ein Prozess, der dann initiiert wird, wenn gemeinsame Probleme Gleichgesinnter im Team gelöst werden sollen. Die in therapeutischen Prozessen bekannte Form der Selbsthilfegruppe hat für verschiedene Zielgruppen positive Effekte erzielen können (zum Beispiel im Rahmen der Anonymen Alkoholiker).[49]

Die Situation im Gruppen-Coaching ist aber eine grundlegend andere; denn der limitierende Rahmen „offizieller" beruflicher Problemstellung erlaubt meist nicht eine Authenzität und gegenseitige Offenheit der Beteiligten, wie sie im therapeutischen Prozess notwendig ist. Es existieren wesentlich größere Hemmschwellen im Dialog und die Intensität der Beratungsbeziehung zwischen den einzelnen Gruppenmitgliedern ist geringer. So sinkt die Möglichkeit, in die Tiefe gehend Probleme zu analysieren und dann zu intervenieren.[50]

Die beruflich bedingten Distanzgrenzen verbieten einen persönlich intimeren Dialog unter den Gruppenmitgliedern. Aber es gibt auch wesentliche Vorteile des Gruppen-Coachings, die für den hier zu entwickelnden Blended-Coaching-Ansatz wertvoll sein können.

---

[49] Alwang (2006): 48, beschreibt unter dem Stichwort: „Wirtschaftspsychologen entdecken Netzwerke" wie formelle und informelle Netzwerke eine komplexer werdende Arbeitswelt immer mehr prägen und Synergien für die Bewältigung von Problemen schaffen.
[50] Rauen (2007): www.coaching-lexikon.de/Gruppen-Coaching

Gruppen-Coaching kann als Instrument der Personalentwicklung sinnvoll sein, wenn es darum geht, auf der Basis unterschiedlicher Kenntnisstände und Erfahrungen gemeinsam Probleme zu lösen und so von Synergien zu profitieren. Zudem hilft Gruppen-Coaching, einen einseitigen und limitierenden persönlichen Blickwinkel in der Problemlösung zu überwinden. Auch kann einem zu einseitigen Verfolgen von Interessen entgegengewirkt werden.[51]

Diese Vorteile sollen im Rahmen der Blended-Coaching-Systematik in Form eines Angebotes zur Bildung moderierter Arbeitsgruppen auf der neu zu designenden Homepage verankert werden. Eine weitere Form des Coachings, die für das Blended-Coaching-Projekt zu einer wichtigen Variante des Coaching-Angebots auf der neuen Homepage werden kann, ist das Projekt-Coaching. Dabei handelt es sich um eine Variante des Team-Coachings, bei der ein Team, das an einem bestimmten Projekt arbeitet, gecoacht wird. Projektteams sind in der Regel heterogen zusammengesetzt, das heißt sie entstammen meist verschiedenen Unternehmensbereichen und Hierarchieebenen.

Es geht um eine eng umgrenzte Kooperation, die sich zielorientiert auf eine bestimmte Unternehmensaufgabe konzentriert. Coaching-Inhalte dieser Interventionsform sind das Betrachten der Zusammenarbeit selbst auf einer Metaebene, das Supervisieren von Projektrollen und das Aufarbeiten von Hierarchieproblemen.[52] Besonders zu dieser Form des Coachings kann eine virtuelle Datenbank, die für alle Teammitglieder den Status quo erfasst, wichtiges Faktenwissen speichert und zum Austausch neuer Projektideen dient, als eine Art Arbeitsspeicher des Projekt-Coachings fungieren. In der folgenden Abbildung werden Instanzen des Projektmanagement-Prozesses systematisch mit den Schritten eines virtuellen Coachings abgeglichen. So wird die Ähnlichkeit beider Techniken in ihrem Ablauf deutlich. Klar wird, dass beide Prozesse sich gegenseitig ergänzen können.

---

[51] Rauen (2007): www.coaching-lexikcn.de/Gruppen-Coaching
[52] Rauen (2007): www.coaching-lexikcn.de/Projekt-Coaching

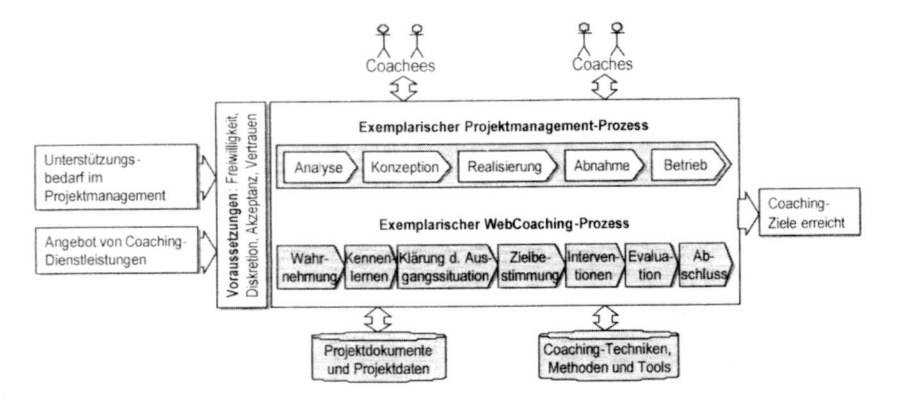

Abb. 6: Web-Coaching-Modell für das Projekt-Coaching[53]

Wer kann, von außen oder aus dem Unternehmen selbst kommend, einen Coaching-Prozess leiten? Wie sind die jeweiligen Coaches innerhalb des neu zu entwickelnden Blended Coachings als Führungsinstanz einsetzbar? Dies soll im Folgenden beleuchtet werden. Zunächst sei der Coach als intern personalentwickelnde Instanz genannt, dies kann ein Vorgesetzter oder ein extra für diesen Prozess seitens der Personalleitung bestimmter kompetenter Mitarbeiter sein.

Coaches aus dem eigenen Unternehmen wissen aus eigener Anschauung über die wesentlichen Problemstellungen in der Organisation Bescheid. Sie kennen nicht nur die offiziellen Informationen über die relevanten Vorgänge, sondern sind auch in die informellen Gesetzmäßigkeiten der Firma involviert.[54] Der unternehmenseigene Coach weiß also, welche Umstände konkret auf den Coachee in seinem beruflichen Umfeld einwirken.

Wie können hohe Anforderungen an Vertraulichkeit über den Coaching-Prozess selbst und die im Gespräch behandelten Themata sichergestellt werden, wenn der unternehmenseigene Coach ständig eingebunden ist in den sozialen Austausch mit nahe angesiedelten Kollegen? Welche Wirkungen gehen von einem im Unternehmen bekannten Coaching-Verfahren auf andere Mitarbeiter aus?

Das sind wichtige Fragestellungen, die gegen den, aus der Struktur der Organisation selbst kommenden Coach sprechen. Ein extern beauftragter Coach kann dann herangezogen werden, wenn beispielsweise eine in der Hierarchie hoch angesiedelte Führungskraft aufgrund ihrer Alleinstellung in

---

[53] Yuriy Taranovych, Rudolph, Förster, Krcmar (2004): 5
[54] Lachner (2008): 17

der Organisation keinen adäquaten Gesprächspartner mehr findet. Externes Coaching ist auch angezeigt, wenn persönliche, nicht mit dem Berufsleben in Zusammenhang stehende Umstände des Coachees Teil des Prozesses werden.

Es ist weiterhin dann sinnvoll, wenn damit nur außerhalb des Unternehmens verfügbare Kompetenzen, die für die Beratung von Interesse sind, eingekauft werden können.[55] Hier ein Überblick über die verschiedenen internen und externen Instanzen, die im Rahmen eines Coachings tätig werden können:

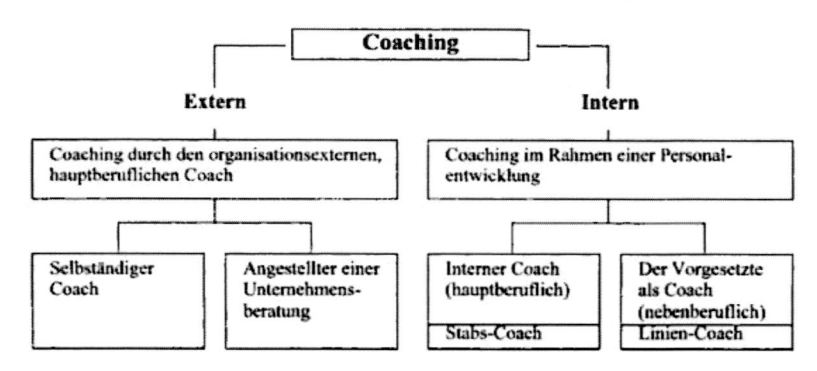

```
                        ┌─── Coaching ───┐
                    Extern              Intern
          ┌───────────────────┐   ┌───────────────────────┐
          │ Coaching durch    │   │ Coaching im Rahmen    │
          │ den organisations-│   │ einer Personal-       │
          │ externen, haupt-  │   │ entwicklung           │
          │ beruflichen Coach │   │                       │
          └─────────┬─────────┘   └───────────┬───────────┘
              ┌────┴────┐              ┌──────┴──────┐
        Selbständiger  Angestellter    Interner      Der Vorgesetzte
        Coach          einer Unter-    Coach         als Coach
                       nehmens-        (haupt-       (nebenberuflich)
                       beratung        beruflich)
                                       Stabs-Coach   Linien-Coach
```

Abb. 7: Coaching-Formen und -Varianten[56]

Noch ein Gedanke zum Vernetzen der Coaching-Situation mit begleitenden Umweltfaktoren, die weit über die Unternehmenswelt hinausreichen: Daraus erwachsende Anforderungen erfüllt ein externer Coach, der in seinen Beratungsverfahren in Kontakt mit vielen verschiedenen Umwelten kommt, eher als ein interner Coach.

Um die im Coaching oft erforderlichen branchenorientierten oder prozessorientierten Kompetenzen aufzuweisen, sollten Coaches selbst mit Spezialisierungen ausgestattet sein, die sie für die Zusammenarbeit mit Ansprechpartnern, die Coachees werden, qualifizieren.

Aus der eben erfolgten qualitativen Beurteilung der beiden Instanzen externer und interner Coach lässt sich für das zu entwickelnde Blended-Coaching-System Folgendes ableiten: Erstens, die Nutzung des hier zu entwickelnden innovativen Instruments kann durch interne Coaches nur mit großer Vorsicht

---

[55] Lachner (2008): 15; Rückle (2001): 82
[56] Birgmeier (2005): 64

angegangen werden.[57] Zweitens, für eine grundsätzliche Ausrichtung dieses Instruments als unterstützende Methode sind externe Coaches eher qualifiziert.[58]

Wie praktikabel ist ein eigenständig operierendes Selbst-Coaching, das über kein externes beratendes Pendant verfügt, für den Blended-Coaching-Prozess? Die wissenschaftlichen Autoren zum Thema Coaching sind sich einig, dass ein ausschließliches Selbst-Coaching wenig erfolgversprechend ist. So sollte die Blended-Coaching-Systematik nicht auf die Möglichkeit eines reinen Selbst-Coachings ausgerichtet werden. Doch Teilprozesse in Eigenarbeit sind möglich, etwa wenn es um das Erlernen bestimmter Basiskompetenzen, zum Beispiel im Bereich Selbstmanagement geht.

Der sich selbst, zum Beispiel im Bereich Selbstmanagement, coachende Coachee kann etwa auf die Ergebnisse des vorherigen zweisamen Coachings aufbauen.[59] Entsprechend kann die Blended-Coaching-Homepage den Erwerb bestimmter Schlüsselqualifikationen mithilfe eines virtuellen Lernrahmens im Rahmen eines zeitlich befristeten Selbst-Coachings ermöglichen.

Für die Blended-Coaching-Systematik ist noch von Bedeutung, wie sich mit alternativen Coaching-Methoden, wie zum Beispiel mit dem Tele-Coaching, Schritte ohne direkte Beteiligung eines persönlichen Coachs gehen lassen. Dies kann immer nur ein Teilprozess sein, denn die Arbeit ganz ohne persönlichen Coach im direkten Dialog würde dem Blended- Coaching-Projekt die wissenschaftliche Grundlage nehmen.

Tele-Coaching geschieht mittels Telefon, Fax oder E-Mail, neuerdings auch in Form von Videokonferenzen. Die präferierte Form ist das Tele-Coaching zum Füllen von zu langen Zeitintervallen zwischen persönlichen Treffen, also ergänzend zum direkten Dialog und mittels eines kürzeren Austauschs über wesentliche Punkte des Prozesses.[60] Für den hier diskutierten Blended-Coaching-Ansatz kann es kein Modell sein, die Abstände zwischen virtuellen Einheiten ausschließlich mit dazwischengelagerten Telefonkonferenzen zu

---

[57] Flake (2006): 49, gibt Evidenz für die hier angebrachte Vorsicht, wenn er darauf hinweist, dass ein interner Coach den direkten Erfahrungshintergrund des Coachees nachvollziehen können muss, er sollte die auftretenden Zielkonflikte im Unternehmen nach Flake selbst erlebt und zu lösen versucht haben.

[58] Manning (2007): 280, schlägt vor, dass externe Berater, die vom Klienten genutzt werden, in Bezug auf ihre Spezialisierungen und Schwerpunkte flexibel ausgewählt und auch ausgetauscht werden sollen. Als ideal sieht er eine Zusammenarbeit des Coachees mit ganzen Beraternetzwerken an, deren Mitglieder sich bei wechselnden Fragestellungen gegenseitig ergänzen sollten.

[59] Zimmermann (2008): 14

[60] Rauen (2000): 65, in Gorski (2008): 56

füllen. Hier fehlt die Komponente persönlicher Verbindlichkeit und Ausführlichkeit.

Eine letzte Sonderform des Coachings sei hier aufgegriffen, deren Relevanz für den Blended-Coaching-Prozess limitiert ist: das Coaching mit mehreren Coaches. Es handelt sich um eine (kosten-)aufwändige Methode, die nur in Spezialfällen eingesetzt wird, etwa, wenn die Kompetenz mehrerer verschiedener Coaches benötigt wird oder wenn ein multiperspektivischer Ansatz zur Lösung des vorliegenden Problems vonnöten ist. Rauen[61] erklärt das Coaching mit mehreren Coaches wie folgt:

> „Diese Sonderform kommt insbesondere dann zum Einsatz, wenn schwierige Situationen nicht mehr von einem einzigen Coach bewältigt werden können, etwa bei problematischen Team-Coaching-Sitzungen. Voraussetzung für die Anwesenheit mehrerer Coaches ist eine gegenseitige Akzeptanz aller Mitglieder. Dazu gibt es bisweilen kombinierte Einsätze externer und interner Coaches."

Die Arbeit mit mehreren Coaches kann mit einem koordinierenden Element wie dem virtuell gesteuerten Blended Coaching optimiert werden. Jeder der in seinem Fachgebiet kompetenten Beteiligten soll seinen Input einbringen, um gemeinsam ein stimmiges Coaching-Konzept systematisch zu initiieren.

In diesem Kapitel wurden die Formen des Coachings nach Rauen dahingehend diskutiert, inwiefern sie einsetzbar und wertvoll für das Blended-Coaching-Instrument sein können. Dabei wurde deutlich, dass im Prinzip jede Form des Coachings von einer systematisierenden Komponente profitiert. Es wurden Argumente dafür genannt, warum virtuelles Coaching ohne einen zusätzlichen persönlichen Austausch keine ausreichende Reflektion über das eigene Handeln ermöglicht. Konkretisiert wurden Alternativen hierfür in Form einer Kombination beider Komponenten.

B 2 Zum Coaching-Prozess

B 2.1 Erkenntnisse aus dem Bereich der Personalentwicklung für das Blended Coaching

Diese Untersuchung befasst sich mit Coaching-Verfahren, die auf das Berufsleben ausgerichtet sind. Korrespondierend hat die Personalentwicklung heute in den Unternehmen die Aufgabe, Mitarbeiter zu fördern und Wege zu finden, die Mitarbeiter ihren Kompetenzen entsprechend einzusetzen.

---

[61] Rauen (2000): 64, in Gorski (2008): 55

Letztlich ist eine wesentliche Funktion der Personalentwicklung auch die Karrieresteuerung innerhalb der Unternehmen. Insofern verfolgt die Personalentwicklung ähnliche Ziele wie ein gelungener Coaching-Prozess. Im Folgenden soll der aktuelle Stand der Forschung im Bereich der Personalentwicklung mit dem Ziel beleuchtet werden, wesentliche Erkenntnisse für den Blended-Coaching-Prozess zu generieren.

In den vergangenen Dekaden hat sich die Organisationsentwicklung auf das Unternehmen in seiner Innenstruktur ausgerichtet. Es ging um interne Prozesse wie die Optimierung von Strukturen, Abläufen und die Formen der Zusammenarbeit in Teams. Diese limitierende Innenschau ist im Rahmen moderner Personalentwicklung aufgebrochen worden und muss in folgender Weise weiter entgrenzt werden:

Die extern flankierenden Faktoren, die den Unternehmenserfolg bedingen, ihre Analyse, die Interaktion mit modernisierenden Möglichkeiten von außen, technische Änderungen, aber auch neue Anforderungen und Normen, die sich aus neuen gesellschaftlichen Entwicklungen ergeben, finden nun immer mehr Eingang in das Aufgabenfeld klassischer Personalentwicklung. Dies gilt umso mehr, als die Intervalle, in denen sich externe Faktoren erfolgsbestimmend und erfolgswandelnd verändern, immer kürzer werden.[62]

Übertragen auf das Blended Coaching ergibt sich die Notwendigkeit, einen überkommenen engen Blickwinkel der Aufarbeitung von Problemsituationen im direkten Zusammenhang des Arbeitsumfeldes zu überwinden und den Austausch zwischen Coachee und Coach auf eine weiter geöffnete Perspektive zu beziehen.

Sicherlich geht es vordringlich um konkrete Problemlösungen, aber die Frage bleibt, ob Probleme nur in einem engen Unternehmensumfeld, nur mit Bezug auf wenige Kollegen gelöst werden können. Soziale Systeme wie Familien und Unternehmen können nicht mehr „in Ordnung gebracht" werden, wie das früher Zielsetzung von fördernden Systemen wie der Personalentwicklung war.[63]

---

[62] Schiersmann (2008): 19, genannt werden hier konkret technologische Neuerungen, Veränderungen von Marktsituationen, Anforderungen aus der Umwelt und Produktinnovationen in immer rascheren Zyklen.
[63] Kühl (2006): 51, geht noch weiter in seiner pessimistischen Annahme, dass Coaching die Hebelwirkung von Personalentwicklungsmaßnahmen in Change-Prozessen nicht wesentlich fördern kann. Er vermutet, dass Personalentwicklungsmaßnahmen an den Grundverhaltensweisen von Menschen nichts mehr ändern können.

Festzuhalten bleibt also eine immer wichtiger werdende Demut des nicht mehr vollständigen Erfassenkönnens von Problemsituationen und damit die Aufforderung, immer neue, innovative Erklärungsansätze für eine scheinbar chaotische Unternehmensentwicklung zu finden.[64]

Im Folgenden sollen erste Hinweise gesammelt werden, wie eine solche entgrenzende Problemanalyse gestaltet werden kann, um dem Coachee im eben beschriebenen Sinne besser gerecht zu werden. Hierfür wird wieder zunächst auf Erkenntnisse aus der modernen Personalentwicklung zurückgegriffen.[65]

Dort, wo es bisher um Gewinnerzielung, das Herbeiführen von neuen Umsatzmöglichkeiten, um Shareholder-Value als Ziele des Managements ging, die auch für den Einzelnen zu gelten hatten und entsprechend exekutiert wurden, muss die moderne Personalentwicklung dem Individuum und seinen persönlichen, beruflichen und privaten Zielen Aufmerksamkeit schenken.

Handlungsgrundsätze definieren sich dementsprechend immer mehr am Wohlergehen des Menschen und nicht mehr nur an der Funktionalität der Maschine Unternehmen. So entsteht für die Personalentwicklung von heute ein völlig neues Unternehmensleitbild, das dann in gleicher Weise Nachhall in allen fördernden Maßnahmen finden muss.[66] Die folgende Abbildung gibt einen ersten Eindruck davon, mit welchen Methoden die Balancierung von Maßnahmen in der Personalentwicklung erfolgen kann.

Die hier genannte Beseitigung von Defiziten als Selektionskriterium ist allerdings als Kriterium für die Personalentwicklung nicht ausreichend, um Ziele in geeigneter und übergreifender Weise mit/für den Mitarbeiter zu verwirklichen.

---

[64] Berglas (2002): 101, warnt als langjähriger Psychiater an der Harvard Medical School eindringlich vor der Gefahr, im Coaching an Symptomen herumzudoktorn und nicht zur eigentlichen Krise des Coachees, die ganz anders ursächlich begründet sein kann als in vordergründigen Arbeitssituationen, vorzudringen.

[65] Dorando & Kerbst (2004): 52-57, fordern für die moderne Personalentwicklung einen mehrdimensionalen Ansatz bestehend aus Seminarangeboten, kollegialer Beratung, Mitarbeitergesprächen, Praxisprojekten, Lerntagebüchern und anderem. Das alte Entwicklungsdenken in Seminartag-Einheiten soll überwunden werden, echter Praxisbezug und persönliche Betreuung sollen in den Vordergrund treten.

[66] Kirsch (2008): 3

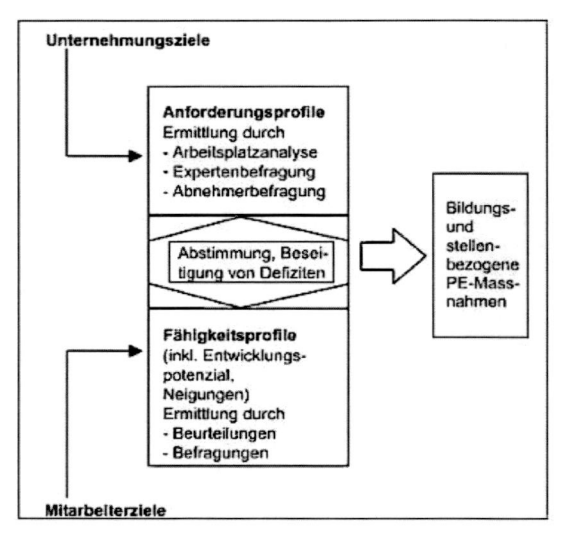

Abb. 8: Abstimmung der Unternehmens- und Mitarbeiterziele in der Personalentwicklung[67]

Entsprechend gilt für das persönliche wie für das Blended Coaching eine neue Ausrichtung auf die Dinge, die jenseits von einseitigem Karrierestreben vordringlich sind. Es geht einmal um die ganzheitlichere Sichtweise persönlicher Sinn- und Bedürfniserfüllung, als das früher mit der Orientierung auf unternehmensimmanente Ziele möglich war.

So sollte Coaching Empowerment und Ermutigung zu unkonventionellem Reagieren dort beinhalten, wo bisher im Berufsleben rein „managementorientierte Ziele" die Richtung vorgegeben haben.

Für die moderne Personalentwicklung geht es also nicht mehr um ein Verinnerlichen von Verhaltenskatalogen, die in Form von Leitbildern eher anonymer Weise für die Gesamtheit der Mitarbeiter entworfen werden und wenig mit dem Einzelnen und seinen persönlichen Problemlagen zu tun haben. Heute wird vielmehr die Vision nachgefragt, der gemeinsame Geist einer Gruppe, der tief empfundenen und nachhaltig formulierten Visionen folgt, Geisteshaltungen und Werten also, denen alle im Unternehmen wirklich nachgehen wollen.[68]

Personalentwicklung wie Blended Coaching stehen heute in der Verpflichtung, bewusst auf Werte und Visionen hinzulenken, die mehr mit dem Men-

---

[67] Thom (2007): 6; auch Thom (1992)
[68] Speck (2005): 249

schen in seinen Bedürfnissen und Befindlichkeiten zu tun haben als mit dem bloßen Umsatzerfolg des Unternehmens.

Aber was sind das dann für persönliche Ziele, um die es jetzt gehen soll und woran soll dieses individuelle Streben ausgerichtet sein, das dann im Blended Coaching erarbeitet werden kann?

Viktor Frankl, ein richtungweisender Psychologe des 20. Jahrhunderts, hat mit seinen Thesen zur persönlichen Sinnerfüllung des Einzelnen wesentliche Impulse für die Persönlichkeitsforschung gegeben. Frankl formulierte als Basis der persönlichen Erfüllung des Individuums die Aufforderung, einen Beitrag zu einer sinnvollen Sache, einer sinnvollen Gemeinschaft oder einem sinnvollen Werk, das den ihn umgebenden Menschen dient zu leisten.

Aus diesem Gefühl des Gebrauchtwerdens, des guten Tuns, das Frankl sinnstiftend nennt, wächst eine Rückkopplung in Form von immer neuer Motivation und daraus folgendem umso größerem Engagement.[69]

Übertragen auf das Blended Coaching muss der Coachee auf eine sinnerfüllende Zielerreichung ausgerichtet sein. Hier liegt auch der Kern der modernen Orientierung an den individuellen Zielsetzungen des Einzelnen: Das, was der Coachee persönlich als sinnerfüllend empfindet, gibt die Richtung des Blended-Coaching-Prozesses vor.

Wirklich große, kühne Ziele weisen über die Höhe des nächsten Monatsumsatzes hinaus. Wenn der Einzelne sich in einem ganzheitlicheren Sinn entfaltet, dann arbeitet er an Orientierungen, die über das Heute und Jetzt hinausreichen. Hier ein kurzer Überblick, wie auf diesem Gebiet führende Autoren zielorientiertes Coaching im Unternehmenskontext ausgerichtet sehen wollen:

---

[69] Speck (2005): 243

Autor	Zieldefinition
Rauen	Als formales Ziel nennt Rauen die Aufgabe von Coaching, bei der Bewältigung aller beruflich anfallenden Rollen des Coachee zu helfen. Zudem sei die „Verbesserung der Selbstmanagementfähigkeiten"[46], die „(auch präventive) Förderung von Selbstreflexion (...) und -wahrnehmung, des Bewusstseins und der Verantwortung, um so Hilfe zur Selbsthilfe zu geben"[47] genannt.
Fallner und Pohl	Fallner und Pohl sprechen von einem „Coaching mit System" und formulieren als Ziel die „Veränderung von Deutungs- und Handlungsmustern"[48] in den Kategorien 1. Ablösung von Mustern, 2. Weiterentwicklung von Mustern und 3. Neuentwicklung von Mustern.[49]
Schreyögg	Schreyögg nennt als oberste Ziele die „Steigerung der beruflichen Qualifikation", und die „Befähigung des Selbstmanagements"[50] eines Klienten.
Masurek	Führungskräfte müssen, laut Masurek, mehrere Rollen in ihrem Daily Business einnehmen um „die Vermittlung einer nachhaltigen hohen Lernbereitschaft bei den Mitarbeitern, die aktive Vermittlung aktuell und zukünftig erforderlicher Fähigkeiten und Fertigkeiten, die Anleitung der Mitarbeiter zum Selbstlernen und die Schaffung lernfördernder Arbeitsbedingungen"[51] zu gewährleisten.
Stahl & Marlinghaus	Stahl & Marlinghaus definieren als Ziele die Steigerung der individuellen Problemlöse- und Selbsthilfekompetenz, die Potenzialentwicklung, die Steigerung beruflicher Effizienz, die Verbesserung von Führungsfähigkeiten sowie die Karriereplanung.[52]

Tab. 6: Zieldefintionen von unternehmensbezogenem Coaching[70]

Der traditionelle Vorgang, die effizienteste Strategie als Antwort auf ein konkretes Problem zu finden, soll im idealen Sinne ersetzt werden durch tatsächlich neues schaffendes, den Einzelnen in seinen wirklichen Zielen und Wünschen betreffendes visionäres Denken.[71]

Diese visionär ausgerichtete Grundhaltung ist eine Disziplin, die Berufstätigen heutzutage in jahrelangen, verschulten Ausbildungsgängen und einem sich daran anschließenden stressreichem Berufsleben gründlich abgewöhnt wird. So müssen nicht nur neue Strategien entstehen, sondern ganze Unternehmensstrukturen diesem Wandel folgen, neue Kulturen des Umgangs miteinander und des Verständnisses von Arbeit entstehen. Dieses Axiom des Wandels selbst wird zur Grundlage des Systemprozesses, der zu einem großen Teil aus ständigem Lernen besteht.[72]

Das eben Gesagte macht deutlich, wie nah die Anforderungen an Organisationslernen und Blended Coaching beieinander liegen. Noch wichtiger in diesem Zusammenhang: Wenn das Berufsleben fortwährendem Wandel unter-

---

[70] Klink (2009): 24
[71] Speck (2005): 244
[72] Schiersmann (2008): 18

worfen ist, geht viel an Stabilität gebender Sicherheit verloren. Die Folge ist, dass der heutige Berufstätige in einem größeren Ausmaß Unsicherheiten überwinden, berufliche Neuorientierungen akzeptieren und Mobilität in geographischer und sozialer Hinsicht zeigen muss, als das früher der Fall war. Entsprechend sind die Erfahrungen aus aktuellen Entwicklungen in der Personalentwicklung gelagert. Die moderne Organisationsentwicklung hat die Vorstellung abgelegt, dass Wandel rational planbar, vorherbestimmbar und mittels bestimmter Faktoren eingrenzbar bleibt.[73]

Hier wird deutlich, warum der Coaching-Bedarf bei veränderungsgestressten Managern über eine zeitlich befristete Intervention hinausragt. Der Coachee braucht einen ständigen Mentor, der ihn auf dem Weg durch den beruflichen Alltag begleitet, ihn zum Neu-Denken anregt und ihn neu orientiert hin auf das Aushalten großer Unsicherheiten.

Das Konzept des Designs der Blended-Coaching-Homepage, das in dieser Arbeit entwickelt wird, beinhaltet das Zurverfügungstellen eines virtuellen Rahmens zum Gestalten mentorieller Netzwerke. Diese können eine mögliche Strategie darstellen, durch einen Erfahrungsaustausch und gegenseitiges Lernen wirkungsvolle gemeinsame Wege aus der Krise zu finden.

Hier ein Bezug aus der Personalentwicklung, der zeigt, dass solche Netzwerke Gleichgesinnter eine sinnvolle Alternative zum persönlichen Coaching darstellen können: Organisationale Entwicklung und Lernen im Unternehmen im modernen Sinn finden statt, wenn eine Gruppe von Mitarbeitern sich in gemeinsame Prozesse begibt, in denen die Teilnehmer ihren individuellen Wissenstand immer wieder gegenseitig zugänglich machen, ihn vergleichen, ihn ständig gegenseitig aktualisieren und dann zu einem neuen, gemeinsamen Fundus verzahnen. Nächster Schritt ist dann der oben eingehend beschriebene Abgleich mit einer Realität im Wandel, die in kurzen Abständen neue Nachweise der Tauglichkeit des Gefundenen erfordert.[74]

Was sagen aktuelle Forschungstrends der Personalentwicklung zur Rolle des externen Organisationsentwicklers im Unternehmen? Und welche Schlüsse lassen sich hieraus für den Blended-Coaching-Prozess ziehen?

Zu kritisieren ist im Lichte der oben diskutierten Entwicklungen ein Berater, der ins Unternehmen kommt und vorab vorbereitete Lösungen ausbreitet ohne zu erfragen, wo tatsächlich kritischer Änderungsbedarf liegt. Wenn er darauf besteht, seine extern angefertigten Strategien einem Organisationsumfeld überzustülpen, dass avers auf die mangelnde Sensibilität des exter-

---

[73] Schiersmann (2008): 30
[74] Kirsch (2008): 13

nen Personalentwicklers reagiert, dann wird sich der Zustand im Unternehmen eher verschlimmern als verbessern. Hier greift – und das soll auch richtungweisend für den Blended-Coaching-Prozess sein – ein systemisches Beratungskonzept ganz anders die signifikanten Störsignale des Unternehmens wie des Einzelnen auf.[75]

Im Rollentausch vom früher dominanten „Oberlehrer" zum modernen sensiblen Zuhörer geht es darum, den Coachee oder das betreute Unternehmen als richtungweisenden Impulsgeber zu sehen, als denjenigen, der die erarbeiteten Lösungen auch mit Leben füllen und verantworten muss und der deshalb nichts weniger braucht als pauschale Lösungsvorschläge seitens des Coaches, weniger noch seitens einer Coaching-Homepage, die sich auf seine Bedürfnis-, Problem- und Interessenlage nicht individualisierend ausrichten kann. Der Coachee setzt nur diejenigen Strategien erfolgreich um, die auf seine Initiative entstanden sind und die seiner persönlichen Beurteilung als vielversprechend standhalten. Der systemische Berater hat in der modernen Personalentwicklung die Rolle eines Moderators, eines Beobachters und Analysierenden von unternehmensinternen und individuellen Problemen.

Früher also wurden alte, direktive Strategien im Beratungsfall durch neue Erfolgsmodelle oder gar Erfolgsvisionen ersetzt, die dann für eine Weile im Unternehmen die Richtung bestimmt haben, bis auch sie sich als den Anforderungen der Realität nicht angemessen erwiesen. Das systemisch-konstruktivistische Modell räumt auf mit einer Mentalität, Probleme zu erledigen und dann wieder zur alten Tagesordnung überzugehen. Stattdessen muss über Möglichkeiten und Grenzen des „Navigierens beim Driften"[76] reflektiert und die „unaufhebbare Unsicherheit mit einbezogen werden".[77] Somit ergibt sich eine neue Form der Dynamik im Unternehmen mit sich wechselseitig anstoßenden Veränderungsprozessen, so, wie in dieser Abbildung zur systemisch orientierten Beratung dargestellt:

---

[75] Hoffmann (2008): 131
[76] Simon & Weber (1987): 355-362
[77] Backhausen &Thommen (2006): 54

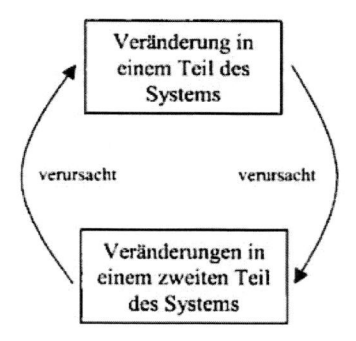

```
        ┌─────────────────┐
        │ Veränderung in  │
      ╱ │ einem Teil des  │ ╲
     ╱  │    Systems      │  ╲
    ╱   └─────────────────┘   ╲
   verursacht            verursacht
    ╲   ┌─────────────────┐   ╱
     ╲  │ Veränderungen in│  ╱
      ╲ │ einem zweiten Teil ▶
        │  des Systems    │
        └─────────────────┘
```

Abb. 9: *Systemisches Denken und Beraten in Kreisläufen*[78]

Hier liegen ganz wesentliche Grundaussagen, die sich auf einen erfolgreichen Blended-Coaching-Prozess übertragen lassen: Wenn Unabwägbarkeiten wie oben bereits beschrieben heute zur Realität des Überlebenskampfs von Unternehmen gehören, dann prägen sie umso mehr die ständige Realität des Coachees in seinem Berufsleben.

Die richtigen Antworten auf Probleme gestalten sich auch für den Coach in seiner Arbeit in kurzen Zeitabständen oftmals völlig neu. Und damit wird klar, dass es im Blended-Coaching-Prozess für den Coach als Impulsgeber von Entwicklungen nicht nur um ein Wecken von Visionsdenken, von produktivem Zielerreichen und Problemlösen geht. Der Coach bewirkt viel allein durch ein erfolgreiches gemeinsames Bewältigen der täglich neuen Klippen, die sich im Umfeld des Coachees auftun. Wie oben bei der Organisationsentwicklung beschrieben, wird dem Coach die Möglichkeit genommen, mit linearen Steuerungs- und Kontrollmechanismen in die Welt des Coachees zu statisch eingreifen zu müssen.[79]

Thönneßen[80] zeigt die Alternative einer neuen Beratungsstrategie auf, von der das in dieser Arbeit zu konstruierende Modell des Blended Coachings profitieren kann:

> Professionelle Personalentwickler werden nicht müde, ihren Klienten beizubringen, dass sie bei jeder Beurteilung systematisch in drei Schritten vorzugehen haben: Beobachten, Beschreiben, Bewerten. Sie machen auf die wichtigsten Beurteilungsfehler aufmerksam und geben sich alle Mühe, Führungskräfte in der Führung von Beurteilungsgesprächen zu schulen.

---

[78] O'Connor & Mc Dermott (1998): 45, in König & Volmer (2005): 15
[79] Backhausen & Thommen (2006): 55
[80] Thönneßen in Hofmann (2008): 167

Evaluiert wird im Coaching der Erfolg der durchgeführten Maßnahme nicht nur am Ende des Prozesses, sondern auch immer wieder während der gemeinsamen Zeit. Dies nicht nur mit der Fragestellung, ob die vorab gemeinsam besprochenen Ziele erreicht wurden, es geht hier auch wesentlich um das Abfragen von ausreichender Balancierung zwischen Coachee und Coach, dem erfolgreichen Entwickeln einer (gemeinsamen) Problemsensitivität und nicht zuletzt um die Frage, ob es dem Coach gelungen ist, erfolgreich eigenen Tendenzen zum direktiven Dialog, zum Verabreichen fertiger Lösungen zu begegnen.

Übertragen auf die Nachbardisziplin der Personalentwicklung legt ein fortlaufender Prozess der Evaluation die Grundlage dafür, die Qualität von Seminarkonzepten und Lernaktivitäten allgemein zu bestimmen. Teilnehmer von Personalentwicklungsmaßnahmen können hinsichtlich ihrer Zufriedenheit befragt werden und Aussagen über die Akzeptanz von Maßnahmen treffen.

Durch Evaluation können in der Personalentwicklung Aussagen zur Wirksamkeit der Optimierung von Arbeitsabläufen und Organisationsstrukturen getroffen werden. Nicht zuletzt die Qualität von Kommunikationsprozessen im Unternehmen kann durch Evaluation überprüft werden.[81]

All diese möglichen Resultate sorgfältigen Evaluierens in der Personalentwicklung lassen sich auf den korrespondierenden Bereich beim Coaching übertragen. Die Aufzählung oben könnte eine erste Grundlage für das Finden von Kriterien bei einer Supervision von Coaching bilden. Eine Evaluation von Coaching sollte zielgerichtet erfolgen.

Wenn Ziele im Prozess immer wieder neu justiert werden und diskutiert werden müssen, so darf doch in der Personalentwicklung wie im Blended Coaching nicht ohne klare Strukturen gearbeitet werden. Bei aller Flexibilität gegenüber sich ändernden Realitäten und Prämissen sind Zieldefinitionen auch für den Evaluationsprozess beim Coaching sehr wichtig. Denn solange nicht klar festgelegt wird, mit welcher Zielrichtung evaluiert werden soll, kann keine Zielkontrolle und damit keine Ergebnisüberprüfung für das Coaching sowie für eine Personalentwicklungsmaßnahme vorgenommen werden.[82]

Zusammenfassend lässt sich feststellen: Die hier angesprochenen modernen Ansätze der Personalentwicklung können eine erste Orientierung für das zu entwickelnde Blended-Coaching-Instrument geben. Dies gilt insbesondere

---

[81] Mehnert (2008): 17
[82] Mehnert (2008): 41

für ein Verabschieden von zu einfachen Modellen der Entwicklung des Mitarbeiters wie des Coachees. Sicherlich ist es aufwändiger, ein komplexes, ein jederzeit für neue Parameter offenes System in Form einer Software zu entwickeln; denn dies wurde im obigen Kapitel klar als Notwendigkeit erkannt. Auch ist ein an individualisierten Prämissen ausgerichtetes Steuerungssystem nicht leicht elektronisch darstellbar.

Der Verdacht auf zu statische Systeme in der Informationstechnologie begründet sicherlich die Ablehnung, was das virtuelle Coaching-Instrument anbelangt. Deutlich wurde also, dass die Blended-Coaching-Software ein hoch flexibles System werden muss und, sehr wichtig, nicht ausgestattet sein darf mit Frage-Antwort-Vorgaben, die zu vordergründig schnell problemlösenden Aussagen führen. Auch wenn es Teil dieser neuen Systematik werden soll, Ziele zu formulieren und zu steuern, so gilt grundlegend: Die Software kann idealerweise zu allererst Reflektion fördern und Eingangsparameter sammeln im Sinne eines Selbst-Auditing und, wenn lösungsorientiert arbeitend, am ehesten mit Möglichkeiten für eine ständige Rejustierung hilfreiche Dienste leisten.

B 2.2 Erkenntnisse aus dem Bereich der Erwachsenenbildung für das Blended Coaching

Unter welchen Bedingungen ist lebenslanges Lernen sinnvoll und notwendig? Und was hat Erwachsenenbildung mit Blended Coaching zu tun? Beide Disziplinen begleiten das Berufsleben und beide befassen sich mit der Weiterentwicklung des Berufstätigen. Beides kann intern im Unternehmen erfolgen oder extern und unabhängig von Unternehmenszielen organisiert sein.

Unter welchen Voraussetzungen gelingt Lernen in der Erwachsenenbildung? Die Beantwortung dieser Frage lässt Raum für Rückschlüsse darauf, wie Lernen auch im Rahmen von Coaching erfolgreich vonstattengehen kann. Drei Parameter sind dafür zielführend:

1. Prozessorientierung am realen Geschehen am Arbeitsplatz,
2. autonome Selbststeuerung des Lernenden ist möglich,
3. kooperative Ausrichtung der Lernprozesse.

Diese Kriterien sind dadurch gewinnbringend, dass sie helfen, die Selbstkompetenz und das soziale Miteinander im Unternehmen zu steigern, aber auch die fachliche Sachkompetenz, besonders unter dem Gesichtspunkt berufsrelevante Schlüsselqualifikationen zu entwickeln, fördern.[83]

In diesem Kapitel werden die oben genannten drei Postulate mehrfach aufgegriffen und konkretisiert. Eine besondere Rolle soll hierbei die Klärung der Frage spielen, mit welchen Strategien die Erwachsenenbildung den Aufbruch aus limitierenden kognitiven Schemata eines langen Berufslebens und nivellierender Ausbildungsgänge herbeiführen kann.

Erwachsenenbildung als dem Coaching verwandte Disziplin soll im Folgenden in Bezug auf die Frage beleuchtet werden, welche Erkenntnisse in diesem Bereich auf den Prozess des Blended Coachings übertragbar sind.

Merriam[84] fasst in seiner Arbeit aus dem Jahr 2006 anhand von fünf Parametern noch einmal zusammen, was den erwachsenen Lernenden in einem gelingenden pädagogischen Prozess kennzeichnet:

> The five assumptions underlying andragogy describe the adult learner as someone who (1) has an independent self concept and who can direct his or her own learning (2) has accumulated a reservoir of life experiences that is a rich resource for learning (3) has learning needs close to changing social roles, (4) is problem centered and interested in immediate application of knowledge and (5) is motivated to learn by internal rather than external factors.

Was hier deutlich wird, ist, dass die Ausgangslage, die Lernsituation eines erwachsenen Lernenden in mehrfacher Hinsicht weit entfernt von der eines jugendlichen Lernenden ist. Das Lernverhalten des Erwachsenen basiert auf einer Fülle von Lebenserfahrungen, die ihn anders motiviert und zielgerichteter arbeiten lassen als den Jugendlichen.

Solche Aussagen sind wichtig für den Blended-Learning-Prozess, weil sie einmal mehr deutlich machen, dass eine allein direktiv gestaltete Betreuung durch einen Coach völlig fehl am Platz ist. Merriams Thesen weisen wieder darauf hin, dass die Beziehung zwischen Coach und Coachee wirksamer ist, wenn sie in großen Teilen in Form eines Beobachtens und Begleitens geschieht.[85] Dies ist wichtig angesichts der Tatsache, dass ein mit Lebenserfah-

---

[83] Brockmann (2007): 41
[84] Merriam (2006): 1
[85] Dehner (2004): 38-42, warnt vor dem schädlichen Mythos, dass ein Coach überhaupt keine Ratschläge geben/Ideen formulieren dürfe. Den Coachee ausschließlich zu spiegeln und zu reflektieren verlangsame den Coaching-Prozess unnötigerweise, so Dehner. (Dehner leitet eine Beratungs- und Trainingsgesellschaft für Transaktionsanalyse in Konstanz.)

rungen ausgestatteter Coachee meist selbst klar beurteilen kann, worum es ihm im Prozess des Coachings geht.

Durch welche Faktoren soll aus dem Blickwinkel der Erwachsenenbildung die Orientierung des Coachings gesteuert werden? Grundlage eines Aneignungsprozesses und seiner autonomen Wahl der Themeninhalte sind für den Coachee idealerweise seine persönlichen Interessenfelder. Je klarer Interessen in diesem Zusammenhang definiert werden, desto relevanter wird das eigene Lernen beurteilt. Lerngegenstände und damit auch Coaching-Inhalte werden unter dieser Bedingung als persönlich bedeutsam erachtet.[86] Die didaktische Intention kommt vom Lernenden, die Antwort auf die Frage, worum es im Coaching-Prozess gehen soll, korrespondierend vom Coachee.

Wie aber entstehen persönliche Zielrichtungen? Zum einen wird es dem Coachee, das lässt sich aus korrespondierenden Feldern der Erwachsenenbildung ableiten, um die Optimierung persönlicher Entfaltungschancen gehen, um die Weiterentwicklung eigener Qualifikationen, um die Partizipation an der Verwirklichung der Interessen des Unternehmens, in dem der Lernende arbeitet wie um die oben erwähnten individuell relevanten Interessenfelder.[87]

Dieser Überblick ist nicht ohne weiteres auf das Coaching übertragbar, denn beim Coachee geht es oft zuerst um Krisenintervention. Aber, was hier deutlich wird, ist, dass dies eben nicht alles sein kann, sondern dass der Gesichtspunkt der Vernetzung des erwachsenen Lernenden in verschiedene interne und externe Systeme der Lebensrealität, die bereits im Abschnitt über Erkenntnisse aus dem Bereich der Personalentwicklung diskutiert wurden, eine wichtige Rolle spielt. Das Interesse der persönlichen Entfaltung steht in Beziehung zu den Interessen anderer. Hier spielen Marktgegebenheiten, politische Großwetterlagen, soziale Faktoren wie das Familienleben und die Interessenlagen von Freunden und Kollegen usw. eine große Rolle. Die folgende Graphik verdeutlicht diesen Sachverhalt:

---

[86] Faulstich (2006): 53
[87] Faulstich (2006): 54

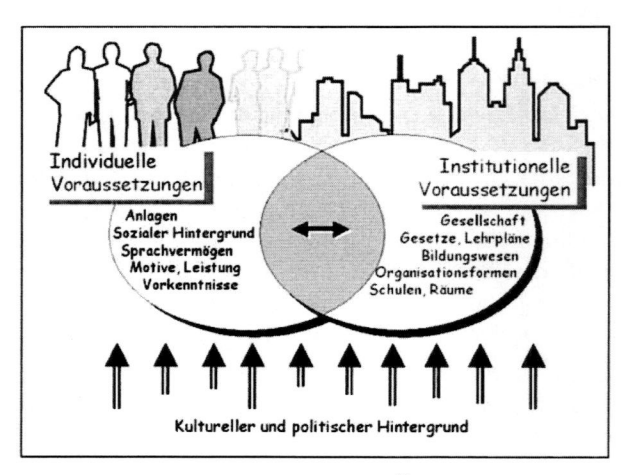

Abb. 10: Bedingungsfelder von Lernen nach dem Berliner Modell[88]

Die Orientierung an Interessenlagen Erwachsener zur Bestimmung des relevanten Lernstoffs ist bei Faulstich nur ein erstes Kriterium, um zu bestimmen, wie Lernen sich erfolgreich gestalten lässt. Faulstich[89] benennt zum Erreichen dieses Ziels sechs weitere Voraussetzungen:

> Eine „Vermittlungsdidaktik" konzentriert sich nicht mehr auf das Übertragen von scheinbar fertigem, vorgegebenen Wissen oder einzuübenden Fertigkeiten, sondern ist in einem umfassenden Sinne gekennzeichnet durch folgende Aspekte: Handlungsorientierung, Teilnehmerorientierung, Interessenbezug, Problembezug, Methodenoffenheit, Selbsttätigkeit, Gruppenbezug.

Aus all diesem wird deutlich, dass der akute Bezug auf momentan Interessantes und Problematisches in gleicher Weise wichtiger Parameter für einen gelingenden Blended-Coaching-Prozess ist. Der Coachee wie der Lernende möchte sich auf konkrete Handlungsalternativen beziehen und idealerweise möchte er sich mit Gleichgesinnten über deren Erfahrungen austauschen.

Hierin findet sich ein weiterer Beleg für die Wichtigkeit mentorieller Netzwerke im Rahmen des Blended-Coaching-Modells, bei dem sich nicht nur Coach, Homepage und Coachee gegenüberstehen, sondern Menschen mit ähnlich gearteten Erfahrungen von ihrem Erfahrungswissen gegenseitig pro-

---

[88] Götz & Häfner (2005): 41. Das Berliner Modell geht zurück auf die Autoren Heimann, Otto und Schulz (1965) und betont die Interdependenz, die Variabilität und die notwendige Kontrollierbarkeit von Lernbedingungen als drei Grundprinzipien.
[89] Faulstich (2006): 52

fitieren. Die individuellen Lebenserfahrungen des Einzelnen spielen eine große Rolle dafür, wie er als Erwachsener lernt und wo seine konkreten Lernbedürfnisse für die Zukunft liegen. Denn früher gemachte Lernerfahrungen und daraus abgeleitete Bewältigungsstrategien bilden die Grundlage für erfolgreiche Herangehensweisen an Problemstellungen in jeweils neuen Lernphasen und Lernsituationen.[90]

Die folgende Tabelle gibt einen Überblick, wie die Intentionen von Coachees und Lernenden voneinander unterschieden werden können:

	Intentionen des Coachees	Intentionen des erwachsenen Lernenden
Bezug zu öffentlichen lichen Interessen	Unternehmens-+ gesellschaftliche Situation verbessern	Orientierung an anderen Lernenden, z. B. in Lerngruppen, Qualifikationen besser einsetzen können, um externe Ziele zu erreichen
Verwirklichung eigener Interessen	Potenzialentfaltung, Ziele verwirklichen, Krisen überwinden	Potenzialentfaltung, Statusgewinn, Existenzsicherung
Methode des Problemlöseverhaltens	Persönliches Reservoir an Lösungs techniken entwickeln	Transfer von früheren Lernerfahrungen auf neue Situationen

Tab. 7: Verschiedene Ausrichtungen von Handlungsintentionen erwachsener Lernender und Coachees

So wie das eben für den Bereich des Lernens erörtert wurde, hat der Coachee in früheren Zeiten bestimmte Strategien der Problemlösung angewandt und damit individuelle Erfahrungen gemacht, die sein Problemlöseverhalten heute prägen. Für den Coach lässt sich hier ableiten, dass er größere Ressourcen einsetzen muss, um diesen persönlichen Erfahrungsschatz erfolgreicher oder erfolgloser Problemlösung des Coachees in einer ausführlichen Anamnese kennenzulernen.

Auch wenn es um völlig neue Problemstellungen geht, kommt der Coachee mit einem persönlichen Reservoir an bisherigen Lösungstechniken in den Coaching-Prozess, von denen im Blended-Coaching-Prozess beide, Coach und Coachee, für ihre Arbeit profitieren können.

---

[90] Knoll (2008): 101

Knoll[91] bezieht sich noch einmal auf den Gedanken erfahrungsorientierter Weiterbildung und leistet selbst den Transfer auf entsprechende Beratungssituationen, die an konkret Erfahrenem orientiert sein sollen:

> Weil es in der Praxis um ein Denken und Verhalten geht, das sich im konkreten Handeln niederschlägt, braucht es ein eben solchermaßen bewusstes Handeln für das Erlernen und Üben. Dies wiederum verlangt nach einem erfahrungsorientierten Arbeiten in der Aus- und Fortbildung. Es nimmt die Situationen mit Beratungscharakter, für die qualifiziert werden soll, in die Fortbildung hinein. Es vergegenwärtigt im Hier und Jetzt der Aus- und Fortbildung diejenigen Prozesse, Herausforderungen, Gestaltungsformen und Interventionen, die für Situationen mit Beratungscharakter konstitutiv sind.

Für die Lernerfahrungen des Erwachsenen ist festzuhalten, dass die strukturellen Lernbedingungen und Lernvoraussetzungen sehr vom sozialen Milieu, dem der Lernende angehört und entsprechend ausgerichteten Lernmentalitäten abhängen.[92] Natürlich ist die Zugehörigkeit zu bestimmten gesellschaftlichen Milieus eine wichtige Maßgabe nicht nur für ein erfolgreiches Lernen Erwachsener, sondern es beeinflusst auch wesentlich den Verlauf des Blended-Coaching-Prozesses. Gegenstand vieler moderner Coaching-Prozesse ist das Überwinden sozial bedingter Limitationen.

So definierte Aufgaben bilden einen Inhalt der politischen Erwachsenenbildung, die darauf hinwirkt, diskriminierende gesellschaftliche Strukturen offen zu legen und diskriminierende Faktoren in ihrer Rechtmäßigkeit zu hinterfragen.[93]

Übertragen auf das Blended Coaching geht es, sicherlich gestützt auf eine ausführliche Kennenlern- und Analysephase, um das Aufdecken solcher kognitiver Strukturen, die, möglicherweise durch gesellschaftliche Diskriminierung angelegt, beim Coachee den Lösungsweg zum Erreichen seiner persönlicher Ziele versperren. Ein Weg zur Überwindung dieser Limitationen ist ein biographisch ausgerichteter Zugang in der Anamnese nicht nur auf eine konkrete Problemlage hin, sondern mit dem Ziel, ein schlüssig erklärendes Gesamtbild der Erfahrungshintergründe des Coachees in seinem bisherigen Leben zu erstellen.[94]

Hier Vorschläge von Euler und Hahn zur Evaluierung solcher Grundlagen der Lernsituation:

---

[91] Knoll (2008): 112
[92] Nuissl (1992): 92, in Faulstich (1996): 143
[93] Faulstich (2006): 127
[94] Knoll (2008): 101

Erfassung von Lernvoraussetzungen

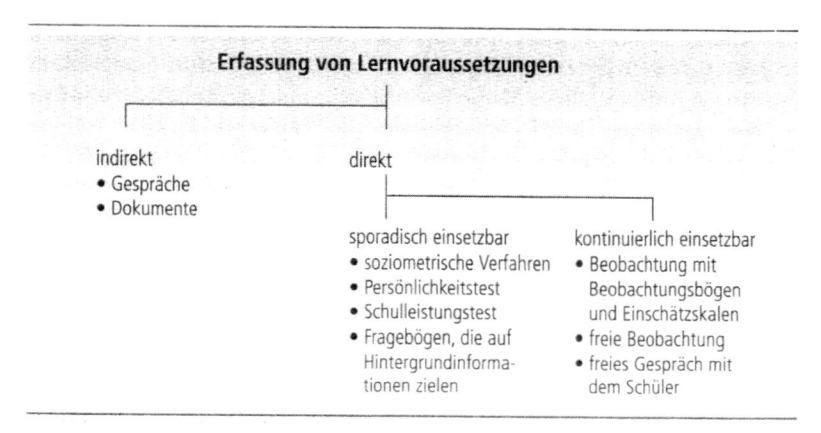

indirekt	direkt	
• Gespräche		
• Dokumente		
	sporadisch einsetzbar	kontinuierlich einsetzbar
	• soziometrische Verfahren	• Beobachtung mit
	• Persönlichkeitstest	Beobachtungsbögen
	• Schulleistungstest	und Einschätzskalen
	• Fragebögen, die auf	• freie Beobachtung
	Hintergrundinforma-	• freies Gespräch mit
	tionen zielen	dem Schüler

Abb. 11: Methoden zur Erfassung von Lernvoraussetzungen[95]

In diesem Zusammenhang ist festzuhalten, dass im Blended Coaching der augenblickliche Zustand der Verfassung seitens des Coachees nicht nur vorab (beispielsweise mit Fragebögen) analysiert werden sollte, sondern auch immer wieder während des Verfahrens, etwa mit standardisierten Beobachtungsbögen für den Coach, neu festgehalten werden könnte.

Das ermöglicht eine systematisierte Grundlegung auch für ein externes Supervisieren des Coaching-Prozesses. Aber auch der Coachee selbst kann hier im Rahmen von Soll-Ist-Vergleichen nachhalten, von wo er zu Beginn der Zusammenarbeit kam und auf der Basis welcher Voraussetzungen er dann welche Ziele verwirklichen konnte. Es bedarf in der Erwachsenenbildung pädagogischer Strategien, die dem Lernenden wie dem Coachee solche neuen Entwicklungsschritte ermöglichen.[96]

Wie kann dies im Zuge von Prozessen des Erwachsenenlernens erreicht werden und welche Implikationen lassen sich für einen Coaching-Prozess ableiten? Relevant sind hier neue didaktische Qualitäten, die bislang nicht ausreichend mit Erwachsenenlernen in Verbindung gebracht wurden, nämlich Parameter für eine neue Qualität des Lernens[97] wie:

---

[95] Euler & Hahn (2007): 164
[96] Maurer (2007): 34-36. Maurer zitiert Peter Senner, Geschäftsführer der Coaching Concepts GmbH & Co. KG in Türkheim. Senner weist darauf hin, dass die Möglichkeiten der Erwachsenenbildung, pädagogisch positiven Einfluss auszüben, immer mehr eingeschränkt werden, da die Unternehmen die bewilligte Zeit für Trainings und andere Bildungsmaßnahmen immer mehr reduzieren. So müssen nach Senner Coaching-Tools und Trainings vieles in immer kürzerer Zeit auf den Punkt bringen.
[97] Arnold (2001): 102, in: Jordan (2008): 98

- Lebendigkeit der Darbietung,
- Hilfsbereitschaft in Bezug auf das konkret Erfahrene,
- didaktische Materialien, die über eine hohe Aneignungsfreundlichkeit mit dem Ziel einer Übertragbarkeit auf eigene Lebenssituationen verfügen,
- Wissenspräsentationen, die zum Entfalten eigener Fähigkeiten anregen.

Die Entwicklung der hier aufgelisteten Kriterien ist für den Coachee gleichzusetzen mit der sich dadurch eröffnenden Möglichkeit zum Anlegen neuer Lösungswege zur Zielerreichung, aber auch mit dem Aneignen neuer, aktiv selbstbestätigender Einstellungen in Bezug auf frühere Diskriminierungen, wie sie Faulstich oben beschrieben hat.

Wenn in der Erwachsenendidaktik die Lernkultur eine Leitkategorie ist, so ist für den Coachee die lebendige, aneignungsfreundliche, hilfsbereite Unterstützung durch den Blended Coach in gleicher Weise die Grundlage zur Überwindung kognitiver Einschränkungen aus der Erfahrungswelt der Vergangenheit.

Welche weiteren Bedingungen sind an eine solche Lernkultur zu stellen? Im Sinne modernen Erwachsenenlernens soll eine solche Kultur geprägt sein durch eine demokratische Beziehung[98] zwischen Lehrendem und Lernenden, die die Schädigungen hierarchischer Herrschaftsverhältnisse einebnen hilft. Wichtiges Kriterium dieser neuen Balancierung ist die Selbstbestimmung des Lernenden hinsichtlich seiner Lerninhalte, die fördernde, aufklärende Haltung des Lehrenden wie des Coaches und das gemeinsame Verlassen von Sachzwängen und anonymisierenden gesellschaftlichen Formierungen.

Aus allem Gesagten ergeben sich drei klassische Entwicklungsaufgaben für das Blended Coaching: das Beheben des Irrtums eines den Verhältnissen Ausgeliefertseins, das Wecken von Spontanität, wo früher nur wenig hinterfragten Pflichten gefolgt wurde und das selbständige Bestimmen von Ziel und Methode des Lernens wie des Coachings.

B 3 Kooperativ ausgerichtetes E-Learning und Blended Learning

Dem virtuell ausgerichteten Lernen wohnen außerordentliche Expansions- und Marktchancen inne. Die Dynamik dieses Wachstumszweiges soll, und dafür dient diese Arbeit als Grundlegung, auch auf den Bereich des Blended Coachings übertragen werden. Die Vorteile virtuellen Lernens werden in die-

---

[98] Ludwig, Faulstich, Zeunger (2006): 15

ser Arbeit ausführlich diskutiert, sie führen zu der Einschätzung eines der tonangebenden Manager der informationstechnologischen Industrie, die beispielgebend ist für die Geschäftserwartungen an das Segment E-Learning: „The biggest growth in the Internet, and the area that will prove to be one of the biggest agents of change, will be in e-learning."[99]

Dieses Kapitel soll eine Reihe wesentlicher Faktoren vorstellen, durch die erfolgreichen E-Learning-Konzepten die oben beschriebene Dynamik zuwächst. Es soll also eruiert werden: Was macht E-Learning genau chancenträchtig gegenüber herkömmlichen Lehrmethoden? Der zweite Schritt soll im Kapitel B 4 dann darin bestehen, auszuwerten, welche dieser Errungenschaften auf den Bereich des Blended Coachings konkret übertragen werden können und im dritten Schritt soll diskutiert werden, welche Voraussetzungen für eine solche Übertragbarkeit geklärt sein müssen.

Eine wesentliche Erkenntnis zu Beginn der E-Learning-Ära war, dass es nicht genügt, einen virtuellen Raum zu schaffen, in dem die gleichen didaktischen Methoden Anwendung finden, wie im überkommenen traditionellen Frontalunterricht.[100] Die Anforderungen, den Lernenden zur Präsenz zu motivieren, sind im E-Learning eher noch höher als im traditionellen Unterricht, weil das freiwillige Engagement zum Lernen hier eine wichtigere Rolle spielt.

Wie kann E-Learning dieses freiwillige Engagement der Lernenden besser fördern? Bisherige Ansätze vernachlässigen immer noch in didaktisch konservativer Manier oftmals die Perspektive des Lernenden. Herkömmliche didaktische Ansätze im Internet gehen davon aus, dass es die Lernenden sind, die den Umgang mit E-Learning intensiv trainieren müssen. Die Perspektive des Lernenden als diejenige, die Dreh- und Angelpunkt aller didaktischen Fragen sein sollte, wird in einer Großzahl bisheriger E-Learning-Angebote ausgeblendet.[101] Übertragen auf das Blended Coaching soll der didaktische Ansatz nicht mehr theoretischen Leitlinien folgen, die ein übergeordnetes Curriculum als zu bearbeitendes Material festlegt. Vielmehr soll der Coachee für ihn Relevantes betrachten und als Inhalt dessen, worin er sich hier engagiert, festlegen.

---

[99] John Chambers, CEO, Cisco Systems, in Rosenberg (2000): XIV
[100] Ludwig (2008): 25. In diesem relativ aktuellen Artikel erklärt Ludwig, dass sich Online-Lernen im modernen Sinn in Unternehmen heute noch nicht durchgesetzt habe. Meist würden Online-Plattformen lediglich zum Informationsaustausch genutzt und es würden auf diesem Kanal Materialien verteilt. Die Möglichkeit im Online-Lernen für Nutzer, ihre Sinnperspektiven permanent neu herauszufinden und anderen zur Verfügung zu stellen, werde noch viel zu wenig genutzt.
[101] Sommer (2004): 27

Schon zu Beginn dieser Arbeit war die Forschungsmeinung aufgegriffen worden, dass ein rein virtuell geprägter Coaching-Prozess wenig erfolgversprechend ist. Die Rolle der virtuellen Instanz soll eher eine unterstützende und begleitende für den persönlichen Austausch mit dem Coachee sein. Korrespondierend hierzu soll der Focus dieses Kapitels auf den Bereich des Blended Learnings gerichtet werden, der Kombination traditioneller Lehrmethoden mit begleitenden didaktischen Einheiten am Computer also. Die folgende Tabelle dokumentiert Grenzen und Möglichkeiten virtuellen Lernens:

	Lehrbuch	Vorlesung	Präsenztraining / Workshop	Computer-Based-Training (CBT)
Zentralistisches Lernen		x	x	
Verteiltes Lernen	x			x
Personenzentriertes Lernen		x	x	
Medienzentriertes Lernen	x			x
Synchrones Lernen		x	x	
Kooperatives Lernen			x	
Asynchrones Lernen	x			x
Rezeptives Lernen	x	x		
Interaktives Lernen			x	x

Tab. 8: Lernarten und deren Einsatzmöglichkeiten mittels verschiedener Lernapplikationen[102]

Das virtuell gestützte Lernen ermöglicht ein interaktives, ein asynchrones, ein medienzentriertes und ein verteiltes Lernen, wie es, das macht der direkte Vergleich hier deutlich, bei einer Vorlesung etwa nicht möglich ist.

Thorne[103] beschreibt die Kombination aus herkömmlichen und virtuellen Lernmethoden wie folgt: „Essentially, blended learning is a workable solution that allows trainers and staff developers to integrate online learning with a broad range of traditional learning techniques."

Im letzten Kapitel war der Gedanke des selbstinitiierten, an persönlichen Entwicklungserfordernissen ausgerichteten Lernens im Erwachsenenalter aufgegriffen worden. Blended Learning im modernen Sinn verfolgt drei korrespondierende Ziele, nämlich:

---

[102] Dittler (2003): 67
[103] Thorne (2003): 150

1. organisationale Ziele zu unterstützen,
2. individuelle Entwicklungsnotwendigkeiten zu fördern,
3. durch die neue Methodik Programmkosten zu reduzieren.[104]

Wie nun kann E-Learning oder auch Blended Learning besser auf die Lerninteressen von Nutzern dieser neuen Medien eingehen? Bersin[105] macht hier ganz pragmatische Vorschläge zur Gestaltung:

> Approximately 50 to 70 percent of the population are characterized as "visual learners", meaning that they relate most effectively to written information, diagrams, images and pictures. Visual learners like to take notes, write on the whiteboard, and create and view PowerPoint slides with graphics. Most internet courseware is targeted toward visual learning.

Wenn visuelles Lernen bei einer Großzahl der Lernenden die besten Effekte erzielt, so bleibt die Frage, welche didaktische Technik zu den nachhaltigsten Lernergebnissen führt. Im herkömmlichen Lernen wie im Blended Learning geschieht dies, wenn Wissen nicht einfach konsumiert, sondern erfahren, individualisiert, angewandt und transferiert wird.[106]

Blended Learning muss also in einer modernen didaktischen Applikation diesen Prozess des Experimentierens, des kreativen Umformens des Lernstoffes durch den Lernenden fördern.[107]

Wie können solche investigativen Lernprozesse angeschoben werden, wie kann der Gefahr begegnet werden, dass der Lernende immer wieder in die passive Konsumhaltung zurückfällt? Der aktuelle Trend in experimentellem Lernen ist die Arbeit mit Techniken, die mögliche Entwicklungen in einer Reihe alternativer Szenarien abbilden. Diese verfolgen das Ziel, konkrete Anwendungen des Lernstoffes in simulierten Lebenssituationen zu trainieren.[108] Idealerweise sind das wie oben angesprochen solche Situationen, die für den Lernenden persönlich bedeutsam sind und damit auf eine besondere Motivationslage bei ihm stoßen. Hier werden aufgrund der gestalterischen Flexibilität der neuen Medien für den Lernenden komplexe und multifaktorielle Simulationsprozesse möglich, die mit traditionellen Instrumenten nur mit viel größerem Aufwand oder gar nicht abbildbar waren.

---

[104] Arthur (2005): 316; Bullen & Janes (2006): 8
[105] Bersin (2004): 32
[106] Bersin (2004): 33
[107] Bersin (2004): 37
[108] Bersin (2004): 37

Der Lernende, wie auch der Coachee, befindet sich hier in einem virtuellen Übungsgelände, in dem er tatsächliche Entwicklungen trainieren und so treffende Reaktionsmöglichkeiten entwickeln kann. Letztlich ist er nicht mehr Objekt eines Vermittlungsprozesses wie früher beim Frontallernen, sondern die virtuelle Materie dient als Instrumentenwerkzeug, damit er die für ihn besten Strategien ausprobieren kann. Und dies ohne die Risiken, die eine Anwendung falsch gegangener Wege im realen Leben mit sich bringt.[109]

	Lernen mit virtuell unterstützenden Medien	Herkömmliches Lernen
Lernmethodik:	idealerweise mittels Simulation	Frontalunterricht, Lesen
Lernsituation:	persönlich bedeutsam	standardisiertem Curriculum folgend
Motivationslage:	hoch	abhängig u. a. vom jeweiligen Lernstoff
Einfluss auf die Entwicklung von Reaktanzstrategien:	Problemlösekompetenz steigt	eher zufällig

Tab. 9: *Lernen mit virtuell unterstützenden Medien im Vergleich zum herkömmlichen Lernen*

Das Blended Learning genauso wie das Blended Coaching gewinnt durch den Teamfaktor an zusätzlicher Aussagekraft zum Gestalten neuer Lebensantworten, wenn die individuellen Erfahrungen Gleichgesinnter mittels des raum- und zeitübergreifenden Mediums zusammenfließen.

Auf welche Weise kann dies konkret funktionieren? Blended-Learning-Anwender sollten in möglichst kleine Gruppen mit unter zehn Teilnehmern eingeteilt werden. Diese kleinen Gruppen nutzen zusammen einen Chatroom, sie erhalten dafür konkrete Zeitfenster, in denen alle gemeinsam online sind. Ein geeignetes Intervall hierfür ist ein wöchentlicher Turnus. Diese Chatrooms können dann von den Teilnehmern beispielsweise dafür genutzt

---

[109] Behrendt, Pritschow, Rüdesheim (2007): 49-55. Sie vergleichen die Effektivität von herkömmlichen Lehrformen in Seminaren direkt mit einer Sequenz von Coaching-Sitzungen und ermitteln einen deutlich höheren Produktivitätszuwachs der Teilnehmer nach vier Coaching-Sitzungen gegenüber der Teilnahme an einem traditionellen Fortbildungsseminar (bei gleichen Kosten).

werden, gegenseitig ihre Simulationsübungen zu diskutieren und eventuell auch zu bewerten.[110]

Jeder Teilnehmer kann hier nicht nur die eigenen Erfolgswahrscheinlichkeiten gewählter Strategien einschätzen, sondern aus seinem Erfahrungshintergrund auch dem Nächsten Hinweise geben, wo er konkret hätte schlagkräftiger reagieren können.

Dies sind ganz entscheidende Hinweise für das neu zu entwickelnde Konstrukt des Blended Coachings. Denn die Einrichtung virtueller mentorieller Netzwerke von sich gegenseitig unterstützenden Coachees spielt eine wichtige Rolle in diesem innovativen Konzept.

Der Effekt gegenseitiger Unterstützung lässt sich noch erweitern. Effektive virtuelle Online-Netzwerke bestimmen die Dynamik ihrer Erfolge selbst, indem sie aktiv Fachleute hinzuziehen, die den Horizont der Gruppe zu bestimmten Themenstellungen erweitern. [111]

Hier finden sich ganz wesentliche Aussagen zur zusätzlichen Aufwertung mentorieller Netzwerke im virtuellen Raum: Gruppen Gleichgesinnter entwickeln selbstbestimmt Vorschläge, wer zu bestimmten Themenstellungen in idealer Weise relevante Informationen zur Verfügung stellen kann. So ändert sich von Woche zu Woche die konkrete Konfiguration der Online-Gruppe, dies immer in Abhängigkeit vom jeweiligen Erkenntnisfortschritt.

Noch einmal zurück zu Bersins[112] zentralen Aussagen zu der Fragestellung, wie Blended Learning erfolgreich gemacht werden und wie Anfangsfehler in der Ära des E-Learnings überwunden werden können:

> In this subsequent SAP upgrade, the company solved this problem by focusing on cultural factors. They created a blended program, starting with a series of conference calls and local meetings held by coordinators. (...). Learning results were three to four times higher than the previous e-learning program, resulting in a flawless SAP upgrade.

Die Interaktion gewann also an Effektivität durch den sozialen Faktor eines besseren Kennenlernens und einer persönlichen Vertrautheit der Teilnehmer. Sie werden nicht mehr nur durch funktionelle Aufgabenstellungen

---

[110] Bersin (2004): 44
[111] Bullen & Janes (2006): 9; Sethi, Smith, Park (2002): 8, machen die wichtige Rolle von Führungskräften deutlich, um Teams kreativer werden zu lassen, weil die Führer aktiv zu innovativem, entgrenzendem Problemlösen auffordern können. Das gilt auch für virtuelle Teams mit Gruppenleitern.
[112] Bersin (2004): 45

verbunden, sondern bilden ein echtes Netzwerk persönlicher Beziehungen und dadurch gewinnen Sie die Kraft, auch anforderungsgeladene Prozesse gemeinsam und zuverlässig zu bewältigen.

Der Blended-Coaching-Prozess gewinnt, das ist hier die These, in gleicher Weise im mentoriellen, virtuellen Netzwerk eine ganz neue Dimension, wenn Gleichgesinnte eine persönlich engagierte und sozial eng verbundene Gemeinschaft bilden, füreinander parteinehmend und sich gegenseitig bestärkend, wo vor der virtuellen Verbundenheit nur die Alternative blieb, als Einzelkämpfer die eigenen Probleme lösen zu müssen.

Wie kann dieser Gruppenprozess auf virtueller Ebene an Schlagkraft gewinnen? Wie kann sichergestellt werden, dass alle Beteiligten aktiv bleiben und sich engagieren? Erster motivierender Faktor ist sicherlich die Konfrontation mit den Äußerungen der Gleichgesinnten in der Gruppe.[113] Die vitale Interaktion in der Gruppe verhindert, dass sich ein Teilnehmer mit seinen persönlichen Problemen verstecken kann. Er erfährt die neue persönliche Anforderungssituation, sich in der Gruppe behaupten und bewähren zu müssen.[114] Gesteigert wird damit seine Lernleistung wie für den Bereich des Coaching seine Fähigkeit, widrige Situationen künftig auch alleine besser durchzustehen.

Holmes und Gardner[115] bauen diese neuen Praxismöglichkeiten noch aus, indem sie bemerken: „However, to retain the benefits of both approaches any such blended course will require (…) students to take on responsibilities such as leading a discussion group; developing specific elements of course content."

Idealerweise hat das Gruppenmitglied wechselnde Rollen inne, mal fungiert es als Spezialist, mal als Diskussionsführer, mal als innovativer Impulsgeber, flexibel jeweils in der Position, die auf der Basis seiner persönlichen Expertise am hilfreichsten für das Gruppenergebnis ist.

Die **Evaluation** von E-Learning-Angeboten wird bislang von Usability- und Lernwirksamkeitsmessungen dominiert. Dabei werden die eigentlich relevanten Fragen der Entwicklung, Implementation und Nachhaltigkeit solcher

---

[113] Meier (2006): 30
[114] Hemp (2009): 99-108, verweist auf die großen Gefahren eines nicht fokussierten und zu wenig priorisierenden Austausches mithilfe der neuen Medien, es besteht die Gefahr, von zu vielen Informationen vom eigentlich zielorientierten Arbeiten ferngehalten zu werden. Entsprechend müssen limitierende Regulatoren für den Austausch der Forenmitglieder erstellt werden.
[115] Holmes & Gardner (2006): 111

Netz-Angebote vernachlässigt.[116] Die folgende Tabelle vermittelt einen Überblick, warum E-Learning im Unternehmen systematisch evaluiert werden sollte:

Reason to Evaluate E-learning	How Does it Apply to Your Organization?
Justify investment	
Make better decisions	
Require accountability	
Demonstrate return-on-investment	
Improve quality	
Encourage learning	

Tab. 10: Reasons for organizations to evaluate E-Learning[117]

Jede E-Learning-Maßnahme muss sich an solchen, hier aufgezählten Parametern messen lassen können. Ein sinnvoller Ansatz, um die beschriebenen Fehlentwicklungen für die Zukunft zu verändern, ist der moderne Ansatz der Programmevaluation. Hier geht es nicht mehr nur um die Messung von Lernergebnissen, vielmehr werden Fragen nach der Akzeptanz von E-Learning -Angeboten seitens der Nutzer geklärt.[118]

Es ergeben sich wichtige Gesichtspunkte für die Evaluation von Blended-Coaching-Verfahren; denn die Erkenntnis, dass die Akzeptanz von Maßnahmen wichtiger ist als reine Ergebnismessungen, hilft, den Coaching-Prozess im Hinblick auf seinen Wert für den Nutzer zu verstehen und nach der Evaluation entsprechend neu auszurichten. Die mögliche Vielschichtigkeit eines solchen programmorientierten Verfahrens wird in der folgenden Tabelle nachgewiesen:

---

[116] Littig (2003): 10, weist darauf hin, dass Unternehmen E-Learning-Programme zunächst mit klaren Zieldefinitionen an alle Beteiligten ausstatten und dann in Kontrollgruppen vor Einführung die zu testenden Konzepte inhaltlich prüfen lassen sollen.
[117] Horton (2001a): 4
[118] Meister, Tergan, Zentel (2004): 23

Phase	Analysefeld	Ziel
I.	Dokumentation und Typologisierung der von verschiedenen Trägern durchgeführten Programme in ihrem prozessualen „Lebens-" Verlauf vom Förderbeginn bis zum Evaluationszeitpunkt	Bewertung des Planungs- und Interventionsprozesses
II.	Analyse der Träger (Durchführungsorganisationen) und ihrer Beziehungen zu Zielgruppen und Institutionen unter Berücksichtigung der gegebenen spezifischen Rahmenbedingungen. Hierzu gehören insbesondere eine Analyse der • Ziele und Zielakzeptanz • Mitarbeiter (personelle Ressourcen) • Organisationsstruktur • finanziellen Ressourcen • technischen Ausstattung (materiellen Ressourcen) • Programmkonzeption	Bewertung der beim Träger verursachten (internen) Wirkungen
III.	Es ist zu analysieren, ob und inwieweit die beim Träger und/oder den Zielgruppen eingeführten Innovationen unter Berücksichtigung gegebener Rahmenbedingungen zu intendierten wie nicht-intendierten Multiplikatorwirkungen geführt haben. Insbesondere sind die Diffusionswirkungen bei den diversen Zielgruppen, den externen Nutzern (Dozenten und Studenten anderer Universitäten, Anbieter auf dem Aus- und Weiterbildungsmarkt) sowie im Bildungsbereich zu untersuchen.	Bewertung der außerhalb des Trägers verursachten (externen) Wirkungen
IV.	In Abwägung der unter I – III. erhobenen Daten sollen die Nachhaltigkeitschancen eines laufenden Programms prognostiziert werden.	Bewertung der Nachhaltigkeitschancen
V.	Die gewonnenen Ergebnisse sollen dahingehend analysiert werden, welche Lehren und Schlussfolgerungen für die Planung und Durchführung zukünftiger Vorhaben bzw. die Weiterführung und Pflege des durchgeführten Vorhabens gezogen werden können (lessons learnt).	Formulierung von Empfehlungen

Tab. 11: Schlussfolgerungen für die Programmevaluation[119]

Auch für das **Blended Coaching** gilt: Evaluation ist eine grundsätzlich notwendige Maßnahme im Gesamtbild des kontinuierlichen Verbesserungsprozesses. Diese Umsetzung der Ergebnisse sollte nicht nur seitens des steuernden Coaches und seines Supervisors erfolgen, sondern Grundlage für einen Dialog zwischen allen Durchführungsorganisationen, Mittelgebern und weiteren Beteiligten/Betroffenen sein.[120]

---

[119] Meister, Tergan, Zentel (2004): 35
[120] Meister, Tergan, Zentel (2004): 26

In einem solchen multidimensionalen Evaluationsteam kann das Blended Coaching aus verschiedenen Perspektiven kritisch begleitet werden. Früh wird deutlich, wo Neuausrichtungen notwendig sind, weil das Coaching zu verschiedenen Zeitpunkten während des Prozesses immer wieder evaluiert wird.

Die folgende Graphik aus dem Bereich der Evaluation von E-Learning-Maßnahmen gibt einen Überblick, wie Blended Coaching auf der Basis verschiedener Zielfunktionen zum Gegenstand eines ständigen Diskussionsprozesses werden kann. Alle hier genannten Funktionen wirken entsprechend auf die Gestaltung des Blended Coachings ein.

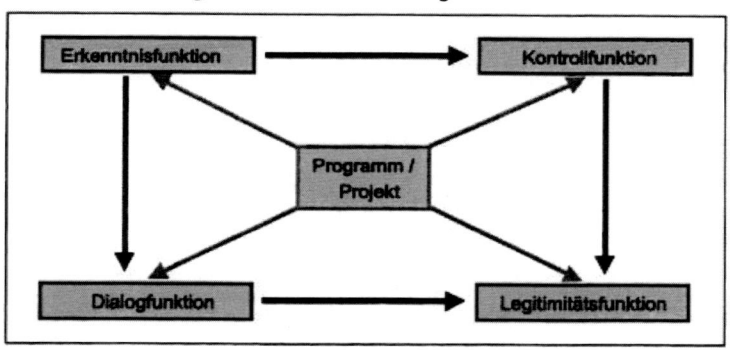

Abb. 12: Zielfunktionen von Evaluation[121]

Hier nun ein Überblick über die einzelnen Schritte in der Programmevaluation von E-Learning-Maßnahmen, die sich auf den Blended-Coaching-Prozess übertragen lassen. Die vier aufgeführten Überprüfungsinstanzen führen zu einer wirksamen Rejustierung von Zielverfolgung und Validitätsbezug der Coaching-Maßnahme:

---

[121] Meister, Tergan, Zentel (2004): 25

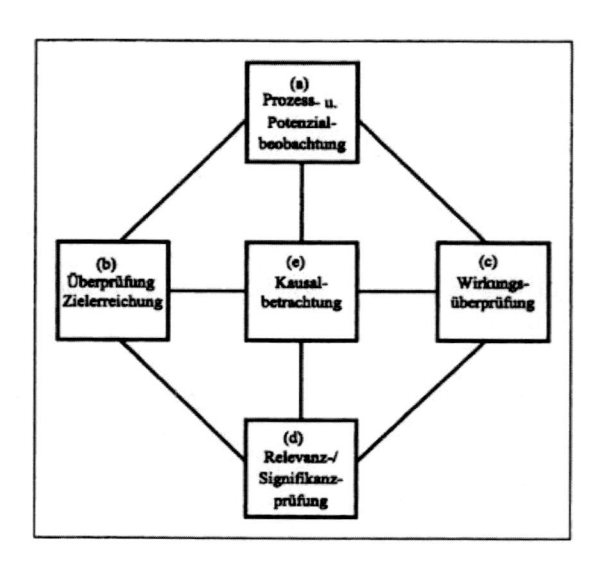

Abb. 13: Aufgabenprofil einer Programmevaluation[122]

Eine reine Ex-post-Betrachtung würde den hier gezeigten Faktoren nicht gerecht werden. Eine Prozessbeobachtung beispielsweise evoziert erst neue Eigendynamiken im Rejustierungsprozess.

Ein neuer Trend im E-Learning ist die immer weitere Entfernung von herkömmlichen Lerninstrumenten und das Orientieren auf solche Komponenten, die vom Lernenden einfachstmöglich umgesetzt werden. Gerard Koren, Geschäftsführer des Unternehmens video2brain, erstellt seit 2002 Videos zu Lehrzwecken. Er sieht im Medium Video große motivationale Vorteile für das E-Learning und bemerkt: „E-Learning versucht die Anwender zu überreden. Video braucht das nicht."[123] Für solche Lehrvideos modernen Typs wird kein Personal Computer mehr benötigt, sie sind direkt auf einem I-Pod (einem modernen Kommunikationsmedium, das klein und mobil ist und in der Westentasche transportiert werden kann) speicherbar und abrufbar.

Konkret bedeutet diese neue Entwicklung im E-Learning eine Bestätigung der Strategie, sich visuell sehr einfachen und direkt zugänglichen Medien zu bedienen, die eine höhere motivationale Kraft haben als herkömmliche Lernmedien.

---

[122] Meister, Tergan, Zentel (2004): 27
[123] Payome (2007): 68

B 4 Erkenntnisse aus dem E-Learning für das Blended Coaching

Nur mit exzellent aufbereiteten Websites, mit einer großen Klarheit des Vermittelten und mit wirklich interessanten Inhalten lassen sich zehntausende zahlende Nutzer für das Blended Coaching am Markt gewinnen. Diese große Zahl von freiwilligen und engagierten Teilnehmern aber ist notwendig, um ein betriebswirtschaftlich tragfähiges Modell mit vertretbar geringen Einzelgebühren pro nutzendem Mitglied zu kreieren.

Es müssen also große Schritte im Hinblick auf klare und einfache Strukturen gemacht werden, die das zahlende Mitglied die Angebote des Blended Coachings wöchentlich nutzen lässt.[124]

Mit welchen Methoden dies bewerkstelligt werden kann, soll im Folgenden diskutiert werden, nachdem im vorherigen Abschnitt grundlegende Erkenntnisse zur Frage, wie genau E-Learning gegenüber herkömmlichen Lehrmethoden Fortschritte für den Lernprozess erbringen kann, dargestellt wurden.

Wovon hängt also der Erfolg des Blended Coachings ab, wenn es um gestalterische Fragen geht? Dass pädagogisch modern aufbereitete E-Learning-Programme eher die Ausnahme als die Regel sind, betrifft besonders die didaktische Qualität und die pädagogische Attraktivität für die Lernenden. Hier hinkt die große Zahl von E-Learning-Programmen traditionellen Lernangeboten eher hinterher, anstatt Schritte nach vorn zu bringen.[125]

Die oben formulierten Aussagen können als Aufforderung für das zu entwickelnde Blended-Coaching-Programm gesehen werden, äußerste Sorgfalt beim Entwicklungsprozess der didaktischen Einheiten walten zu lassen. Besonders die Aussage der oft mangelnden Attraktivität von E-Learning-Programmen für den Lernenden ist angesichts der Tatsache, dass es sich beim Blended-Coaching-Programm nicht um eine von oben verordnete Systematik handelt, sondern um ein Gründungskonzept, dass sich am infolge einer großen Zahl von freiwillig motivierten Nutzern freien Markt bewähren soll, bedeutsam.

Zunächst müssen die didaktischen Vorteile, die vom modern gestalteten E-Learning bekannt sind, konsequent in der neuen Systematik umgesetzt wer-

---

[124] Scholz & Imhof (2008) definieren einen einfachen Parameter für den Erfolg von Blended Learning: Für sie geht es um eine direkte Verwertungsmöglichkeit des Gelernten, die sich in einer effektiveren Bewältigung der Arbeitsprozesse niederschlägt. So sollen Mehrbelastungen aus dem E-Learning im Arbeitsleben schnell wieder kompensiert werden können.
[125] Rebel (2008): 142

den. Das betrifft die Flexibilität der tatsächlich zu nutzenden Inhalte in Abhängigkeit von konkreten Bedürfnissen des Coachees genauso wie den Aufbau von Coaching-Sequenzen am Computer je nach erfolgten Stellungnahmen und Interessenorientierungen des Coaches während der virtuellen Coaching-Sitzung.

Wie bereits dargestellt, kann hier dem Coachee die Möglichkeit eingeräumt werden, aus einem größeren Portfolio von Angeboten die Schwerpunkte auszuwählen, die er für sich für persönlich relevant hält. Weiterhin ist sicherzustellen, dass der Nutzer in den einzelnen Coaching-Sitzungen eine Dynamik, ein Tempo und eine Intensität der Anwendung der angebotenen Instrumente wählen kann, die er selbst für sich für gut und richtig hält. Hier müssen die Vorteile des E-Learning für das E-Coaching ausgespielt werden: Der Coachee wird in seinem Prozess unabhängiger von solchen standardisierenden Vorgaben, die bislang traditionelle Lernmedien wie Bücher, Dateien, Karten, Präsentationen mit sich brachten.[126]

So wirken im Blended Coaching Lernen und Beratung ineinander. Es wird zum einen möglich, auf der Basis selbst initiierter Arbeitsintervalle Schlüsselkompetenzen zu entwickeln. Die Beratungsgegenstände können in Form von informierenden Datenbanken solche Vertiefungen erfahren, die auf der Basis einer nur persönlich coachenden Person mit ihrem eingegrenzten Wissen nicht zu leisten wären.

Eine weitere Qualitätssteigerung für das Blended Coaching würde möglich, wenn dem einzelnen Coachee für seine besonderen Lebens- und Problemlagen *individualisierter* Informations-Input zur Verfügung gestellt werden kann. Dies könnte Gegenstand der Vorbereitung des Coaching-Prozesses sein, der dann ein neues Informations-Input-Niveau erreicht und in Bezug auf valide Problemlösungen leistungsfähiger wird.

Die hier notwendige Flexibilität eines didaktisch am Coachee ausgerichteten Mediums soll durch die Kombination aus virtueller Basis und persönlichem Kontakt eher gegeben sein als durch althergebrachte Instrumente wie Bücher oder Seminare.

Was heißt das konkret? In Form eines virtuellen Chats sind schnelle Kommunikationseinheiten zwischen Coach und Coachee möglich, die nicht zuletzt ökonomischere Ansätze in der Kostenstruktur des Coachings zulassen. Selbst der für einen virtuellen Chat gemeinsam fixierte Coaching-Termin ist

---

[126] Deschler (2007): 90, verweist auf Mandl, Gruber, Renkl, 1997: 283-298, und macht deutlich, dass multimediales Lernen kooperatives Lernen sowie das *Problemlösen* in Lerngruppen fördert.

nicht mehr nötig, wenn per E-Mail jeder seine Fragen und Antworten dann formuliert, wenn er dies zeitlich einrichten kann. Nicht zuletzt: Der Prozess kann mittels des Blended-Coaching-Mediums auch fortgesetzt werden, wenn Coach oder Coachee auf Reisen sind. Der Online-Kontakt ermöglicht auch die Arbeit an gemeinsamen Projekten in Form von virtuellen Projektzentren über große Entfernungen hinweg.[127] Die folgende Abbildung verdeutlicht, inwiefern dieser Prozess unabhängig von einer geographischen Entfernung der Beteiligten zeitlich neutrale Ressourcen beansprucht, als Fachterminus wird hier von Parallelisierung gesprochen:

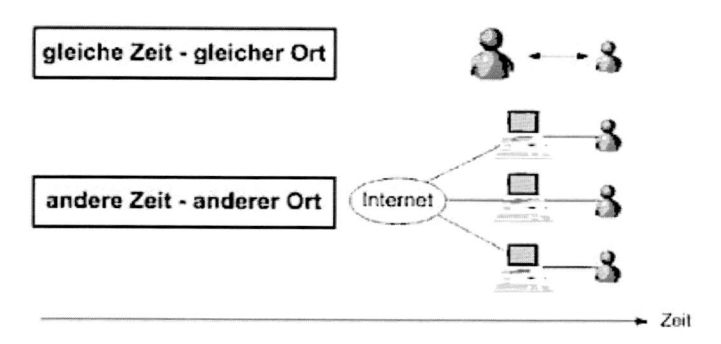

Abb. 14: Paralleles Blended Learning[128]

Hier ist allerdings darauf zu achten, nicht der Gefahr zu erliegen, völlig im virtuellen Dialog verhaftet zu bleiben; denn das Medium kann bislang die Vermittlung emotionaler Kommunikationsebenen nicht so leisten, wie dies im persönlichen Gespräch möglich ist.

Ist dieser persönliche Kontakt durch große Distanzen oder zeitliche Inanspruchnahme erschwert, bieten sich Videokonferenzen an, um näher an den positiven Effekt des persönlichen Dialogs heranzukommen trotz der geographischen Entfernung. Für das hier zu entwickelnde Blended-Coaching-Instrument sollte die Webcam-Konferenz zur angebotenen Regelleistung werden.

Auf die hier beschriebene Weise können sich im Zuge kooperativen Lernens Blended-Coaching-Gruppen finden, erweitern oder zeitnah rejustieren in einem Maße, wie das früher nur unter den Anstrengungen von Reisen und einem aufwändigen Suchprozess nach gleichgesinnten Interessierten in Büchern oder Verzeichnissen möglich war.

---

[127] Keil & Schubert (2006): 95
[128] Thom (2007): 197

Damit gewinnen Lerngruppen gegenüber der früheren mangelnden Verfügbarkeit und Zugänglichkeit zu Gleichgesinnten an Effizienz und aus dem einfacheren Zusammenkommen/Austausch von tatsächlich Interessierten kann ein gruppendynamisch konstruktiver Prozess leichterer und schnellerer gegenseitiger Förderung wachsen.

Deschler[129] unterstützt diese Gedanken, die für die tatsächliche Entwicklung einer Blended-Coaching-Systematik zusätzliche Argumente liefern, wie folgt:

> Wie bereits in Kapitel 2.4.1 beschrieben, sind gerade multimediale Lernumgebungen für die Realisierung kooperativen Lernens gut geeignet (vgl. Ally, 2004; de Jong & Pieters, 2006; Collis, 1998), da die modernen Netztechnologien durch die Aufhebung räumlicher und zeitlicher Beschränkungen sowie durch diverse Zugangscharakteristika und verwendete Kommunikationskanäle unterschiedliche Formen kooperativen Lernens ermöglichen können. Durch das kooperative Erarbeiten und Lösen von Fällen erhalten die Teilnehmer Erfahrungen, die der Teamarbeit im Arbeitsalltag entsprechen (Ally, 2004).

Übertragen auf das Projekt Blended Coaching heißt das, dass sich Betroffene virtuell zusammenfinden sollen, von ihren tagesaktuellen Erfahrungen gegenseitig profitieren und so voneinander lernen.

Wenn Gleichgesinnte ihre Erfahrungen über weite räumliche Distanzen und zeitlich flexibel austauschen können, hat dies nicht zuletzt einen positiven Einfluss auf die Motivation der Beteiligten. Es ist also eine zentrale Aufgabe für das internetgestützte Coaching-Instrument, mit virtuell interaktiven Anwendungs-Tools das kooperative Lernen in Gruppen zu ermöglichen.[130]

In solchen gemeinsamen Foren erfolgt ein Feedback seitens der Gruppe auf die individuellen Problemlösungen der Teilnehmer. Solche Rückmeldungen werden in bestehenden virtuellen Lerngruppen verstärkt nachgefragt und als positiv und lernunterstützend erlebt.[131]

Konkret wichtig für ein an diesen Anforderungen orientiertes Design der Software sind die folgenden Punkte, deren Erfüllung im Blended-Coaching-Projekt sehr einfach und direkt möglich gemacht werden sollte:

1. Eine konkrete Fallbezogenheit soll auf der sichtbaren Oberfläche leicht erkennbar sein, ohne viele vorhergehende Lerneinheiten ausführen oder langatmigen Diskussionen folgen zu müssen.

---

[129] Deschler (2007): 72
[130] Deschler (2007): 165
[131] Dresing (2007): 198

2. Wichtig ist die Sicherstellung eines zeitlich nahen Austausches zwischen den Beteiligten durch eine Oberflächenstruktur, die direkt sichtbar macht, wann die jeweiligen Mitglieder des virtuellen Teams zuletzt die Website besucht haben und schriftlich Vorschläge an die anderen Gruppenmitglieder formuliert haben.

3. Die Überschreitung eines kritischen Mindestmaßes von Teilnehmern am Gesamtprojekt sollte sichergestellt werden, damit sich die in ähnlicher Weise betroffenen Teilnehmer auf der Homepage auch finden können. Eine Methode der Wahl hierfür kann sein, die einzelnen Fokusgruppen mittels einer eigenen Suchmaschinen-Optimierung so attraktiv zu platzieren, dass Gleichgesinnte in ausreichendem Umfang angesprochen und für die Mitarbeit akquiriert werden.

Die Oberflächen wie die Inhalte der Website müssen ständig den aktuellen Themenschwerpunkten angepasst werden. Situationsorientierung und Problemorientierung sind auf der Basis des hier Gesagten wesentliche Kriterien, um jeden Tag für die konkrete Berufswirklichkeit dazuzulernen.[132] Ein vorab eingerichtetes Curriculum kann nur noch einen didaktischen Basisrahmen geben, der die Spielregeln für den Problemlöseprozess immer neu zu definieren hilft. Im Folgenden wird dieser Kreislauf aus Kommunikation und didaktischer Rejustierung graphisch dargestellt:

---

[132] Mankins und Steele (2006): 88-99, grenzen strategische Planungsansätze im herkömmlichen Sinne (starr, unflexibel, unabgestimmt, abteilungsbezogen) von moderner strategischer Planung ab, die tagesaktuell neu erstellt werden muss und Teil einer intensiven Diskussionskultur im Unternehmen sein soll. Nach ihrer Ansicht kann eine solche, flexiblere Planung den Output an strategisch wirksamen Entscheidungen im Unternehmen verdreifachen.

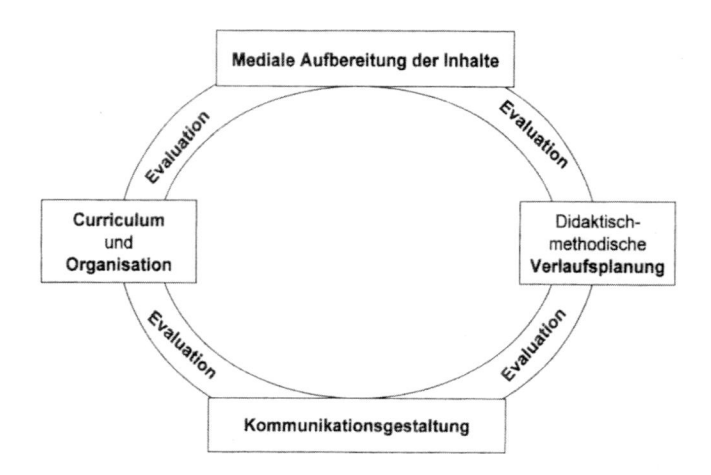

```
        Mediale Aufbereitung der Inhalte
              ────────────
         ╱                    ╲
    Evaluation           Evaluation
   ╱                              ╲
 Curriculum              Didaktisch-
    und                  methodische
 Organisation         Verlaufsplanung
   ╲                              ╱
    Evaluation           Evaluation
         ╲                    ╱
              ────────────
          Kommunikationsgestaltung
```

Abb. 15: Wichtige Faktoren für die Gestaltung eines multimedialen Unterrichts[133]

Die Zyklen der kompletten inhaltlichen Erneuerung des Blended-Coaching-Instrumentariums werden mit fortlaufender Existenz nach Markteinführung immer kürzer, weil aus einem Schneeballeffekt ständig neu hinzukommender Coachees in rascher Folge immer neue Themenschwerpunkte und Forengruppen entstehen werden.

Für die Moderatoren der Foren im Blended Coaching werden sich die Beurteilungskriterien hinsichtlich gewünschten Inhalts und Coaching-Zielen ständig ändern, entsprechend dynamisch und flexibel sollen die Moderatorrollen in den Foren aufgefasst werden.[134]

Endgültig der Vergangenheit angehören sollen im Blended Coaching die für E-Learning immer noch vorherrschenden direktiv anleitenden Lehrer-Schüler-Beziehungen.[135] Sicherlich besteht immer die Gefahr, in solche traditionellen Rollen der Zusammenarbeit zurückzufallen, gruppendynamische Effekte in Teams, die aus gleichberechtigten Mitgliedern bestehen, sollen aufkommende direktive Bestrebungen der machtvollen Einflussnahme auf andere verhindern helfen.

Im Bereich des virtuellen Lernens herrscht weitgehende Einigkeit darüber, dass auch ein ausschließlich virtuell gestalteter Lernprozess in seinen Ergebnissen meist hinter den traditionellen Lerninstrumenten zurückbleibt. Besser

---

[133] Kaiser & Kaminski (2003): 163
[134] Keil & Schubert (2006): 125
[135] Stieler-Lorenz & Krause (2003): 36

sind die Beurteilungen für einen Lernprozess, der das Lernen am Computer mit dem persönlichen pädagogischen Austausch kombiniert.

Hier sei nur eine Äußerung von Weber und Werner[136] herausgegriffen, die diesen Sachverhalt beleuchten:

> In vielen Studien hat sich jedoch gezeigt, dass E-Learning keine „Stand-Alone-Lösung" sein kann, sondern es einer intelligenten Verzahnung mit traditionellen Lernumgebungen bedarf, sodass computerunterstützte Lernformen, so die These, nur durch die Einbindung von Kommunikationsstrukturen und die Anbindung an traditionelle Lernstrukturen ihre Mehrwerte entfalten können.

Übertragen auf den Blended-Coaching-Prozess sollte sichergestellt sein, dass

a) die Beziehung zwischen Coach und Coachee,

b) der Austausch innerhalb mentorieller Netzwerke

begleitet ist von Phasen anderer Kommunikationsformen, wie etwa dem Tele-Coaching und unbedingt auch dem persönlichen Zusammentreffen. Aus der Kombination all dieser Instrumente ergibt sich dann ein schlüssiger Coaching-Prozess.

Sind die Mitglieder eines virtuellen Forums zu selten auf der gemeinsamen Projektseite präsent, gehen die Vorteile der IT-gestützten Kooperation verloren, dies ist schon der Fall wenn nicht mindestens mehrfach wöchentlich miteinander virtuell kommuniziert wird. Es kommt vermehrt zu Missverständnissen und die Zeit, die für den Austausch zur Verfügung steht, ist zu knapp bemessen.[137]

Der Zugang zum Blended-Coaching-Instrument muss für alle Gruppenmitglieder fortlaufend ungehindert möglich sein, sodass die Online-Präsenz nicht nur in wenigen Phasen fruchtbarer Zusammenarbeit stattfindet, sondern ein kontinuierliches Miteinander gewährleistet ist.

Für den Zugang zum Blended-Coaching-System ist daher Folgendes zu fordern: Vom Anschalten des Computers bis zum Ankommen auf der Forenseite des gemeinsamen Projektes dürfen nur wenige Sekunden vergehen. Dies muss also mit sehr wenigen Klicks erfolgen können. Weiterhin wird das Blended-Coaching-Instrument umso interessanter, je mehr sich innovative

---

[136] Weber & Werner (2007): 24
[137] Dresing (2007): 187

Möglichkeiten des Zugangs zum Forum mit mobilen Internetlösungen ergeben.

Idealerweise kommunizieren alle Forenmitglieder miteinander mindestens alle zwei Tage. Dies zeigt sich als sehr bedeutsam nicht nur für die Ebene sachlichen Austausches, sondern auch zur Etablierung eines positiven emotionalen Gruppenzusammenhalts.[138] Dieser Zusammenhalt entsteht nicht von allein, sondern muss von zertifizierten Moderatoren für jedes Forum im Blended-Coaching-Modul gefördert werden. Diese steigern mit ihren Anstößen die Interaktionsintensität und reduzieren durch aktive Ansprache der säumigen Gruppenmitglieder die Abbrecherquoten.[139]

Im Folgenden einige Gedanken zur Rolle des Projektleiters im Blended-Coaching-Forum. Zu seinen Aufgaben gehören:

- das Motivieren der Gruppenteilnehmer,
- das Bewerten von Beiträgen,
- die Steuerung von Gruppenaktivitäten und Themen,
- das Einführen von Spezialisten zu besonderen Themen.

Dies sind Beispiele für Initiativen, mit denen Moderatoren die Gruppe befruchten können. Die folgende Graphik gibt ein Beispiel für solch einen gruppendynamischen Prozess in einer Online-Diskussionsrunde:

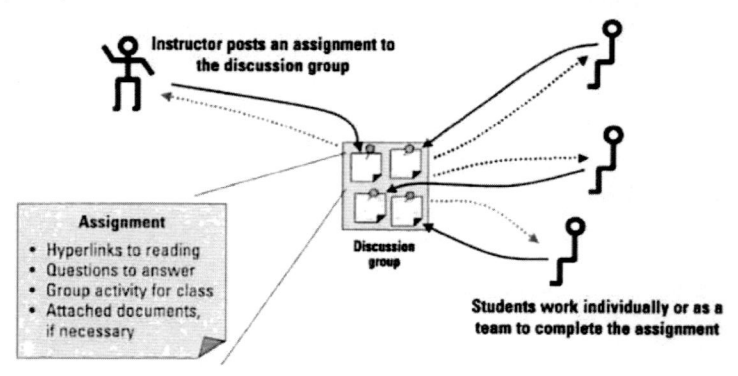

Abb. 16: Organisation of an online discussion group[140]

---

[138] Dresing (2007):199
[139] Moore & Keearskley (1996): 137
[140] Horton (2001b): 54

Der Moderator des Blended-Coaching-Instrumentariums gerät leicht in Gefahr, in die Rolle eines direktiven Anweisers von bestimmten Zielrichtungen zurückzufallen. Seine Aufgabe ist es aber, selbstbestimmte Lernarrangements und damit autonome Ausrichtungen des Gruppen-Coachings zu fördern. Der Schritt weg vom direktiven Lernen bzw. Coaching bringt eine Ausrichtung auf expansives Neuentdecken und selbstbestimmtes Lernen mit sich.[141]

Wenn also jeder direktive Zugang zum Moderieren des Blended Coachings mit Vorsicht zu betrachten ist, wie kann der Supervisor dann hier zurückhaltend steuernd dafür sorgen, dass der richtige Fokus in der Gruppe erhalten bleibt und Diskussionen sich nicht im Unendlichen verlieren? Zentraler Orientierungspunkt sollte hier das Schaffen einer Atmosphäre sein, die sich an den Gesichtspunkten problemorientierten Lernens ausrichtet.[142] Aufgabe des Moderators ist es, kooperatives Lernen und Problemlösen in der Gruppe zu fördern.[143] Entsprechend ist seine Hauptaufgabe, diese kooperativen Prozesse im Sinne eines demokratischen Führens von Gleichgesinnten anzuregen. Eine Möglichkeit, durch konkrete Schritte zu einem systematischeren Miteinander zu finden, wird mit der Darstellung eines Aktionsforschungsprozesses, der aus dem kooperativen Lernen stammt, im Folgenden angegeben:

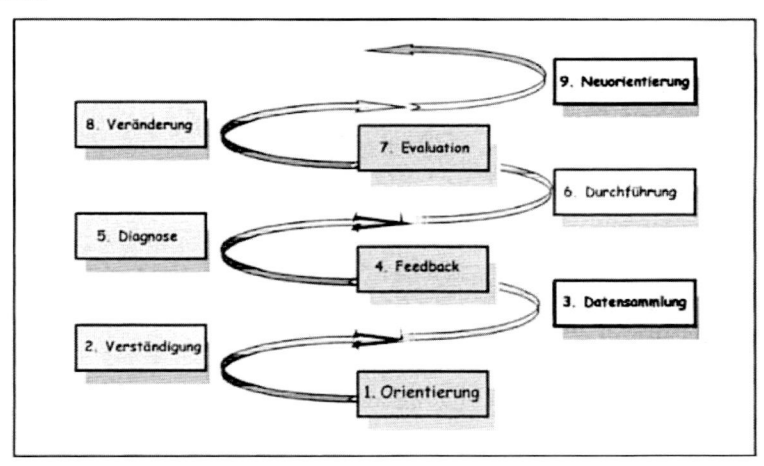

Abb. 17: Systematisches Aktionsschema, hier in Anwendung auf das Blended Learning[144]

---

[141] Nowak (2008): 324
[142] Deschler (2007): 90
[143] Deschler (2007): 90
[144] Götz & Häfner (2005): 60

B 5 Vorteile, Nachteile und Gemeinsamkeiten von virtuellem Coaching und herkömmlichen Verfahren

Virtuelles Coaching soll persönliches Coaching nur begleiten. Diesen Abschnitt einleitend sei eine kurze Bemerkung von Ehrenspeck, de Haan und Thiel[145] zitiert, die die Einordnung des virtuellen Coachings bestätigt: „Aus diesem Grund bietet es sich auch an, traditionelles Coaching mit virtuellem Coaching anzureichern, indem der Klient in der Zeit zwischen den Coaching-Sitzungen eigenständig mit den Online-Programmen weiterarbeitet."

Dabei ist festzustellen, dass die kontinuierlichen Neuentwicklungen im Bereich der künstlichen Intelligenz vermuten lassen, dass sich in künftigen Jahren und Jahrzehnten Möglichkeiten zur Nutzung virtueller Ressourcen ergeben werden, die heute noch nicht abbildbar sind.[146]

Dies umfasst besonders eine sicherlich fortschreitende Flexibilität der Informationstechnologie, individuelle Antworten und Lösungsmöglichkeiten in Abhängigkeit von eingegebenen Fragestellungen zu finden. Das Internet vollzieht gegenwärtig in vielen Applikationen einen Schritt zur Videopräsentation persönlicher Stellungnahmen von Trainern und Psychologen, wo früher oft nur mit Texten gearbeitet wurde. Sicherlich ersetzt dies im heutigen Entwicklungsstadium noch nicht den persönlichen Kontakt zum Coach. Im Rahmen der bisher noch sehr sporadischen Forschungsarbeiten zum Thema virtuelles Coaching sei als eine positiv argumentierende Quelle Fischer[147] genannt, der Vorteile dieses neuen Mediums herausstellt:

> „Allerdings zeigen erste Praxiserfahrungen und empirische Arbeiten zur internetbasierten Selbsthilfe, dass Online-Coaching durchaus zum Anregen neuer Denk- und Verhaltensweisen oder zur Erzeugung von Zuversicht und Wohlbefinden führen kann. Gerade auch für Personen, die zeitlich stark eingebunden und sehr mobil sind, bietet das Online-Coaching eine ernstzunehmende Alternative und Ergänzung zum bisher bekannten Präsenz bzw. Face-to-Face-Coaching."

Wenn im Bereich der persönlichen Empathie zwischen Coach und Coachee für den heutigen Entwicklungsstand virtueller Möglichkeiten noch klar Defizite eingeräumt werden müssen, so kann die neue Ressource sicherlich

---

[145] Ehrenspeck, de Haan, Thiel, (Hrsg.) (2007): 205
[146] *Personalführung* 12/2008: 14 (o. V.): Hier wird auf ein neu entwickeltes, rein elektronisches Coaching-Instrument der Firma Lorenz Software GmbH hingewiesen. Es beinhaltet drei Coaching-Etappen, die Teilnehmer können aus einem modularen Baukasten präferierte Aufgaben zur Stresslösung auswählen und erhalten ferner ein elektronisches Instrument zur Selbst-Evaluation des Verhaltens in Stresssituationen.
[147] Fischer, M. (2009): 77

Wertvolles leisten, wenn es um eine Objektivierung des herkömmlichen Coaching-Prozesses geht.

Anders als in der Psychotherapie sind Coaching-Prozesse meist auf eine überschaubare Anzahl von Sitzungen angelegt, innerhalb derer konkrete Coaching-Ziele erreicht werden sollen. Wenn berufliches Coaching also von solch einem relativ hohen Erwartungsdruck geprägt ist, zeitnah zu Ergebnissen zu finden, dann kann eine den inhaltlichen Austauschprozess selbst systematisierende Komponente im Austausch zwischen Coach und Coachee dazu beitragen, diese Effizienzanforderungen erfüllen zu helfen. Und zwar auf folgende Weise: Ziele, Strategien, gemeinsame Wege des Vorgehens lassen sich mit dem Instrument der Informationstechnologie auf eine objektive, auf eine alle wesentlichen Aspekte breiter berücksichtigende Ebene bringen. Eine Steuerung mit „emotionaler Intelligenz" aus dem Bauchgefühl des Coachs allein kann solch eine rationale Klarheit für den Prozess nicht zuverlässig erbringen. Virtuelles Coaching fördert die Entfaltung zweckrationaler Vernunft im Austausch zwischen Coach und Coachee, ohne dass im persönlichen Dialog ganzheitliche Lern- und Bildungsfragen außer Acht gelassen werden müssen.[148] Die Vorteile des Überwindens persönlich enger perspektivischer Sichtweise im eigenen Umfeld liegen klar auf der Hand, wenn Online-Coaching hilft, mit in ähnlicher Weise Betroffenen zu kommunizieren, wo es bisher nur die bilaterale Beziehung zwischen Coach und Coachee gab: „Involving students at distant locations encourages exploration outside of their own environment." [149]

Der zentrale Vorteil der virtuellen Komponente ist, dass der Coachee vor und nach den persönlichen Treffen imstande ist, mithilfe der informationstechnologisch gesteuerten Programme seinen Coaching-Prozess (...) zielmäßig klarer auszurichten.[150] Hier geht es besonders darum, persönliche, emotionale und momentane Sichtweisen, die aus irreführenden Randmotivationen entstehen („visual distractions")[151], zu überwinden. Shanbhag[152] spricht in diesem Zusammenhang bei der Beschreibung von systematisierten Virtual-Coaching-Systemen von einem „managed environment" mit der

---

[148] Ehrenspeck, de Haan, Thiel, (Hrsg.) (2007): 205
[149] "Online Tools Allow Distant Students to Collaborate on Research Projects". T H E Journal (Technological Horizons in Education), Vol. 32, 2005
[150] Ehrenspeck, de Haan, Thiel, (Hrsg.) (2007): 205
[151] Gooding, A. (2003): Annals of the American Psychotherapy Association, Vol. 6, 2003
[152] Shanbhag, R.(2008): Virtual Coaching Brings Video Web Training to Fortune 500 Companies, www.tmcnet.com, International Communications and Technology Community, http://call-recording.tmcnet.com/topics/agent-training/articles/35647-virtual-coaching-brings-video-web-training-fortune-500.htm, aufgerufen am 31.5.2009.

Möglichkeit, Rückblicke, Trainingsaspekte, Intranet-Systeme, individuelle Videosequenzen und Lerneinheiten in den virtuellen Coaching-Marktplatz einzubauen.

Die folgende Tabelle fasst in einer direkten Gegenüberstellung die Vor- und Nachteile von herkömmlichem Coaching und virtuellem Coaching zusammen:

	Herkömmliches Coaching	Virtuelles Coaching
Rationale Steuerbarkeit des Prozesses	individuell abhängig von Coach und Coachee	parametrisierende und zielfokussierende Planung ist leichter möglich
Emotionale Nähe	Ist hier eher gegeben.	ansatzweise realisierbar im Rahmen von Web-Konferenzen
Perspektivische Offenheit im Coaching	Gefahr des Verbleibens im kognitiv unmittelbar erfassbaren Raum	Multi-Dimensionalität ist hier leichter steuerbar.
Involvierung von Dritten:	mit hohem organisatorischem Aufwand verbunden	Unabhängiger von Zeit und Raum machbar

Tab. 12: Vergleich virtuelles und herkömmliches Coaching

C Auswertung didaktischer Theorien für das Blended Coaching

C 1 Entwicklung von Kriterien für das Design eines Blended-Coaching-Instruments auf der Basis didaktischer Theorien

Dieser Abschnitt untersucht, welche Erkenntnisse die Didaktik für einen virtuell gesteuerten Coaching-Prozess zur Verfügung stellen kann. Hier wird zwischen Didaktik und Coaching ein Zusammenhang hergestellt, der in dieser Form in der wissenschaftlichen Literatur noch nicht beleuchtet wurde.

Grundlegend geht es in der Didaktik um die Wissenschaft des Lehrens und Lernens generell, besonders betrachtet wird dies in Bezug auf Prozesse der Sozialisation und Enkulturation, des gesellschaftlichen Zusammenhangs also, in dem die Vermittlung und der Erwerb von Wissen geschehen.[153] Die Didaktik hat in den letzten Jahren eine zunehmende gesellschaftliche Relevanz erfahren und den Rahmen schulischer Leitkategorien verlassen. Viele Institutionen, die Aufschlüsse für ihr im weiteren Sinne lehrendes, vermittelndes, informierendes Handeln erwarten, bedienen sich heute didaktischer Instrumente.[154] In diesem Sinne ist die Didaktik in den letzten Jahrzehnten zu einer übergreifenderen, im ganzheitlichen Sinne Fragen beantwortenden Wissenschaft geworden. Der Transfer aus didaktischen Erkenntnissen für das Coaching stellt nur einen, wenn auch sehr aktuellen, Ausschnitt im Konzert der Nutzung von Didaktik für eine größere Anzahl benachbarter Disziplinen dar. Besonders unter dem Aspekt, dass direktive, zu sehr anleitende und richtungformende Strategien für den Coaching-Prozess als eher kontraproduktiv angesehen werden, ist die Ableitung von didaktischen auf coachende Theorien und Strategien mit äußerster Vorsicht anzugehen. Zunächst aber zur Klärung der Frage, welche Gegenstandsfelder der Didaktik für dieses Kapitel als relevant eingestuft werden sollen. Einen Gesamtüberblick gibt hier die folgende Graphik:

---

[153] Kron (1993): 37, siehe auch Dolch (1965): 45
[154] Kron (1993): 27

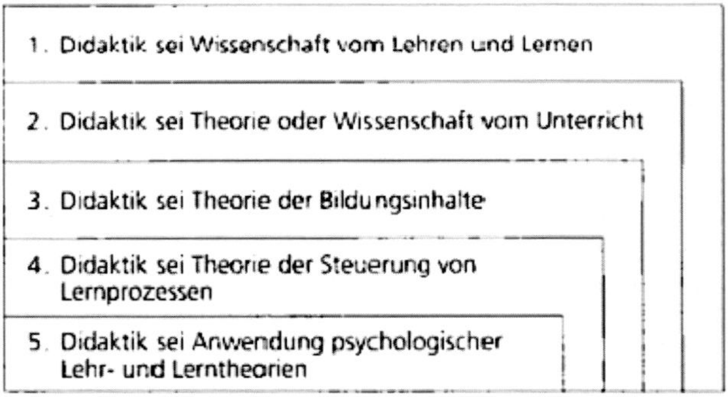

1.	Didaktik sei Wissenschaft vom Lehren und Lernen
2.	Didaktik sei Theorie oder Wissenschaft vom Unterricht
3.	Didaktik sei Theorie der Bildungsinhalte
4.	Didaktik sei Theorie der Steuerung von Lernprozessen
5.	Didaktik sei Anwendung psychologischer Lehr- und Lerntheorien

Abb. 18: Bestimmungen der Didaktik nach Gegenstandsfeldern[155]

Wenn hier von Übertragungen aus der Didaktik auf das Coaching gesprochen werden wird, so soll im Wesentlichen auf Punkt 5., Didaktik als Anwendung psychologischer Lehr- und Lerntheorien, abgehoben werden. Dazu ist festzustellen: Das Verhältnis Lehrer-Schüler ist ein ganz anderes als das zwischen Coach und Coachee. Das Herstellen von Zusammenhängen wird zusätzlich durch die virtuell bedingte Distanz zwischen Coach und Coachee erschwert, wenn Coaching sich in großen Teilen über eine Homepage vollzieht und der persönliche Austausch nicht die ausschließliche Kommunikationsform des Coaching-Prozesses ist. Was können didaktische Theorien also in diesem Zusammenhang konkret leisten? Zur Klärung folgt nun eine Übersicht zum Methodeninstrumentarium der Didaktik in dem Bemühen, einen ganzheitlichen Kompetenzerwerb für den Lernenden sicherzustellen:

---

[155] Kron (1993): 36

Theoretische Kompetenz-Teilbereiche	Grundwissen
1. Unterrichtsplanung	Allgemeine Didaktik, Fachdidaktik, Unterrichtsmethoden, Medien
2. Gestaltung von Lernsituationen	Lerntheorien, Lernformen, Curriculum
3. Förderung von selbstbestimmtem Lernen	Motivation, Selbstorganisation
4. Förderung von Lebens-, Lern- und Entwicklungsbedingungen	Sozialisation, Entwicklung, Bildung
5. Vermittlung von Werten und Normen	Wertorientierungen, Moralische Urteilsbildung, Krisen
6. Konflikte lösen	Konfliktlösungsmodelle, Gesprächsführung, Kommunikation
7. Diagnose von Lernprozessen	Diagnoseverfahren, Lernberatung
8. Leistungserfassung	Methoden der Leistungsbeurteilung
9. Berufliche Verantwortung tragen	Berufsethos, Bildungssysteme, Gesetze
10. Ständige Weiterbildung	Bildungsforschung
11. Beteiligung an Projekten und Vorhaben	Projektarbeit, Schulentwicklung

Tab. 13: Kompetenz-Teilbereiche von Didaktik (entwickelt anhand von Methodikstandards für die Lehrerfortbildung)[156]

Aus den elf genannten Punkten lässt sich für das Coaching Folgendes ableiten: Es geht nun um die Klärung relevanter Inhalte (Siehe 2. Gestaltung von Lernsituationen), die Herstellung eines motivierenden Coaching-Klimas (siehe 4. Förderung von Lebens-, Lern- und Entwicklungsbedingungen) und die Definition eines zugrunde liegenden Wertekonstrukts (siehe 5. Vermittlung von Werten und Normen).[157]

Nickolaus vermittelt einen ersten Eindruck davon, wie didaktische Theorien Lernen positiv prägen können:

---

[156] Kron (1993): 17
[157] Simmerl & Simmerl (2006): 34-35, basieren ihr wissenschaftliches Coaching-Konzept auf einen „Wertespaziergang", in dem mit Fußspursymbolen Werte wie Familie, Fürsorge für andere, Zugehörigkeit und die eigene Enwicklung individuell ausgelegt und definiert werden, bevor der eigentliche Coaching-Prozess beginnt.

„Didaktische Theorien sind Aussagesysteme zur Gestaltung und Struktur von Lehr–Lernprozessen, die als Orientierungshilfen zur Planung und Analyse konkreter eigener und fremder Gestaltungsversuche herangezogen werden können. Ohne eine Vorstellung zum Zusammenhang angestrebter Lehr-Lernziele, darauf bezogener Inhalte, den Voraussetzungen der Lernenden und den gegebenen organisatorischen Randbedingungen des Lehr-Lernprozesses, das heißt ohne didaktische Theorien ist die geistige Vorwegnahme des Lehr-Lernprozessverlaufs und damit ein begründetes pädagogisches Handeln nicht möglich." [158]

Nickolaus fordert also, konzeptionell systematisch planend vorzugehen, Lehr- und Lernziele in einen sinnvollen Zusammenhang zu bringen und sie auf didaktische Theorien zu fundieren. Für den virtuellen Coaching-Prozess lässt sich daraus die Forderung ableiten, ein Konstrukt von Zielen und Inhalten zu entwerfen, das allem Austausch zugrunde liegt und theoretisch fundiert ist. Welche Kriterien sind an ein solches zugrunde liegendes Konstrukt aus didaktischer Sicht anzulegen?

Im Folgenden sollen solche Empfehlungen aus didaktischen Theorien für das Design einer Blended-Coaching-Homepage konkret beleuchtet werden.

Hier ein erster Hinweis auf eine praktische Orientierung bei der Definition von Lernzielen, nämlich auf ein Hinwenden zu den real relevanten Inhalten, mit denen der Coachee in seiner täglichen Lebensrealität befasst ist. So geht es bei der Ausgestaltung von Lehrplänen und Ausbildungsordnungen darum, welches Wissen der Praktiker zur Lösung seiner täglichen Lebensaufgaben tatsächlich benötigt.[159]

Handlungsorientierung und Praxisorientierung sind zentrale Forderungen, die sich gut auf die Zielrichtung eines virtuellen Coaching-Prozesses übertragen lassen. Die Lebensrealität des Coachees und natürlich besonders das, was ihm Probleme verursacht, sollen die Hauptgegenstände des virtuellen Coaching-Prozesses sein. Entsprechendes haben schon die Abschnitte zu Erkenntnissen aus der Personalentwicklung (Kapitel B 2.1) und der Erwachsenenbildung (Kapitel B 2.2) deutlich werden lassen.

Im Folgenden ein Überblick, mit welchen Methoden diese handlungsorientierten Hauptgegenstände für die Zusammenarbeit mit dem Coachee evaluiert werden können:

---

[158] Nickolaus (2008):16
[159] Nickolaus (2008): 12

Einteilung handlungsorientierter Methoden	
Methoden mit der Funktion der Initiierung von Planungsprozessen	Brainstorming
	Diskussionsforum
Methoden mit selbst- und mitbestimmter Planung von Lernprozessen unter Einbeziehung von außerschulischer Realität	Erkundung/Befragung/Expertenhearing
	Fallstudie
	Zukunftswerkstatt
	Szenario
	Projekt
	Leittext
Methoden mit modellinitiierter Lern-Prozesssteuerung	Regelspiel
	Rollenspiel
	Konferenzspiel
	Planspiel
Methoden mit der Funktion der Ergebnissicherung	Produktion
	Wissensspiel

Tab. 14: Wege zum Erreichen von Handlungsorientierung[160]

Im vorliegenden Fall für die Arbeit mit dem Coachee konkret anwendbar sind hier sicherlich das gemeinsame Brainstorming, das Arbeiten mit Szenariotechniken, sicherlich auch unbedingt das Rollenspiel und das Planspiel. All diese Techniken können zu immer neuen Formen von Simulationen (siehe Kapitel B3) führen, um zu den für den Coachee relevanten und realitätsnahen Erkenntnissen zu finden.

Coaching wie Didaktik müssen vorab eine Fundierung finden in Wertegrundlagen, die den Kanon des neu zu Erwerbenden definieren. Ohne eine Ausrichtung von beidem an auch ethischen Zielen bleibt der Prozess beliebig. Uljens regt dazu an, in der Auswahl von Lerninhalten frühzeitig eine Konsistenz mit pädagogischen Werten herzustellen:

> For example, we could ask whether learning theory can help us with the problem of choosing contents in education; we may also consider what view of mankind different theories represent and then decide whether this view is consistent with our educational values.[161]

Educational Values, oder übertragen auf den Coaching-Prozess, zugrunde liegende Wertekonstrukte, sollten im Blended Coaching zwischen Coach und Coachee vor Beginn einer Zusammenarbeit diskutiert werden. Es geht hier um die Etablierung von Qualitätsstandards der Kooperation, die hinsichtlich ihrer Einhaltung weiter im Prozess regelmäßig Gegenstand eines Monitorings sein können.

---

[160] Mathes (1998): 155
[161] Uljens (1997): 126

Zweckmäßig ist, besonders im Hinblick auf das Verfolgen gemeinsamer Werte, ein externes Monitoring, da gruppendynamische Prozesse mit zu leichter gegenseitiger Bestätigung unter Umständen den Blick auf eine bleibend durchgehaltene Werteorientierung während des Coachings verstellen.

Die Verwirklichung welcher Werte kann hier konkret gefördert werden? Aus der Motivationstheorie lässt sich für didaktische Werte ableiten, dass der Lernende als Mensch insgesamt angesprochen werden soll, nicht rein kopfgesteuert, sondern dass in sein Lernen Gefühl wie Intellekt integriert sein müssen.[162] Nachhaltige Involvierung des Lernenden ist eine Folge der Ausrichtung des Prozesses an solchen Themen, die für sein ganzes Leben von ihm als relevant wahrgenommen werden.[163]

Übertragen auf das Blended Coaching wird hier gefordert, nicht nur das eine oder andere Problem abzuarbeiten, sondern grundlegende Ziele, die den ganzen Menschen erfassen, anzugehen. Und wenn von Eigeninitiative als ein motivierendes Element gesprochen wird, so muss virtuelles Coachen diese Eigeninitiative immer wieder wecken.

Das kann sich nur in einem echten interaktiven Prozess vollziehen. Aus diesem Grund taucht in dieser Untersuchung immer wieder die Forderung nach einem Blended Process (persönliche Begleitung anbietend neben der Arbeit mit der Coaching-Homepage) im virtuellen Coaching auf. Der virtuelle Prozess muss immer wieder von Einheiten unmittelbaren persönlichen Austausches begleitet werden.

Noch ein Argument aus der Lerntheorie, das die Wichtigkeit des persönlichen Austauschs zwischen Coach und Coachee unterstützt: Der Lernende soll nicht nur Raum zur Verwirklichung seiner persönlichen Interessen erhalten, er muss hier auch aktiv **gefördert** werden. Der Lehrende soll also den Prozess des Transfers auf eigene Problemlagen des Lernenden immer wieder anschieben, ohne diese Aktivität fehlen wichtige Voraussetzungen für die bedarfsorientierte Kompetenzentwicklung.[164]

Doch zurück zu den Erkenntnissen aus der Didaktik zum Bereich Lernmotivation, wie oben bereits anhand der Aussagen von Terhart diskutiert. West-

---

[162] Pichler (2004): 8-15. Um dies zu erreichen, fordert Pichler für den Berater eine hohe Sozial- und Beziehungskompetenz ein. Partnerschaftliches Denken und menschliche Tiefe sind nach Pichler Eigenschaften, die sich nicht durch Fleiß erlernen lassen Er spricht hier von Meta-Kompetenzen, die frühzeitig erlernt werden sollen und von der seltenen Spezies wirklicher Beraterpersönlichkeiten, die sich im Sinne der Entfaltung des Klienten selbst zurücknehmen können.
[163] Terhart (2008): 29
[164] Nickolaus, (2008): 84

bury, Hopmann und Riquarts unterstützen Terharts Thesen wenn sie im Zusammenhang der Diskussion didaktischer Ziele schreiben: „Students should be encouraged to 'plot their own course'".[165]

Ziele selbst zu definieren, Problemsensibilität zu zeigen und anzustrebende Werte zu nennen, das muss trotz aller Aktivität des Coaches primär vom Coachee ausgehen und nur wenn er hier seine eigenen Wege verfolgt, ist er motiviert, engagiert nach Lösungen zu suchen.

Westbury, Hopmann und Riquarts[166] machen besonders deutlich, dass es darum geht, ob der Lernende den Inhalt des Aufgenommenen selbst als „signifikant" erlebt:

> The "Didaktiker" does not begin by asking how a student learns, how a pupil can be led toward a body of knowledge, nor does he or she ask what a student should be able to do or know, the Didaktiker looks first for the point of a prospective object of learning in terms of Bildung, asks what it can and should signify to the student, and how students can themselves experience this significance.

Der Coachee bekommt hier eine neue Handlungsvollmacht zugesprochen: Er bestimmt, welche Coaching-Ziele für ihn relevant sind. Dies vergleichbar Schülern, die Unterricht in seiner modernen Form mitplanen und auch kritisieren sollen, so wie die inhaltliche Ausrichtung des Unterrichts schülerorientiert sein soll[167], so soll der Coachee in demokratischer Weise die Essenzen, die Inhalte des Coaching-Prozesses gestalten. Der Coachee formuliert also idealerweise frühzeitig Kritik, wenn er zu sehr vom Coach oder abstrakten Organisationszielen gesteuert wird.

Noch eine Ergänzung zur Relevanz der persönlichen Betroffenheit des Coachees. Übertragen auf die Didaktik geht es hier um das Aufnehmen von wesentlichen Lebens- und Berufsthemen in der Gestalt von Lernfeldern, die sich aus den persönlichen Problemstellungen ergeben und dann in Lernsituationen übertragen werden. Solche Lernfelder fassen komplexe Aufgabenstellungen zusammen und leisten idealerweise den Übertrag in handlungsorientierte Lernsituationen.[168]

Der Begriff Handlungsfelder bedeutet, dass es nicht mehr um ein bloßes Gedächtnis einprägendes Lernen und Verinnerlichen, sondern um das Entwickeln einer real wirksamen Kompetenz für die konkrete Problemstellung

---

[165] Westbury, Hopmann, Riquarts (2000): 21
[166] Westbury, Hopmann, Riquarts (2000): 21
[167] Gudjons (2001): 236
[168] Tenberg (2006): 67

geht. Für den virtuellen Coaching-Prozess lässt sich daraus ableiten, dass nicht nur die Inhalte an der direkten Lebensrealität orientiert sein sollen, sondern dass die handlungsorientierte Methode der Bearbeitung der Coaching-Themen zu einer direkten Problemlösekompetenz führen soll.

Das Blended Coaching leistet durch die systematische Prozessbegleitung im Internet mit parametrisierenden Qualitätsstandards wertvolle Dienste, um zum einen überflüssige Komplexitäten zu überwinden und zum anderen den Bezug auf unmittelbar greifende Problemstellungen für den Coachee immer wieder als Kernthema des Coachings neu zu definieren.

Wo Menschen in freien Dialogen Themen diskutieren, besteht ohne diese systematische Begleitung mit der Blended-Methodik die Gefahr, sich in Komplexitäten zu verlieren. Finn, Ravitch und Fancher[169] greifen diesen Punkt auf:

> Teaching by discussion, induction, discovery, dialogue, debate, and various inquiry procedures I call heuristic. Heuristic teaching makes complex demands on the teacher as well as on the student. (...) The danger of heuristic teaching is confusion. (...) The price of good heuristics is difficulty of evaluation, strain in covering the material, and frustration on the part of some pupils.

Wenn nun mit dem systematischen Blended-Coaching-Instrument Coaching-Ziele definiert werden, so soll für die Lebenssituation des Coachees zunächst eine Fokussierung auf eine neue Problemorientierung hin erfolgen mit den Schritten des Herstellens einer Problemsensitivität und dem nachfolgenden Erarbeiten von Handlungsstrategien zur Überwindung der Probleme.

Das strukturgebende Element des Blended Coachings kann zusätzlich dazu dienen, die von Finn, Ravitch und Fancher beschriebene „frustration on the part of some pupils" durch komplexe Dialoge im persönlichen Coaching zu überwinden.

Eine wichtige Frage zum direkten Zusammenhang von Lernen und Coaching: Welche Rolle spielt Lernen für einen erfolgreichen Coaching-Prozess? Wird Lernen im ursprünglichen Sinn für das Coaching überhaupt benötigt? Die Aussagen von Moon, Ben-Peretz und Brown[170] zum Lernen lassen hier interessante Bezüge zum Coaching zu:

---

[169] Finn, Ravitch, Fancher (1984): 26
[170] Moon, Ben-Peretz, Brown (2000): 34

Learning, in the structuralist view, is the application of mental structures to new content. Mental structures limit what can be learned because one cannot apply a mental structure that does not exist or had not yet been constructed.

Bestimmte Lernprozesse sind nach Moon gar nicht möglich, wenn die Grundlagen in Form mentaler Strukturen nicht geschaffen wurden. Übertragen auf das Coaching müssen also bestimmte neue mentale Strukturen grundlegend angelegt werden, damit darin neue Handlungsstrategien und Problemlösungen Leben gewinnen können. Gleichsam muss eine grundlegende Hardware von Kenntnissen geschaffen werden, damit dann mithilfe der konkreten problemorientierten Software Handlungsstrategien abrufbar gemacht werden können.

C 2 Beiträge der Wirtschaftsdidaktik für die Entwicklung entsprechender Kriterien

An dieser Stelle soll auf Forschungsthemen aus dem Bereich der Wirtschaftsdidaktik eingegangen werden, die für die zu entwickelnde Blended-Coaching-Systematik von Wert sein können. Die Wirtschaftsdidaktik steht dem Coaching-Prozess grundsätzlich insofern nahe, als es sich bei beiden Disziplinen um grundlegende Instrumente für berufsbezogene Entwicklungsmaßnahmen handelt.

Zum Begriff des Wirtschaftens hier eine Grundlegung, die direkt für das Konzept des Blended Coachings verwertbar ist. Hiernach soll alles Wirtschaften einem Rationalprinzip folgen, das sich in zwei Handlungsmaximen ausdrücken lässt:

Zum einen soll ein im Wirtschaften angestrebter Erfolg mit einem Minimum an Aufwand erreicht werden. Zum anderen soll mit den zur Verfügung stehenden Ressourcen ein maximales Resultat erreicht werden.[171]

Hier lassen sich wichtige Prämissen für das Blended-Coaching-Projekt ableiten: Wenn in einem beruflichen Kontext wirtschaftliche Interessen eine Rolle spielen, dann gehört für den Coachee dazu auch, in einem überschaubaren zeitlichen Rahmen und mit effektiv eingesetztem Aufwand seine Ziele zu erreichen. Dies geschieht nach May nicht auf frei wählbaren Pfaden, sondern, indem bestmögliche Resultate erzielt werden. Wenn Effektivität und Effizienz wichtige Kriterien für das Blended-Coaching-Projekt werden sollen,

---

[171] May (2007):13

dann sind Maßgaben für eine strukturelle Gestaltung der begleitenden Materialien auf der Homepage entsprechend auszurichten.[172]

Die folgende Aufzählung gibt einen schlüssigen Überblick zu den konkreten Plausibilitäten eines Wirtschaftens mit knappen Ressourcen. Es lässt sich daraus ableiten, inwiefern mit einem Blended-Coaching-Konzept immer die Entscheidungsproblematik in Ziel-, Bedürfnis- und Interessenskonflikten verbunden ist. Die hier angesprochenen Kosten-Nutzen-Überlegungen sind Grundlage eines ökonomisch ausgerichteten Konzeptes als Grundlegung des Blended Coachings. Aus der Wirtschaftsdidaktik lässt sich im Zusammenhang mit der folgenden Aufzählung die Komponente eines Bewusstmachens gesellschaftlicher Benachteiligungen ableiten, die für eine befreiende Aktivität zugunsten des Coachees handlungsleitend sein soll. Entsprechend folgt das demokratisierende Element des ohne hohen Kostenaufwand zugänglichen Blended-Coaching-Instruments im Internet Forderungen nach Emanzipation sozial weniger begünstigter Teilnehmer.

- *Knappheit* von Ressourcen im Verhältnis zu den Zielen *(Bedürfnissen)* der Menschen erfordert *Entscheidungen*.
- Dies erfordert *Nutzen-Kosten*-Überlegungen und Entscheidungen gemäß dem *ökonomischen Prinzip unter Risikobedingungen*.
- Wirtschaften vollzieht sich *arbeitsteilig* in spezialisierten Berufen, Betrieben.
- Wirtschaftsprozesse bedürfen der Koordination, die in der Marktwirtschaft (überwiegend) über *Märkte* und *Wettbewerb* erfolgt.
- Wirtschaften vollzieht sich in *Wirtschaftskreisläufen* zwischen Haushalten, Unternehmen, Staat und Ausland.
- Wirtschaften ist mit *Interdependenzen* und oft mit *Zielkonflikten* verbunden.
- Wirtschaftsprozesse vollziehen sich nicht gleichgewichtig (Strukturwandel, Gefahr von *Instabilitäten* wie z. B. Beschäftigungs-, Geldwertschwankungen).
- Wirtschaften ist mit materiellen und *sozialen Ungleichheiten* und *ökologischen Problemen* verbunden.
- Dies erfordert *Eingriffe des Staates* in den Wirtschaftsablauf (Wirtschafts-, Sozialpolitik).
- Instabilitäten und wirtschaftspolitische Eingriffe berühren die Interessen sozialer Gruppen unterschiedlich *(Interessenkonflikte)*.
- Wirtschaftspolitische Entscheidungen berühren *Werte* wie Freiheit, soziale Gerechtigkeit und Sicherheit und sind daher *Gegenstand politischer Auseinandersetzungen*.
- Wirtschaften erfolgt in einer Rahmenordnung aus rechtlichen, sozialen und anderen Institutionen *(Wirtschaftsordnung,* Prinzipien der Sozialen Marktwirtschaft).
- Wirtschaftsordnung und -verfassung werden im demokratischen Staat gestaltet und legitimiert (→ Gegenstand der politischen Bildung i. e. S.).

Abb. 19: Kernbereiche ökonomischer Bildung[173]

---

[172] May (2007): 8
[173] Weißeno (2006): 179, Abb. nach Kruber (1997): 66f

Der problemorientierte Lösungsansatz, der oben (im Kapitel C, Abschnitt 1) im Bereich didaktischer Theorien diskutiert wurde, ist sicherlich **eine** wichtige Grundlage zur Formulierung von Blended-Coaching-Inhalten. Allerdings ist die hier angesprochene Ausrichtung, ein Individualisierungen ermöglichendes Zugehen nämlich auf jeweils eigene Ebenen der Bedürfnisbefriedigung (materieller oder emotionaler Natur) eine **zweite** richtungweisende Zielrichtung für das Blended Coaching.

Diese ex ante Betrachtung des Zubewegens auf bessere Zielerreichung in der Zukunft bedeutet für das moderne Coaching im Wirtschaftsleben eine wichtige Komponente des Prozesses wie die bisher in dieser Arbeit genannte Prämissen, weil mit innovativ-kreativen Formen der Zielerreichung letzten Endes auch die Grundlage für die Wettbewerbsfähigkeit der Unternehmen gelegt wird, in denen die Coachees tätig sind.

Eine Beziehung zwischen Coach und Coachee des ausschließlichen „fire fighting", der reinen ex post orientierten Betrachtung in nachträglicher Kriseninterventation also, lässt den Teufelskreis aus vermehrtem Aufwand zur Krisenbewältigung und dann oftmals mangelnder Orientierung auf neue Ebenen der Zielerreichung hin nie aufbrechen.

Deshalb ist ein ökonomisches Kalkül für das Coaching als zugrunde liegende Komponente wichtig und sinnvoll. Nicht zuletzt können solche wirtschaftsdidaktischen Grundlegungen ein wesentlich prozessleitender Teil der virtuell niedergelegten, schriftlich fixierten und damit **systematischeren** Coaching-Komponente im Blended Coaching sein.

Wenn durch das Blended Coaching mit systematisierenden Elementen Durchbrüche im Hinblick auf das Verwirklichen von komplexeren Zielsystemen möglich werden, dann gehört zu diesem Prozess aber auch die Vereinfachung, die Fokussierung auf elementare Lebensthemen; denn in der komplexen und vielfach vernetzten Lebensrealität des Coachees konkurrieren sowohl eigene als auch fremde Bedürfnisse miteinander. Die Folge ist, dass ständig Konflikte auftreten in der Frage, welche Bedürfnisse Haupt- und welche Nebenrollen spielen sollen. Es geht also im Blended Coaching darum, die Entscheidung zwischen vielen möglichen Strategien auf wenige Handlungsalternativen zu bündeln.[174]

May[175] liefert auch einen möglichen Erklärungsansatz, in welcher Weise solche Zielhierarchien sinnvoll strukturiert werden können. Interessant ist hierbei für den Blended-Coaching-Prozess die Einsicht, dass eine Eingrenzung

---

[174] May (2007): 13
[175] May (2007): 10

auf rein materielle Ziele dem natürlichen Bedürfnis-Portfolio des Coachees nicht entspräche und dass von Beginn an die Bandbreite der hier aufgelisteten Bereiche in die gemeinsame Arbeit integriert werden muss[176]:

> Die Basis dieser Pyramide bilden die physiologischen Bedürfnisse, deren Befriedigung mit der höchsten Dringlichkeit begehrt wird. Ihnen nachgeordnet sind mit abnehmender relativer Bedeutsamkeit: Sicherheitsbedürfnisse, soziale Bedürfnisse, das Bedürfnis nach Selbstachtung und gesellschaftlicher Wertschätzung und schließlich das Bedürfnis nach Selbstverwirklichung. Der Wert dieses Klassifizierungsversuchs liegt weniger in der Abgrenzung einzelner Bedürfnisebenen als vielmehr in der Ausdifferenzierung der Persönlichkeit in verschiedene, grob umrissene Entwicklungsstadien, von denen die höheren nur erreicht werden können, wenn die vorigen mindestens einigermaßen verwirklicht wurden.

Es ist sinnvoll für das Blended Coaching, die hier aufgezeigte Reihenfolge zu beachten. Sind die Grundbedürfnisse nicht befriedigt, hat es wenig Sinn, hochgeistige Gespräche über darauf erst aufbauende Bedürfnisbereiche zu führen. Hoch innovativ ist der Ansatz, in jedem Coaching-Prozess eine Überprüfung vorzunehmen, welche Kategorien von Bedürfnissen noch nicht erfüllt sind und wo überall Baustellen für die gemeinsame Arbeit bestehen.

Das enthebt den Prozess einer nur punktuellen Interventionsstrategie und führt den Fokus hin zu einer ganzheitlicheren Betrachtungsweise. Natürlich ist auch eine wünschenswerte Ausweitung der Aufgabenstellung für Coach, Coachee und Internetplattform eine Frage materieller Möglichkeiten als Basis für die Zusammenarbeit. Denn wenn Coaching nicht mehr nur der reinen Krisenbewältigung dient, sondern längerfristig auf das Erreichen eines erfüllteren Lebens hin angelegt ist, dann wird aus der Interventionsmaßnahme ein ständiger Kostenblock im Budget des Coachees.

Da hier jedoch postuliert wird, dass der Blended-Coaching-Online-Auftritt Teile der Arbeit übernehmen kann, die sonst komplett im persönlichen Dialog abgewickelt werden muss, ergeben sich neue Möglichkeiten, den Intervallrhythmus der besonders kostenaufwändigen persönlichen Gespräche zu strecken.

---

[176] Sehe auch Maslow (1943): 370-396

C 3 Lernen innerhalb des virtuellen Coachings: Der problemorientierte Ansatz als Alternative zu den Modellen von Skinner, Bandura oder des Lernens durch Einsicht

Warum soll hier ein bestimmter Lernansatz, eine konkrete Lernorientierung für das zu entwickelnde Blended-Coaching-Modell herausgearbeitet werden? Es geht um die elementare Frage, welches didaktische Konzept dieser Neuentwicklung zugrunde liegen soll.

Hier einführend eine Abbildung zu den Antipoden der Lerntheorie, den zugehörige Leitbegriffen und ihren Vertreter:

	Symbolische Darstellung	Bedeutsame Variablen	Vertreter
S-R-Theorien, Behaviorismus	S-R	Reize (Stimuli) Reaktionen Verstärkung	Pawlow Watson Thorndike Guthrie Skinner Hull Spence
Übergang	O / \ S R	Reize Reaktionen Verstärkung Vermittelnde Prozesse	Hebb
Kognitive Theorien	O	Wahrnehmung Organisation Informationsverarbeitung Entscheidungsprozesse Problemlösen Aufmerksamkeit Gedächtnis	Gestaltpsychologen Tolman Bruner Piaget

Abb. 20: Klassische Lerntheorien: Vom Behaviorismus zu kognitiven Theorien[177]

Die Didaktik bietet eine ganze Reihe theoretischer Konstrukte, um hiervon ausgehend eine Methode zu finden, Verhaltensänderungen herbeizuführen. Zunächst: Wo immer es um Coaching geht, spielt das Lernen, das Einüben, die Motivation, das Erfahrenwollen von neuem eine große Rolle. Insofern ist es zulässig, ein Axiom des Lernens einem Coaching-Modell zu unterlegen. Allerdings ist der Bezug auf das Lernen nur die halbe Wahrheit. Denn der Verhaltensänderung geht beim Coaching oft ein hoher Leidensdruck voraus, eine Komponente, die nicht typisch für die Anwendung von Lernmodellen ist. Bevor also die Diskussion von didaktischen Konstrukten erfolgt, soll fest-

---

[177] Lefrancois & Leppmann (1994): 16

gehalten werden: Lernen folgt oft anderen Gesetzmäßigkeiten als dies bei Coaching-Prozessen der Fall ist.

So bleibt der Gedanke wesentlich, dass der einfache Erkenntnisübertrag von dem einen auf das andere nicht ohne Weiteres zulässig ist. Mit diesen einleitenden Überlegungen sollen nun mehrere didaktische Theorien dahin gehend überprüft werden, ob sie hilfreich sind, um zu verstehen, wie das Lernen innerhalb des Coachings erfolgreich angelegt werden kann.

Zunächst zu Skinner: Es liegt nicht fern, bei seiner Theorie von einem fast mechanistischen Lernmodell zu sprechen, das Euler[178] wie folgt beschreibt:

> Das behavioristische Lernverständnis geht davon aus, dass ein erwünschtes Verhalten dann gelernt oder abgebaut wird, wenn das eigene Verhalten angenehme oder unangenehme Konsequenzen auslöst (Lernen am Erfolg). Entsprechend kann erwünschtes Verhalten durch unterschiedliche Formen von Belohnung oder Zwang aufgebaut sowie ein unerwünschtes Verhalten durch Löschung oder Bestrafung abgebaut werden.

Skinner gibt einen Hinweis auf seine Perspektive der Erklärung von gelernten Verhaltensänderungen, wenn er sagt: „We can follow the path taken by physics and biology by turning directly to the relation between behavior and the environment and neglecting supposed mediating states of mind".[179]

Neben anderen Nachteilen dieses Lerninstrumentariums steht seine mangelnde Flexibilität gegenüber den täglich neu und anders auftretenden Anforderungen des Berufslebens im Vordergrund. Letztlich müsste der Coach ständig neue Konditionierungsprozesse mit seinem Coachee angehen, je nachdem, welche Verhaltensänderungs- und Belohnungssituation gerade verlangt wird.

Der reife Dialog von vollwertigen Partnern wird durch eine Instrumentalisierung des Coachees ersetzt. Beim operanten Konditionieren bleiben alle Ansätze, die darauf abzielen, nachdenkend, abwägend und neu entscheidend passende Antworten auf die jeweils neuen Wendungen des Lebens zu finden, außen vor. Wenn der Mensch aber von äußeren Gegebenheiten hin auf bestimmte Reaktionsmuster trainiert wird, so wird er vom Individuum zum manipulierbaren Objekt.[180]

Sowenig sich das behavioristische Lernmodell in der modernen Didaktik durchsetzen konnte, so unpraktikabel ist es für den Vertrauensprozess zwi-

---

[178] Euler (2007): 119
[179] Skinner (1971):15
[180] Faulstich (2005): 27

schen erwachsenen Menschen im Rahmen des Coachings. Dort hat ein Handeln aus Einsicht einen anderen Stellenwert als ein bloßes An- oder Abgewöhnen von Verhaltensweisen. Was für die oben formulierte Aufgabe des Erkenntnisgewinns bleibt, ist das Nutzen der positiven Effekte von Belohnungen, wenn im Prozess gemeinsame Erfolge erzielt wurden. Dies allerdings nicht in einem mechanistisch-konditionierenden Sinn, sondern in Form einer erfreulichen Rückwirkung (etwa durch positive Rückmeldungen), die der Coachee erfährt, wenn er greifende Antworten auf ihn beschwerende Probleme gefunden hat.

Nun zu einem anderen didaktischen Modell, das daraufhin überprüft werden soll, inwiefern es positive Beiträge zu einem erfolgreichen Coaching-Ansatz leisten kann, dem sozial kognitiven Modell nach Bandura. Zunächst wieder eine kurze Einführung in das Theorem durch Euler: [181]

> Die sozial kognitive Lernthoerie öffnet die „Black Box" des Behaviorismus und führt Annahmen über kognitive Prozesse beim Lernen ein. Ausgehend von der Annahme, dass der Ausgangspunkt in der Nachahmung einer Modellperson steht (Lernen am Modell), werden vier zentrale Aspekte des Lernprozesses eingeführt: Aufmerksamkeit, Behalten, motorische Reproduktion und Motivation/Verstärkung.

Bandura selbst grenzt seine Thesen von anderen Ansätzen wie folgt ab:

> Both operant conditioning and social learning theories assume that performance of acquired matching behaviour is strongly controlled by its consequences. But in social learning theory, behavior is regulated not only by directly experienced consequences arising from external sources, but also by vicarious reinforcement and self-reinforcement [...]. [182]

Im Folgenden wird er dann, seine Theorie erklärend, noch deutlicher: „The term vicarious reinforcement is applied to changes in the behavior of observers that result from witnessing a model's action being rewarded or punished."[183]

Das Lernen am Modell ist sicher dann hilfreich, wenn es um das Einüben bestimmter Grundfähigkeiten in Disziplinen geht, bei denen ein Replizieren bestimmter Techniken oder Verhaltensweisen zum verlangten Erfolg führt.

Im Coaching-Prozess, das ist hier das Problem, gibt es aber solche Modelle richtigen Verhaltens noch nicht, sie entstehen erst aus dem gemeinsamen Erkenntnisgewinn. Es bleibt die schon oben gestellte Frage: Wie können mit

---

[181] Euler (2007):119
[182] Bandura(1971): 46
[183] Bandura (1971): 47

diesem Lernmodell Antworten auf völlig neu entstehende Problemsituationen gefunden werden? Dafür braucht es ein geistiges Instrumentarium, das auf der Basis des Gelernten neue Lösungen selbständig kreieren kann, und zwar nicht nur im geschützten Rahmen der Coaching-Situation, sondern auch im Feld, wenn ganz konkrete neue Fragestellungen nur mit einem selbständigen Transfer von bekannten Lösungsansätzen gelöst werden können.[184]

Was bleibt also für den Coaching-Prozess als Erkenntnisgewinn aus dieser didaktischen Richtung? Eigentlich nur die Einsicht, dass Personen mit Vorbildfunktion[185], die Antworten auf bestimmte Fragestellungen gefunden haben, hilfreich sein können, um gleiche Wege in gleicher erfolgreicher Weise zu gehen.

Aber das ist nicht genug, um Coachees in die Lage zu versetzen, selbstständig zu reagieren, wenn neue Schwierigkeiten auftauchen.

Nun zum dritten didaktischen Modell, dem kognitiv orientierten Modell des Lernens durch Einsicht. Hier wieder eine Vorstellung dieses Denkansatzes durch Euler[186]:

> Kognitive Lerntheorien konzentrieren sich auf die Frage, wie der Mensch seine Umwelt geistig strukturiert. Grundlegend sind Theorien mit unterschiedlichen Begriffen über den Aufbau kognitiver Strukturen (zum Beispiel Wissen über Sachverhalte, Handlungsabläufe, Problemlösungstechniken) sowie solche über den Prozess der Veränderung dieser Strukturen (zum Beispiel das Stufenschema von Roth).

Ein Vertreter dieses Modells, John Robert Anderson, gibt für seinen Standpunkt wie folgt Evidenz: „An expert's execution of a skill is special in that a strong task-specific cognitive organization has developped through extensive experience."[187]

---

[184] Pichler (2004): 8-13. Pichler zitiert in diesem Zusammenhang B. Schmidt vom Institut für systemische Beratung in Wiesloch, der die herkömmliche Form der Prozessberatung (bis ca. 1994) als ausschließlich begleitend ansieht, während heute im modernen Ansatz vom Prozessberater, dem Coach also, das Finden und das Einbringen eigener und neuer Transferlösungen verlangt wird.

[185] Hartmuth (2005): 64. Bei der Entwickelung einer Marketingstrategie für das dort vorgestellte innovative Beratungs-Instrument (korrespondierend zum Blended Coaching) wurde auf die elementar wichtige Rolle von prominenten Protagonisten, die als Meinungsbildner und damit als Multiplikatoren fungieren, hingewiesen.

[186] Euler (2007): 119

[187] Anderson (1983): 4

Hier noch eine erklärende Stellungnahme zum Lernen durch Einsicht als Modellannahme [188]:

> Dieses einsichtige Sehen lässt sich auch im wahrsten Sinne des Wortes verstehen als „Ein-Sicht", als ein „Hinein-Sehen" in die Anordnungsverhältnisse des Problemraums. (...) Lernen wird hier verstanden als ein Erfassen der Umgebung, des Lebensraumes, wobei es vor allem darauf ankommt, strukturell einander zugehörige Teile in Verbindung zu bringen bzw. wortwörtlich zusammen zu sehen.

Kognitive Lerntheorien haben endgültig den Schritt des „Blicks nach innen" vollzogen. Hier werden folgende Fragen gestellt: Wie funktioniert das Denken des Menschen, wie lässt es sich ändern und auf welche Weise können neue kognitive Strukturen effektiv angelegt werden? Was als Kritikpunkt am kognitiven Modell bleibt, ist eine zu einseitige Orientierung auf Denkinhalte, die die konkrete erfolgreiche Applikation der richtigen Technik im richtigen Situationsmoment nicht erklären kann. Hier fehlt der emotionale, der intuitive Aspekt, der viele große Entscheidungen anstößt, ohne kognitiv erklärbar zu sein.

Es unterbleibt die Antwort, wie ein Coachee gerade dadurch erfolgreich werden kann, indem er alle kognitiven Strategien über den Haufen wirft und situationsadäquat trotzdem die einzig richtige Handlungsalternative wählt.

Damit kehrt die Diskussion zurück zum bereits aufgegriffenen Kritikpunkt: Es gibt nur eine Lerntechnik, die den Coachee in der Bewältigung seiner Herausforderungen kompetent werden lässt, nämlich das Training daraufhin, fern von allen Schemata situationsorientiert richtig zu handeln.[189] Dies lässt sich nur lernen, wenn der hier beschriebene Prozess selbst trainiert wird – das Lösen von Problemen im täglich neuen Einflüssen unterliegenden Berufsumfeld. Aus diesem Grund soll in dieser Untersuchung die wirklich situationsrelevante problemorientierte Didaktik das Theorem sein, auf dessen Basis eine erfolgversprechende Neuausrichtung des Coachees erfolgen kann.

---

[188] Schulte (2005): 10, siehe auch Köhler (1921)
[189] Pichler (2007): 18-24, verweist als Beispiel auf ein *systemisches* Management-Instrument von Matthias Varga von Kibed, mit dem sich gegenseitig ausschließende Strategieoptionen schrittweise zu einer völlig neuen Strategie zusammengeführt werden. Er schließt: „Erfolgreich sind jene Unternehmen, die sich zum Bruch alter Regeln durchgerungen haben."

Im Folgenden eine Übersicht zur Struktur des problemlösenden Lernprozesses:

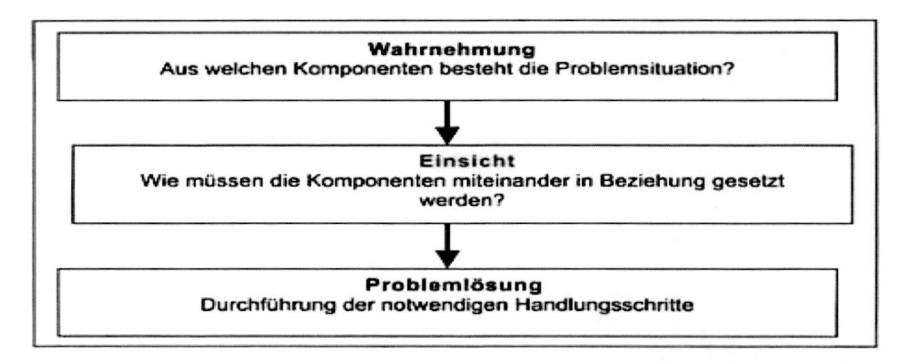

```
┌─────────────────────────────────────────────────────────┐
│                      Wahrnehmung                        │
│      Aus welchen Komponenten besteht die Problemsituation? │
└─────────────────────────────────────────────────────────┘
                             ↓
┌─────────────────────────────────────────────────────────┐
│                       Einsicht                          │
│   Wie müssen die Komponenten miteinander in Beziehung gesetzt │
│                        werden?                          │
└─────────────────────────────────────────────────────────┘
                             ↓
┌─────────────────────────────────────────────────────────┐
│                     Problemlösung                       │
│       Durchführung der notwendigen Handlungsschritte    │
└─────────────────────────────────────────────────────────┘
```

Abb. 21: Lernen als problemlösender Prozess[190]

Die folgenden Äußerungen führen weiter in die Thematik des problemorientierten Ansatzes ein:

1. Zunächst eine kurze Erläuterung von Riedl:[191]

Wissenserwerb vollzieht sich nach aktuellen Auffassungen insbesondere durch die aktive Auseinandersetzung mit einer zu lösenden Aufgabe und ist tendenziell mit konkreten Situationen verknüpft, in und an denen Lernen stattfindet. Konstruktivistisch ausgerichtete Ansätze einer didaktischen Modellbildung betonen dies ausdrücklich (...). Daher ist in der beruflichen Bildung und hier insbesondere bei schulischem Lernen wichtig, dass Unterricht Wissenserwerbsprozesse möglichst als Begegnung mit einem Problem gestaltet.

2. Euler[192] beleuchtet den Praxisbezug dieser Methode:

Konstitutiv für die problemorientierte Didaktik ist die Anbindung des Lernens an eine praxisbezogene und – aus Sicht des Lernenden – herausfordernde Problemstellung.

3. Weinbrenner[193] greift den eben formulierten Gedanken auf, wenn er explizit die Fähigkeit des Übertragens des Gelernten auf neue Situationen als wichtige Zielrichtung der problemorientierten Didaktik darstellt:

---

[190] Winkel, Petermann, Petermann (2006): 150
[191] Riedl (2004): 32
[192] Euler (2007): 116
[193] Weinbrenner (1999): 15

Lerntheoretisch zielt ein problemorientierter Unterricht auf die Förderung des kreativen und innovativen Lernens, die Ausbildung und Bereitschaft zu kritisch konstruktivem Denken, Urteilen und Argumentieren, die Förderung methodischer Kompetenz sowie die Behaltens- und Transferfähigkeit.

4. Dass der problemorientierte Ansatz auch tatsächlich schrittweise richtungweisende Geltung erhält und Eingang in die Curricula findet, wird aus folgender Stellungnahme deutlich:

Insbesondere im Bereich der Medizin und im wirtschaftswissenschaftlichen Bereich wurden in den letzten Jahren verstärkt Anstrengungen unternommen, problemorientierte Curricula bzw. entsprechende Medien im Hinblick auf die Anforderungen und Tätigkeiten in der Praxis zu entwickeln.[194]

So wie die problemorientierte Didaktik die geistige Flexibilität fördert, so erwirbt der Coachee auf der Basis dieses zugrunde liegenden Modells die Fähigkeit, schlagkräftig neue Strategien zu initiieren, wenn er vor bisher unbekannte Herausforderungen gestellt wird.

Im Folgenden soll dieser problemorientierte Ansatz detaillierter diskutiert werden im Hinblick auf seine Verwertbarkeit für das Blended Coaching. Zunächst eine Reihe von grundlegenden Informationen zu dieser Lernstrategie. Entstanden ist das Problem-based Learning im Rahmen eines Kurses für problemorientiertes Lernen an der McMaster University im kanadischen Hamilton Mitte der 60er-Jahre. Dieser Kurs war im Rahmen des dortigen Medizinstudiums eingerichtet worden, um Studierende problemsensitiver werden zu lassen. Vorherige Ansätze in diese Richtung gab es im Rahmen des Tutoriensystems der Oxford University, das bereits im Mittelalter entstand.[195]

Die Kompetenz wird nicht mehr aus fremden Quellen angelesen, sondern im von Weinbrenner beschriebenen kreativen Prozess selbst erarbeitet. Sicherlich ist dafür Faktenwissen nötig, aber die These ist hier, dass Inhalte leichter behalten und angeeignet werden, wenn sie mit einer für den Lernenden relevanten Lösungsstrategie verbunden sind. In diesem Ansatz beginnt der Lernprozess mit einer Problemstellung oder einer Situationsbeschreibung, nicht mehr mit einem Curriculum von Lernstoff, das zunächst verinnerlicht werden muss. Die Kompetenz entsteht nicht mehr aus angelerntem, sondern aus angewandtem Wissen.[196]

---

[194] Kohler (1998): 17
[195] Fischer (2004): 26
[196] Darmann-Finck & Boonen (2008): 14

Wirth[197] benennt in diesem Zusammenhang drei wichtige Faktoren für einen erfolgreichen problemorientierten Lernprozess, die in gleicher Weise für die Situation des Coachee bei der Konstruktion seiner individuellen Lösungen relevant sind:

> Um Wissen aktiv konstruieren zu können, ist ein hohes Maß an Selbstorganisation und -steuerung notwendig. Als Grundlage für die selbständige Steuerung von Lernprozessen werden insbesondere die intrinsische Motivation sowie die Fähigkeit zur Reflexion und Metakognition angeführt.

Erlebtes aktiv zu verarbeiten (Faktor 1), dies aus einer hohen (intrinsischen) Eigenmotivation heraus (Faktor 2) und basiert auf einer ausgezeichneten Selbststeuerung (Faktor 3) – so gelingt ein aktiver Lösungsprozess durch den Coachee genauso wie beim anderweitig Lernenden. Die positive Motivation zur Problemlösung entsteht, weil der Coachee an Dingen arbeitet, die für ihn persönlich bedeutsam sind. Es geht um die Verbesserung seiner Lebenssituation. Die folgende Graphik zeigt, wie ein moderner Ansatz selbstgesteuerten Lernens dem Lehrer eine neue (zurückhaltendere) Rolle zuweist. Im problemorientierten Ansatz wird der Lernende ganz anders zur eigenen Aktivität, zur ihn positiv stimulierenden Verbesserung der ihn betreffenden Situation herausgefordert. Hier wird noch einmal die überkommene Rolle des anleitenden Instruktors vom modernen Bild des Lehrenden abgegrenzt.

---

[197] Wirth (2006): 32

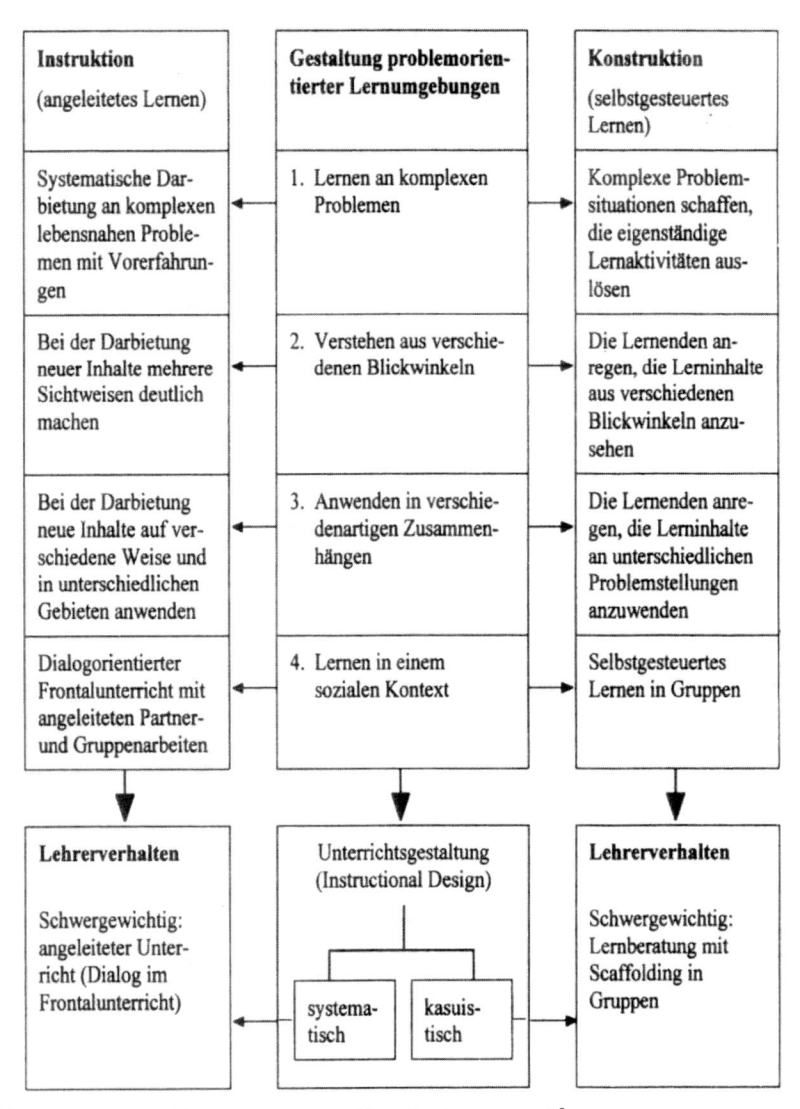

Instruktion (angeleitetes Lernen)	Gestaltung problemorientierter Lernumgebungen	Konstruktion (selbstgesteuertes Lernen)
Systematische Darbietung an komplexen lebensnahen Problemen mit Vorerfahrungen	1. Lernen an komplexen Problemen	Komplexe Problemsituationen schaffen, die eigenständige Lernaktivitäten auslösen
Bei der Darbietung neuer Inhalte mehrere Sichtweisen deutlich machen	2. Verstehen aus verschiedenen Blickwinkeln	Die Lernenden anregen, die Lerninhalte aus verschiedenen Blickwinkeln anzusehen
Bei der Darbietung neue Inhalte auf verschiedene Weise und in unterschiedlichen Gebieten anwenden	3. Anwenden in verschiedenartigen Zusammenhängen	Die Lernenden anregen, die Lerninhalte an unterschiedlichen Problemstellungen anzuwenden
Dialogorientierter Frontalunterricht mit angeleiteten Partner- und Gruppenarbeiten	4. Lernen in einem sozialen Kontext	Selbstgesteuertes Lernen in Gruppen
Lehrerverhalten Schwergewichtig: angeleiteter Unterricht (Dialog im Frontalunterricht)	Unterrichtsgestaltung (Instructional Design) — systematisch / kasuistisch	Lehrerverhalten Schwergewichtig: Lernberatung mit Scaffolding in Gruppen

Abb. 22: Der Weg zur Selbststeuerung beim problemorientierten Lernen[198]

Tümmers, Kraux und Barkey[199] gehen zum Abschluss näher auf die Rolle ein, die Lehrer oder Coach für das Finden der richtigen Strategie zur Problemlösung spielen sollen:

---

[198] Kaiser & Kaminski (2003): 293

In unserer Terminologie problemorientierten Lernens bedeutet dies, dass die Hilfen eines Beraters zur Lösung eines ihm unbekannten und zunächst vom anderen in sich selbst zu entdeckenden affektiven Problems nur darin bestehen können, die entsprechenden vagen inhaltlichen oder vor allem methodischen Lösungshilfen zu geben, damit der zu Beratende die speziell erforderlichen Problemlösungsschritte bewältigen kann.

---

[199] Tümmers, Kraux, Barkey (1995): 49

D   Konkrete Operationalisierung des problemorientierten didaktischen Ansatzes für die vorliegende Aufgabenstellung

D 1   Problemsensitivierung durch Problemdiagnostik am Beispiel der Diagnostik von Krisen: Wie nimmt der Betroffene seinen Coaching-Bedarf wahr?

Zur Diagnostik von Krisen soll beispielhaft die Berufsgruppe der Manager hinsichtlich der folgenden Eingangsfrage näher betrachtet werden: Ist der Manager überhaupt ein potentieller Klient? Um hierzu Aussagen zu finden, wurden verschiedene Artikel des *manager magazins*, die sich mit dem Thema Krisendiagnostik befassen, über den Zeitraum mehrerer Erscheinungsjahre gesichtet und analysiert.

Wesentlich für die Nutzung des *manager magazins* als Quelle war der Wunsch, der folgenden qualitativen Analyse mit konkret betroffenen Führungskräften vorausgehend, einen Zugang zu der, am Krisenfall orientierten, Lebensrealität von Managern anhand von öffentlich publizierten Fallbeispielen zu finden.

Eine einleitende Kommentierung[200] geht auf die grundsätzliche Notwendigkeit des Coachings im Manageralltag[201] ein: „In einer immer unsicheren Welt müssen Firmen auch in die seelische Stabilität ihrer Leute investieren. Denn eines ist gewiss: Angst und ihre Folgen mindern die Arbeitskraft der Manager."

Wie gehen Manager mit krisenhaften Erlebnissen um? Analysieren sie deren Ursachen, um ähnliche Probleme künftig überzeugender lösen zu können? Das *manager magazin*[202] kommt hier zu ernüchternden Antworten: „Kommt ein Schockerlebnis hinzu, kann dies schon zuviel sein, zumal Manager ohnehin dazu neigen traumatische Ereignisse zu verdrängen."

Das Bild des stahlharten Managertypen, der jede Krise meistert und daher keinerlei Unterstützung bedarf, wird hier in Frage gestellt. Offenbar gibt es beim Manager die gleichen seelischen Krisen wie bei allen anderen Bevölke-

---

[200] *manager magazin* (2001), Heft 11: 68
[201] Dembkowski (2004): 44-47. Dembkowski warnt vor der Perspektive, Coaching für Manager nur als eine Methode anzusehen, Defizite zu beseitigen oder die Leistung schwacher Führungskräfte zu steigern. Sie fordert, mit dem Coaching in Unternehmen bei der Führungsspitze und vielversprechenden Nachwuchsmanagern zu beginnen, damit den „Besten geholfen wird, noch besser zu werden."
[202] *manager magazin* (2001), Heft 11: 68

rungsgruppen auch. Im Folgenden geht das *manager magazin*[203] auf die Not von Managern ein, die ihr Unternehmen verlassen müssen:

> Gerade für die leistungsorientierten und erfolggewohnten Manager bedeutet der ungewollte Abschied aus der Firma eine tiefe Identitätskrise. Das Verhältnis zum Unternehmen beinhaltet ja nicht nur den Austausch von Leistung und Können gegen Geld, Prestige und Macht, sondern jede Menge Emotionen. Wer zehn, zwölf Stunden täglich für seinen Arbeitgeber ackert, der investiert dort auch Herzblut. Wenn so eine enge Bindung plötzlich einseitig aufgekündigt wird, reagieren die Menschen genauso wie beim Zerbrechen privater Beziehungen – mit Fassungslosigkeit, Zukunftsangst, Wut, Trauer und Depressionen, sagt Psychologe Frey.

Offensichtlich ist für Manager alles bedrohlich, was ihre mentale Selbstbestätigungsschiene, ihr eigenes Bild der Vollwertigkeit und des Gebrauchtwerdens bedroht. Dies sind keine guten Voraussetzungen, um sich in einem Coaching-Prozess zu öffnen und eigene Verhaltensweisen zu analysieren.[204] Vielleicht liegen gerade in dieser mangelnden Fähigkeit zur kritischen Reflektion über selbst eingeschlagene Strategien Gründe dafür, dass Manager mit großer Energie eines „Weiter so" Wirtschafts- und Unternehmenskrisen produzieren wie jüngst weltweit geschehen.[205]

Gerade diese Fähigkeit persönlich differenzierter Analyse aber ist elementar für einen Managementerfolg auch in Krisenzeiten.[206]

Neben der Informationsbündelung und Priorisierung ist die Problemsensibilität eine der wesentlichen Eigenschaften, die nachhaltigen Erfolg im Management definiert.[207]

---

[203] *manager magazin*, Palass, Rust, Schmalholz (1/2002): 147
[204] Koch (2006): 97-102, beschreibt anhand des Unternehmens Leica Manager, die vielfach „Opfer ihres Erfolges werden" und zu wenig/zu spät bereit sind, ihr Verhalten im Fall von krisenhaften Marktentwicklungen zu verändern.
[205] Euro-Science-Forum, o. V. (2004): 14. Dieser Artikel gibt einen Hinweis für mögliche Ursachen solcher Entwicklungen und beschreibt Manager, die mit psychopathischen Zügen behaftet, aber sehr energisch vorgehend, bei voller gesellschaftlicher Akzeptanz Menschen und Organisationen schädigen. Ein Grund wird in weit überzogenen Leistungsanforderungen gesehen. Von einem solchen Klima würden besonders Menschen angezogen, die zerstörerischen Zielen folgen, um scheinbar im Unternehmensinteresse zu agieren. Dabei seien solche psychopathisch ausgerichteten Manager in der Selbstbetrachtung oft immun gegenüber von ihnen angerichteten Schäden.
[206] Stöger (2009) 70-73. Zum Krisenverhalten: Stöger gibt ein Beispiel für das Schulen dieser differenzierten Krisenanalyse mit dem von ihm entwickelten Management after Crisis Workshop, in dem der Teufelskreis aus zu kurzfristigem Handeln und daraus resultierenden neuen Krisen aufgebrochen wird. Ziel ist die Ursachenforschung von Krisen außerhalb des Tagesgeschäfts.

Das Denken außerhalb eingefahrener Wege, der Mut neue und innovative Strategien zur Problemlösung zu verfolgen, das sind klassische und wichtige Aufgaben für einen Blended-Coaching-Prozess. Der folgende Auszug aus dem *manager magazin*[208] gibt noch einmal klare Evidenz dafür, dass ein Umdenken in dieser Berufsgruppe nicht leicht zu bewirken ist:

> Was das Theaterstück „Top Dogs" über geschasste Manager von Urs Widmer so faszinierend macht, ist die Ohnmacht, mit der die Bühnen-Manager auf ihre neue Situation reagieren. Die Unfähigkeit so genannter Entscheider, ihr bisheriges Rollenverständnis zu überdenken und abzustreifen. „Manager denken wie Manager" resümiert Autor Widmer seine Recherchen in der Szene.

Die oben genannten Zitate resümierend stellt sich die Frage, wie eine wenig zur Selbstreflektion neigende Berufsgruppe für diesen essentiell wichtigen Prozess sensibilisiert werden kann.[209] Darauf soll mithilfe der Befragung von Führungskräften im Rahmen dieser Untersuchung eingegangen werden.

Die eingangs gestellte Frage: „Ist der Manager ein potenzieller Klient?" kann unter der Maßgabe der oben genannten Zitate nur eingeschränkt beantwortet werden, denn es wurde offen gelegt, dass Manager nicht besonders zugänglich für selbstreflektive Analysen sind.[210]

Dass heißt aber nicht, dass sie nicht den Coaching-Prozess aktiv aufsuchen und nachfragen. Tatsächlich ist der Anteil der Führungskräfte hoch, die sich ihren Coach initiativ selbst suchen.[211] So gibt es offizielle Wege über die Personalabteilungen der Unternehmen, um intern finanziert ein Coaching zu

---

[207] Weber (2006): 70; Friedmann, Fleischmann, Mikulka-Fletcher (1992): 233
[208] *manager magazin*, Palass, Rust & Schmalholz (1/2002): 147
[209] Dorando & Grün (2004) weisen darauf, dass Coaching in Unternehmen immer häufiger von oben verordnet wird, wobei hier die Freiwilligkeit des Klienten wesentlich eingeschränkt sein kann. Oft geht es um tatsächliche oder vermeintliche Verhaltensdefizite, die dann im Coaching bearbeitet werden sollen.
[210] Abrahams (2006): 17, geht in diesem Zusammenhang auf die Studie von Dunning und Kruger ein, die inkompetente Führungskräfte wie folgt diagnostizieren: Sie erkennen ihre eigenen Wissenslücken nicht und können auch die Kompetenz anderer nicht beurteilen. Sie zerstören nach Abrahams durch ihre mangelnde Einsichtsfähigkeit nicht nur die eigene Karriere, sondern auch die von anderen Managern. Quelle der Studie: www.apa.org/journals/features/psp7761121.pdf; Fehrenbach (2004): 104. Fehrenbach, seinerzeit Vorsitzender der Geschäftsführung der Robert Bosch GmbH, definiert es als zentrale Aufgabe jeder Führungskraft, offensiv mit Veränderungsthemen umzugehen. Das gibt einen Hinweis darauf, dass zu sehr selbstbestätigende Einstellungen wenig veränderungsbereiter und coachingresistenter Manager fehl am Platze sind.
[211] Böning, Frischle, Rexler (2005): 83

beginnen. In sehr viel mehr Fällen gehen Manager den rein privat initiierten Weg, der sich ohne Wissen der Organisation der Führungskraft abspielt.

Auf diese Weise beginnt die Führungskraft aus freiem Willen mit einem Coaching-Prozess. Böning et al.[212] unterstützen allerdings die oben formulierten Thesen zur mangelnden Problemsensibilität von Managern, wenn sie bemerken: „Auffallend ist in diesen Daten, dass der *Auslöser* einer akuten Problemlage nur relativ selten vorkommt (...)."

Dass Manager nicht ausschließlich selbst für ihre möglicherweise nicht ausreichend ausgeprägte Bereitschaft, sich coachen zu lassen, verantwortlich zu machen sind, lässt sich ableiten aus Bönings[213] Beobachtung, dass die meisten Unternehmen in der Förderung einer Coaching-Kultur in ihren Führungskräftestrukturen zu wenig aktiv sind[214]: „In vielen Unternehmen gibt es kein transparentes und systematisches Vorgehen bei der Ermittlung von Coaching-Bedarfen."

Oft muss der Manager die Kosten für seinen Coaching-Prozess selbst bezahlen und möglicherweise trifft er auf Widerstände im eigenen Unternehmen, wenn eine externe Instanz durch die Kommunikation mit dem Manager in vertrauliche Firmenthemen eingreift.[215]

In der Tat werden überdurchschnittlich viele Coachees im Führungskräftebereich selbst aktiv und suchen sich einen Mentor. Dies wäre sicherlich noch viel häufiger der Fall, wenn hohe Investitionen von bis zu 1.000 Euro pro Monat nicht als hindernde Hürde gerade für die große Masse an Middle-Managern wirken würde, die von Personalentwicklungseinheiten nicht so nachhaltig gefördert und betreut werden können, wie das bei Topmanagern der Fall ist.

Mehrfach wurde in dieser Untersuchung darauf hingewiesen, dass ein Coaching ausschließlich mittels virtuellen oder telefonischen Kontaktes keine positiven Erfolgsaussichten hat. Die Instrumente im Blended-Coaching-

---

[212] Böning, Frischle, Rexler (2005): 82
[213] Böning, Frischle, Rexler (2005): 82
[214] Leder (2007): 53, macht darauf aufmerksam, dass in herkömmlichen Strukturen Führungskräfte direkt als Coaches ihrer Untergebenen fungierten, dass aber in modernen Zeiten einer Shareholder-Value-Orientierung die Fähigkeiten direkter Vorgesetzter, ihre Mitarbeiter persönlich zu entwickeln, vielfach verloren gehen.
[215] Schwertfeger (2006): 50-55, zitiert die Leiterin Geschäftsfeld Coaching der Volkswagen Coaching GmbH, Christine Kaul, wonach Coaching-Angebote im Bereich Gesundheits-Coaching, die auf freiwilliger Basis erfolgten, von den Managern sehr gut angenommen würden und empirisch messbar erfolgreich seien.

Modell können aber dazu dienen, den Zugang zum echten Coaching-Prozess durch Internet-Kontaktbrücken zu erleichtern.

In Vor- und in Zwischenphasen ist möglicherweise auch der nur eingeschränkte persönliche Austausch ein zulässiger Weg, um schrittweise Tiefe und Nachhaltigkeit in den Prozess zu bringen. Dies durchaus in Form einer Zusammenarbeit, die für den Manager mit der Selbstanalyse seiner Fähigkeiten, Zielorientierungen und Problematiken im Rahmen eines Coaching-Internetinstruments begonnen hat.

Wenn empirische Erhebungen immer wieder zeigen, dass Führungskräfte, die einmal Coachees waren, langfristig erfolgreicher agieren, so ist es sicherlich auch eine Frage der öffentlichen Promotion dieser Personalentwicklungsmethode, um Manager zugänglicher für diese Form der Unterstützung zu machen. So bemerken Dehner und Dehner[216]:

> Wenn Coaching als etwas Besonderes und Erstrebenswertes betrachtet wird, erhöht sich die Bereitschaft zur Mitarbeit ganz automatisch. Wo diese Bereitschaft nicht vorhanden ist, ist Aufklärung über Sinn und Ziel des Coaching geboten (...).

Wenn die hier diskutierte Blended-Coaching-Systematik solche Aufklärungsfunktionen für bisher unwissende Führungskräfte gewährleistet, hat sie eine erste wichtige Aufgabe für coachingwillige Manager erfüllt. Die oben formulierte Frage nach dem Geeignetsein der Führungskraft für einen multimedialen Coaching-Prozess lässt sich dann auch in solchen Einzelschritten, wie folgt dargestellt, analysieren:

1. Manager fragen Coaching nach, die unterstützende Funktion von Coaching ist nachgewiesen.

2. Für das Blended Coaching (Kombination aus persönlichem Dialog und Internetinstrumentierung) als innovatives Betreuungsinstrument konnte dieses Geeignetsein zum Unterstützen von Managern noch nicht empirisch gezeigt werden.

3. Die moderne Führungskraft ist für die neue Systematik insofern ein geeigneter Klient, als viele tausend mentorielle Beziehungen mit einem solchen multimedialen Massenmedium begonnen werden können, für die dem coachingnachfragenden Manager bislang die Kommunikationsbrücke (und die materiellen Ressourcen) fehlte.

---

[216] Dehner & Dehner (2004): 38

4. Wenn der Manager ein auch inhaltlich und prozessual geeigneter Ansprechpunkt für das neue Coaching-Modul sein soll, muss dieses auch auf ihn und seine Bedürfnisse hin entwickelt werden. Ein Bedürfnis, die hohe Nachfrage nach Selbstbestätigung und Zielorientierung, wurde oben durch die Auszüge aus verschiedenen Jahrgängen des *manager magazins* benannt.

Wie also muss ein Blended-Coaching-Programm den Manager ansprechen, damit er zur Zusammenarbeit bereit ist und eher beginnt, sich aus seinen eingefahrenen Programmen herauszubewegen? Das folgende Kapitel beschreibt die Befragung krisenbetroffener Manager, um hier zu ersten Antworten zu finden.

D 2 Krisendiagnostik konkret: Erfahrungsberichte von Krisenbetroffenen zu ihren persönlichen Interventionsstrategien

D 2.1 Vorstellung der Betroffenen

Gegenstand dieser Untersuchung war bislang zunächst eine Bestandsaufnahme hinsichtlich des aktuellen Standes der Forschung zu Nachbargebieten (Personalentwicklung, Erwachsenenbildung) des betrieblichen Coachings, aus denen Erkenntnisse für das neue Blended-Coaching-Modul verwertbar sind (siehe Kapitel B 2.1 und B 2.2). Es wurde deutlich, dass Blended Coaching nicht ohne begleitendes persönliches Coaching erfolgen sollte und dass in systemischer Sichtweise ein virtuell gesteuertes Coaching-Instrument nicht der Gefahr erliegen sollte, den Prozess eines schrittweisen Evaluierens der Situation des Coachees mit vorab formulierten Handlungsanweisungen zu stören. Schließlich erschloss sich aus dem modernen Konzept der Erwachsenenbildung die Perspektive einer großen beratenden Flexibilität, einer defensiven Betrachtungsweise von persönlichen- und Unternehmensprozessen, die einem ständigen Zwang zur Rejustierung auf sich rasch verändernde Rahmenbedingungen auf Mikro- und Makroebene der Lebenswelt des Coaches unterliegen.

Im Folgenden soll eine Gruppe konkret betroffener Führungskräfte befragt dazu werden, welche Art von Interventionshilfe sie sich für ihre persönliche Problemüberwindung gewünscht hätten. Solch ein Verfahren kann nicht die Kriterien einer empirisch gültigen Marktforschung erfüllen, vielmehr soll im Rahmen einer qualitativen Analyse der Aussagen der Betroffenen eruiert werden, wie ein Blended-Coaching-Instrument Hilfsangebote für einen Einstieg in einen echten Coaching-Prozess formulieren kann.

Die Betroffenen sind allesamt Führungskräfte der deutschsprachigen Wirtschaft. Hier soll es nicht um die Krisensituationen von Firmen, sondern um die persönlich erlebten dramatischen Situationen der Betroffenen gehen. Entsprechend werden auch nicht die Krisen von Unternehmen beschrieben, sondern einleitend wird die kritische Situation für die Führungskräfte persönlich dargestellt. Der konkrete Fragebogen mit den Fragen an die Betroffenen findet sich im Anhang dieser Arbeit.

D 2.2 Zusammenfassung übertragbarer Erkenntnisse der Betroffenen zum Thema Krisendiagnostik und Krisenintervention und zugehörige Vorschläge

In diesem Kapitel sollen primär für das Blended-Coaching-Instrument verwertbare Informationen aus den Antworten der Experten abgeleitet werden. Dieser externe Informations-Input wurde genutzt, um in einem Bereich, der über wenige Forschungsergebnisse im empirischen Bereich verfügt, qualitative Aussagen an Parameter für eine gelungene Innovation zu machen. Alle Experten haben in ihrem beruflichen Kontext Krisen erlebt. Sie machen hier deutlich, wie ein systematisches Analyseinstrument wie das Blended Coaching ihnen hätte helfen können.

Um herauszuarbeiten, wo die Unterschiede zwischen einer Krisenbewältigung ohne oder mit Analyseinstrument liegen, sollen zunächst die betreffenden Antworten der Experten ausgewertet werden.

Hier zunächst eine Zusammenstellung von Äußerungen der Befragten, wie sie sich ohne systematisches Interventionsinstrument spontan und meist intuitiv verhalten haben:

Befragte und ihr mentales konstruktives Einstellen zur Krise:

Beispiel:

„Ich habe versucht, das Positive an der Situation zu sehen."

Befragte rieten sich selbst, Ruhe zu bewahren:

Beispiele:

1. „Ruhe bewahren, in Ruhe analysieren, Szenario eins bis drei entwerfen."
2. „Ruhe in der Krise kommt ausschließlich durch Vertrauen in sich selbst."

Zunächst in der Krise kommunizierende Betroffene:

Beispiel:

„Vernünftig miteinander reden, später Dritte mit einbeziehen."

Hier wird klar, dass die Maßnahmen stark individuell ausgerichtet sind. Jeder der Befragten verfolgt eine eigene Strategie, gewachsen aus den Erfahrungen und Impulsen aus der jeweiligen Vergangenheit im Management. Mit systematischer Krisenbekämpfung hat das wenig zu tun.

Eine Befragte (A) reagierte wie folgt: „Ich habe versucht, das Positive an der Situation zu sehen, vor allem die Möglichkeit konstant weiterzulernen, mich weiterzuentwickeln und neues Wissen zu erlernen."

Sie gibt hier einen Hinweis, der für das Blended-Coaching-Projekt von großer Bedeutung ist: Nicht nur in Krisenzeiten ist die Entwicklung einer konstruktiven, einer bejahenden Einstellung zum Geschehen von großer Bedeutung für den erfolgreichen Coaching-Prozess. Das Blended Coaching könnte hier ein einleitendes Interview mit einem vorbildgebenden Protagonisten zur Krisenbewältigung, wie allgemein zu Beginn eines Coachings, vorhalten, mit dem der große Effekt einer positiven Einstellung zum Erlebten und des Vertrauens in die eigenen Fähigkeiten herausgearbeitet werden soll.

Vorzuschlagen ist hier auch eher, direkte Fragen an den Coachee zu stellen und weniger nur mit einem aufklärenden Text zu arbeiten, um zunächst im Sinne einer Problemanalyse die derzeitige Einstellung des Coachees herauszuarbeiten und dann, angereichert durch ein persönliches Gespräch mit dem Coachee, gemeinsam Schritte in Richtung einer konstruktiven Einstellung zum behandelten Problem zu gehen. Aus diesen Gedanken lässt sich als Vorschlag für das Blended Coaching ein Vorgehen auf der konkreten Homepage-Anwendung wie folgt festhalten:

Konkreter Entwicklungsvorschlag für eine Blended-Coaching-Anwendung:

Website-Fenster[217] 1:

Hier sollen positive Aspekte der gegenwärtigen Situation durch den Coachee aufgelistet werden können.

---

[217] Angelsächsischer, zum Teil eingedeutschter Fachbegriff für eine Internet-Oberfläche, der Begriff Fenster codiert hier eine konkret auf dem Computer-Bildschirm sichtbare Anwendung.

Website-Fenster 2:

Hier sollen Chancen im Zusammenhang mit der gegenwärtigen Situation herausgearbeitet werden.

Website-Fenster 3:

Hier können Lernschritte, Entscheidungen, Entwicklungsmaßnahmen für die Zukunft definiert werden.

Ein weiterer Befragter (B) beantwortete die betreffende Frage folgendermaßen: „Ruhe bewahren, in Ruhe analysieren, Szenario eins bis drei entwerfen und Reaktionen und Strategien darauf festlegen."

Ein ähnliches Interview wie oben beschrieben wäre auch im Kontext von der hier zitierten Antwort sinnvoll, nämlich, um in ersten Schritten die emotionale Aufgewühltheit im Krisenfall in den Griff zu bekommen. Hier könnte zum Beispiel dazu aufgefordert werden, zunächst den momentanen mentalen Zustand zu beschreiben und darzulegen, wodurch genau dieser ausgelöst wird, welche bedrohlichen Entwicklungen antizipiert werden. In unmittelbaren Krisenzeiten ist ein solches Herstellen von innerer Ruhe ohne einen persönlich begleitenden Helfer oft gar nicht möglich.

Der Coach kann das Blended-Coaching-Interview-Raster mit einer ganzen Reihe analysierender Fragen zur Hilfe nehmen, um den Coachee zu begleiten, weg vom Panikimpuls hin zu rationalem Analysieren, so wie der oben Befragte es in seiner Antwort vorgeschlagen hat. Wichtig ist auch der Hinweis auf das Entwickeln von mehreren Szenarien für das mögliche weitere Geschehen.

Die hier beschriebene Szenariotechnik könnte im Blended-Coaching-Instrument mit speziell dafür ausgerichteten Sites aufbereitet werden, sodass die jeweiligen Entwicklungen in vordefinierte graphische Möglichkeiten auf der Website nur noch eingefügt werden müssen.

Interessant auch der Hinweis, für jedes Zukunftsszenario ein Set möglicher Reaktionen aufzulisten. Solches könnte mit dem Auffordern zum Erstellen einer parametrischen Liste im Anschluss an die Szenario-Grahpiken direkt im Blended Coaching umgesetzt werden.

Es entsteht als Möglichkeit für die konkrete Darstellung auf der Homepage so eine mögliche Blended-Coaching-Krisenintervention in drei Schritten:

Konkreter Entwicklungsvorschlag für eine Blended-Coaching-Anwendung:

1. Website-Fenster:

    Der Coachee sollte seine momentane Verfassung zunächst im virtuellen Instrument beschreiben, um dann Ursachen des Zustandes und die empfundenen Bedrohungen genau aufzulisten.

2. Website-Fenster:

    Der Nutzer soll hier die Möglichkeit erhalten, aus verschiedenen vorgegebenen graphischen Alternativen ein geeignetes Set zum Durchspielen der für ihn persönlich relevanten Szenarien zu wählen.

3. Website-Fenster:

    Mithilfe parametrischer Listen, die Klassen von Alternativen abdecken, soll der Coachee mögliche Reaktionen entwickeln können, sie dann vergleichen und hinsichtlich ihrer Interventionskraft analytisch bewerten.

Hier die Antwort eines weiteren Befragten (C) zur gleichen Fragestellung:

> „Die Mitgliedschaft in dem Unternehmensnetzwerk, an das wir verkauft hatten, war unser Problem. Konkret haben wir so reagiert, dass wir alle Hinweise auf die Mitgliedschaft in diesem Netzwerk von unserer Homepage entfernt haben, dann haben wir unsere Kunden persönlich besucht und den Kunden dargestellt, dass wir selbst kein wirtschaftliches Problem haben dadurch, dass wir zu diesem Netzwerk gehören. Wir machten deutlich, dass wir autonom operieren."

Hier geht es um eine Krisenintervention im Schwerpunkt als eine Kommunikationsmaßnahme gegenüber verschiedenen externen Beteiligten. Auf diese Weise wird der Schaden aus der Krise für das betreffende Unternehmen begrenzt. Aus diesem Vorgehen lassen sich folgende konkrete Vorschläge für die Blended-Coaching-Website ableiten:

Konkreter Entwicklungsvorschlag für eine Blended-Coaching-Anwendung:

1. Website-Fenster:

    Mit der Frage: Welche konkret Beteiligten sind in Ihr Krisengeschehen involviert?

2. Website-Fenster:

   Mit der Frage: Welche Strategie ist sinnvoll, um die jeweiligen Beteiligten zielführend im Sinne einer Eingrenzung des Krisengeschehens zu informieren?

3. Website-Fenster:

   Nun könnte eine Maske zur Auflistung der konkret geplanten Kommunikationsmaßnahmen folgen.

4. Website-Fenster:

   Vorgeschlagen wird eine Maske mit der Fragestellung: In wie weit sind die vorher geplanten Kommunikationsziele bei den Beteiligten auch tatsächlich erreicht worden?

5. Website-Fenster:

   Es entsteht hier eine Maske mit der Fragestellung: Welche weiterführenden Anschlussmaßnahmen sind geplant, um die konkret Beteiligten langfristig positiv einzustellen und wieder zu Partnern werden zu lassen?

Ein weiterer Befragter (D) antwortete wie folgt: „Vernünftig miteinander reden, später: Dritte mit einbeziehen."

Hier wird noch die Abstufung eingeführt, zunächst im eigenen Unternehmen Absprachen zu treffen und sich dann mit Kommunikationsmaßnahmen nach außen zu wenden. Dieser Prozess einer zunächst erfolgenden sorgfältigen Krisenabstimmung im eigenen Hause erscheint wichtig, um dann mit einer Stimme und koordiniert nach außen zu agieren.

Es ergibt sich daraus folgender konkreter Vorschlag für zwei neue Websites im Rahmen des Blended-Coaching-Projektes:

Konkreter Entwicklungsvorschlag für eine Blended-Coaching-Anwendung:

1. Website-Fenster:

   Maske zur Prüfung: Wer muss zur ersten Krisenabstimmung in der eigenen Organisation in Besprechungen einbezogen werden? (Hier sollte die Erstellung einer Auflistung der Kontaktdaten und ausgefüllten Konferenzeinladungen möglich sein).

2. Website-Fenster:

Maske zum Ausfüllen wie folgt: Wer erhält welche Aufgaben in der Außenkommunikation zum Krisengeschehen?

Ein weiterer Befragter (E) antwortete folgendermaßen:

> So ich den Begriff „Möglichkeit" in seiner Bedeutung als „nutzbares Potential" verstehen darf, war die wichtigste „Möglichkeit" für mich mein Vertrauen auf mein persönliches Potential im Sinne von Ausdauer bzw. positiver und disziplinierter(!) Einstellung. (...) Ruhe in der Krise kommt ausschließlich durch Vertrauen in sich selbst.[218]

Diese Thesen zur Fragestellung unterstützen die eingangs genannten Forderungen zur raschen Etablierung einer konstruktiven Einstellung zur Krise, entsprechend finden die formulierten Website-Vorschläge Unterstützung durch die hier getroffenen Aussagen.

Ein weiterer Befragter (F) antwortete zum gleichen Thema: „Durchsetzung der Unternehmensorganisation und Stellenbeschreibungen (...)."

Dieser Befragte gibt hier seine Erfahrung aus der ihn betreffenden Krisensituation wieder, dass formal festgelegte und durchgesetzte Strukturen im Unternehmen helfen, um zu verhindern, dass persönliche Animositäten in der Geschäftsleitung die Organisation nicht mehr steuerbar sein lassen. Als konkreter Anwendungsvorschlag auf der Homepage ergibt sich folgender Vorschlag für das Blended-Coaching-Projekt:

Konkreter Entwicklungsvorschlag für eine Blended-Coaching-Anwendung:

Vorgeschlagenes Website-Fenster:

Es öffnet sich eine Maske, die dazu auffordert, für den Krisenfall genau zu definieren, wem welche Kompetenzen und Aufgaben in der Krisenbewältigung zukommen.

Eine weitere Antwort (G) lautete wie folgt: „Eine bessere Arbeitsorganisation und ein besseres Selbstmanagement." Dieser Befragte weist darauf hin, dass ein effektives Selbstmanagement ein stabilisierendes Moment in Krisen sein kann. Das Blended-Coaching-Projekt sollte demzufolge ein Selbstmanagement-Instrument mit entsprechenden Websites anbieten. Dieses sollte nicht

---

[218] Siehe dazu auch Storch (2007): 8. Sie weist auf die Schlüsselkompetenz für erfolgreiche Manager hin, die eigene Stimmungslage aktiv in den positiven Bereich hineinregulieren zu können. Gelassenheit, Kreativität und Problemlösefähigkeit seien an positive Emotionen gekoppelt.

nur eine Ziel-, Prioritäten-, Aufgaben- und Zeitplanung umfassen, sondern auch im Rahmen eines regelmäßigen Selbst-Auditings die Möglichkeit zur Verfügung stellen, die Effektivität der eigenen Maßnahmen zu kontrollieren.

„Alle vom Auditor vorgebrachten Argumente waren haltlos und nicht nachweisbar." Dieser Befragte beschreibt hier, wie die Krise für ihn allein aufgrund einer Rufmord-Kampagne gegen ihn entstand. Dies gibt für das Blended-Coaching-Projekt wertvolle Hinweise darauf, dass der reale Um-fang der Krise und ihre Auswirkung zu Beginn des Analyseprozesses aufgearbeitet werden sollte, um irrationale Reaktionen zu vermeiden. Es ergeben sich folgende Vorschläge für das neue Instrument im Rahmen konkreter Anwendung auf der Website.

Konkreter Entwicklungsvorschlag für eine Blended-Coaching-Anwendung:

1. Website-Fenster:

    Eine Maske fordert zur Analyse auf:

    1.1 Worin genau besteht das krisenhafte Geschehen?

    1.2 Was sind die real zu befürchtenden Auswirkungen?

    1.3 Was kann schlimmstenfalls passieren?

    1.4 Wie real sind die Bedrohungen?

2. Website-Fenster:

    Es sollte hier die Fragestellung erscheinen, welche Reaktionen konkret helfen könnten, das krisenhafte Geschehen einzugrenzen mit der Möglichkeit, eine Reihe von Alternativen aufzuzählen.

Im Folgenden mittels komprimierter Auszüge ein erster Überblick zu den Äußerungen der Betroffenen bezüglich ihrer Einschätzungen zur krisenhaften Situation:

1. „Vorher konnten wir das nicht genau einschätzen."

2. „...zu Beginn eigentlich überhaupt nicht."

3. „...gar nicht, ich habe das Ausmaß völlig unterschätzt."

4. „Der Schaden war zu Beginn sehr schwer einzuschätzen."

5. „Die Krise war nicht besonders gut vorhersehbar."

Wie hier ersichtlich ist, gaben die befragten Experten im Schwerpunkt an, zu Beginn wenig Möglichkeit zum Beurteilen der Krisenfolgen gehabt zu haben. So antwortete ein Befragter (B): „Dies ist eine ganz schwere Frage. Vorher konnten wir das nicht genau einschätzen, aber nach einigen Tagen Prognosen für die nächsten Wochen und Monate aufstellen."

Ein Befragter (C) hätte gut ein systematisches Analyseprogramm anwenden können, denn er antwortete: „Zu Beginn eigentlich überhaupt nicht und erst nachdem wir uns über Presse und Internet informiert hatten, wurde uns das Ausmaß der Krise in Frankreich wirklich klar."

Ein Befragter hatte zu Beginn gar keine Möglichkeit, ein Krisenausmaß zu bestimmen, er antwortete: „Gar nicht. Ich habe das Ausmaß völlig unterschätzt." Hier ein weiteres Zitat eines Betroffenen (F):

> Der Schaden war zu Beginn sehr schwer einzuschätzen, weil der Sohn sich freundlich, kooperativ und loyal gab und fachlich eine Bereicherung unseres Teams darstellte. Dass Probleme auftreten könnten, war mir bewusst. Das kaufmännisch korrekte Verhalten des Vaters und das zunächst konziliante Verhalten nährten bei mir den Irrtum, die Kooperation könnte zufriedenstellend funktionieren.

Ähnlich unklar stellte sich die krisenhafte Situation für einen weiteren Betroffenen (G) dar, er fasste zusammen: „Ich konnte nur die direkten Kosten eines eventuellen Scheitern des Projektes abschätzen, aber nicht die indirekten Kosten durch schlechte Stimmung, weniger Akquisebereitschaft usw."
Ein Befragter (H) beschreibt, wie zu Beginn der persönlichen Krise weitere krisenhafte Rahmenentwicklungen noch nicht absehbar waren: „ [Vorherzusehen war die Krise...] nicht besonders gut, da sich erst nach meiner Kündigung eine Wirtschafts- und Finanzkrise ankündigte."

Insgesamt sechs von acht Experten wiesen auf die Schwierigkeit hin, eine Krise in ihren Auswirkungen realistisch einzuschätzen. Für das Blended-Coaching-Projekt bedeutet dies, dass unterstützende Analyseinstrumente ein wichtiges Mittel sein könnten, um krisenhaften Entwicklungen schnell Herr zu werden.

Aus der zuletzt zitierten Antwort lässt sich ableiten, dass dieser Analyseprozess nicht nur auf die unmittelbar krisenhafte Situation beschränkt bleiben darf, sondern politisch, wirtschaftlich und gesellschaftlich flankierende Entwicklungen mit einbezogen werden müssen.

Wie lassen sich diese Erkenntnisse nun operationalisieren? Hier konkrete Vorschläge, was diese Problematik bedienende Sites im Blended-Coaching-Projekt aufgreifen sollten.

Konkreter Entwicklungsvorschlag für eine Blended-Coaching-Anwendung:

1. Website-Fenster:

   Folgende Fragestellung: Bitte beschreiben Sie hier die krisenhafte Entwicklung/die Problemstellung aus verschiedenen Blickwinkeln. Zum Beispiel zunächst aus der Perspektive der Inhaber Ihres Unternehmens, aus der Perspektive der Angestellten, der Mitarbeiter Ihrer Abteilung. Welche Folgerungen ergeben sich für Sie aus der Perspektive des jeweilig Beteiligten?

2. Website-Fenster:

   Maske zum Prüfen: Welche externen Entwicklungen kovariieren mit der krisenhaften Entwicklung im Unternehmen? Welche Folgen sind aus dieser Perspektive zu erwarten?

3. Website-Fenster:

   Zusammenfassung: Welche Gesamtfolgen aus der Analyse in den vorherigen beiden Fragemasken ergeben sich?

Nun geht es zunächst darum, zu erfahren, wie sich die Experten in der konkreten Krisensituation anders verhalten hätten, wenn sie die Möglichkeit gehabt hätten, mit einem analytischen Instrument die Krisenfolgen direkt zu analysieren.

Ein Befragter (B) gibt an, dass er strategisch wahrscheinlich ganz anders vorgegangen wäre, als dies zunächst geschehen ist: „Wir hätten rechtzeitig unser Marketing von Travel & Entertainment Bewerbung auf Daily Spend und Retail geändert. Was nutzt das schönste Mailing mit Flugangeboten, wenn die Karteninhaber Angst haben ins Flugzeug zu steigen?"

Ein wertvoller Hinweis für das Blended-Coaching-Projekt kommt von einem Betroffenen (C), der meint, dass ein Instrument zur Analyse von Nachrichten im Internet früher auf die krisenhafte Entwicklung hingewiesen hätte:

> Was ich gelernt habe ist, für geschäftskritische Beziehungen, sei es zu Kunden, zu Lieferanten oder auch im Netzwerk, ein Nachrichtenscreening einzurichten. Damit meine ich, das Internet ständig auf konkrete, für uns relevante Nachrichten absuchen zu lassen um dann eben auch rechtzeitig auf solche Dinge aufmerksam zu werden. Also ich bin mir sicher, wenn wir solche Nachrichten damals zur Verfügung gehabt hätten, wäre ich dem Anrufer mit der Kriseninformation zuvor gekommen.

Sicherlich ist diese Aufgabe nicht ganz einfach zu bewerkstelligen, aber es bleibt der gute Hinweis, dass das Blended-Coaching-Projekt Nachrichten zu relevanten Stichworten täglich zur Verfügung stellen könnte, um jederzeit Herr der Lage und der momentanen Situation zu sein.

Konkreter Entwicklungsvorschlag für eine Blended-Coaching-Anwendung:

Vorgeschlagenes Website-Fenster:

Denkbar ist eine Maske, innerhalb derer durch den Coachee Stichworte definiert werden können, zu denen er tagesaktuelle Informationen haben möchte.

Ein Betroffener (E) stützt bei dieser Fragestellung noch einmal die Thesen eines weiteren Befragten (G):

> Ich möchte es so formulieren: Sollte ich je wieder in eine solche Situation kommen, so würde ich dank meiner Krisenerfahrung sehr konzentriert einen Aufgaben- und Zeitplan erstellen können, der für mich jene, dann absolut klar strukturierbare Arbeit, eine neue berufliche Aufgabe zu finden, noch schneller von statten gehen lassen würde. (...) Eine klare Struktur der Aufgaben zu Zeiten einer Krisenbewältigung scheint mir überhaupt von größter Wichtigkeit: Es geht damit los, dass der „Arbeitstag Krisenbewältigung" zeitlich so diszipliniert und klar geregelt ist wie nur irgend möglich und ebenso klar mit Inhalten gefüllt ist.

Noch einmal der Vorschlag für das Blended-Coaching-Projekt, dass Masken für eine Prioritäten-, Aufgaben-, Zeit-, Wochen- und Tagesplanung eingerichtet werden sollten. Wichtig ist, dass diese Masken nicht irgendwo in den Tiefen des gesamten Online-Instrumentariums auftauchen, sondern nutzerwirksam so angeordnet sind, dass sie zu Beginn der Arbeit mit dem Instrument direkt aufgerufen und genutzt werden können. Denn hier liegt ein wesentlicher Schlüssel für die erfolgreiche Krisenbewältigung.

Ein Betroffener (F) gibt an, dass er, hätte er ein systematisches Analysekriterium zur Verfügung gehabt, einen intensiveren Informationsfluss aufgebaut hätte, der ihm die Möglichkeit zu kompetenterer Entscheidung gegeben hätte, er schreibt:

> Ich hätte intensivere Gespräche mit dem Mehrheitsgesellschafter führen können, um dessen Durchsetzungskraft gegenüber seinem Sohn besser einschätzen zu können; möglicherweise durch Nutzung externer Informationen. Umfangreichere Informationen über das bisherige Verhalten des Sohnes in anderen beruflichen Situationen hätten mir geholfen, auch die Nutzung von Erfahrung aus vergleichbaren Familienunternehmen.

Die kompetente Beurteilung einer Situation bildet einen Kern für erfolgreiches Coaching, ähnliches gilt für eine analytisch ausgerichtete Krisenüberwindung.

Ein Befragter (F) gibt hier ein Beispiel dafür, wie falsche Entscheidungen auf der Basis von zu wenig vorliegenden Informationen zur Sachlage entstanden sind. Das Blended-Coaching-Projekt sollte hier also wesentliche Unterstützungsdienste leisten, um eine Krisensituation in allen Teilbereichen und Perspektiven zu erfassen, bevor voreilig reagiert wird. Entsprechende Website-Vorschläge wurden hier schon gemacht.

Ein Betroffener (G) beschreibt in Beantwortung dieser Fragestellung noch einmal, warum es notwendig ist, in der Krise mit planerischen Analyse-Instrumenten zu arbeiten. Er macht deutlich, dass es nicht genügt, die Krisenfaktoren zu sammeln und in Szenarien zugehörige Folgen zu antizipieren, sondern dass der Plan der Krisenbewältigung in die Form echten Projektmanagements gebracht werden muss: „Krisen-Management wird möglich durch ein gutes Projektmanagement und eine gute Ressourcenplanung, außerdem durch die Fähigkeit Nein sagen zu können, wenn man den Auftrag nur unter Stress durchführen kann."

Mit dieser Aussage wird eine wichtige neue Komponente für das Blended-Coaching-Projekt vorgeschlagen: Zertifizierte Projektmanagement-Programme und entsprechende Software-Tools gibt es viele. Die Aufgabe besteht hier darin, im Blended Coaching ein Projektmanagement-Instrument zu schaffen, dass besonders den Eigenheiten eines Coaching-Prozesses Rechnung trägt.

Hier ist die, an anderer Stelle in dieser Arbeit mehrfach angesprochene Notwendigkeit zu hochflexiblen Verfahren zu nennen sowie das bereits postulierte Vorhaben, grundsätzlich immer externe Entwicklungen in Blended-Coaching-Instrumente mit einzubeziehen, die auch in der Krisenbewältigung eine große Rolle spielen können.

Projektmanagement-Tools liefern sicher wertvolle Handlungsstränge für ein systematisches Vorgehen im Blended Coaching, sie lassen sich aber nicht linear stringent durchführen wie das in klassischen Projektmanagement-Lehrbüchern gefordert wird. Denn der Faktor Mensch spielt hier eine größere Rolle als in rein funktional orientierten Projektplänen.[219]

---

[219] Brunsson (2009): 104-110, macht hier darauf aufmerksam, dass rationale Prinzipien Organisationen nicht kontrollierbarer und gestaltbarer werden lassen, sondern dass Managementkonzepte einen Rahmen für implizites Wissen, ungeregelte Räume und Irrationalität geben müssen, um Veränderungskraft zu erhalten.

D 2.3 Wie bewältigten die Experten die Krise mental ohne externe Hilfsmittel?

Hier zunächst wieder in komprimierter Form die Zusammenstellung einiger Äußerungen zum Thema durch die Betroffenen. Es wird deutlich, dass der Faktor persönlichen Austauschs die Hauptrolle zur Überwindung von Krisen ohne externe Hilfsmittel spielt:

1. „Es hat geholfen, mit meinen Kollegen darüber zu sprechen."
2. „Hilfreich war der Austausch mit Frau und Freunden."
3. „[Die Überwindung gelang...] durch stark erhöhte Kommunikation."
4. „Ich habe Freunde getroffen, um aus dem schlechten Groove herauszukommen."
5. „Durch Familie, Freunde und ausfüllende Hobbys."

Die prägende Rolle von Kommunikation zur konstruktiven Krisenbewältigung in der Einschätzung der Betroffenen wird im Folgenden tabellarisch dargestellt:

Kommunikation ist wesentliches Instrument für Befragte:	Alternative Strategien angewandt:
(A) (C) (F) (G) (H)	(B) (D) (E)

Tab. 15: Rolle der Kommunikation zur Krisenbewältigung bei Abwesenheit fremder Hilfsmittel

In diesem Abschnitt sollen aus den Experteninterviews Erkenntnisse erworben werden, auf welche Weise mentale Belastungen aus Krisen im Rahmen des Blended Coachings angegangen werden können. Die Experten nennen hier verschiedene Strategien, die im Folgenden ausgewertet werden.

Eine Betroffene (A) gibt einen wichtigen Hinweis, wie die persönlichen Rahmenfaktoren für erfolgreiche Krisenbewältigung grundgelegt werden können: „Es hat geholfen, mit meinen Kollegen darüber zu sprechen und auf meine Work-Life-Balance zu achten."

Diese Erkenntnis soll für das vorliegende Projekt generell von großer Bedeutung sein: Wie kann der Coachee sein Leben so einrichten, dass er dauerhaft großen Belastungen standhält? Work-Life-Balance ist hier zunächst nur ein Schlagwort, das einer Ausdeutung hinsichtlich der Frage, was konkret zu tun ist, um Work-Life-Balance zu erreichen, bedarf. Das Blended-Coaching-Instrument sollte hier zunächst die Möglichkeiten aufzählen, die in einen persönlichen Balancierungsplan eingearbeitet werden können.

Der Coachee wählt dann aus, was ihm zusagt. Entscheidend aber ist, dass es sich hier nicht um einen einmaligen Wunschkatalog handelt, sondern, dass der Coachee den Parameter Work-Life-Balance zu einer wesentlichen Grundlage seines Selbstmanagements macht. In diesem Kapitel wurden bereits verschiedene Websites zum Selbstmanagement vorgeschlagen. Über jeder Maske zur planerischen Erfassung der eigenen Zeitaufteilung sollte ein Button angebracht sein mit der Aufforderung: „Work-Life-Balance-Aktivitäten täglich einbauen". Beim Klicken auf diesen Button könnte dann eine Auswahl der vom Coachee vorab präferierten Work-Life-Balance-Aktivitäten auftauchen, die dann individuell in den jeweiligen Tag integriert werden können, wenn der entsprechende Zeitabschnitt vorgeplant wird.

Ein Befragter (D) führt einen interessanten Faktor zur mentalen Krisenbewältigung ein, den er wie folgt beschreibt: „Ich bin Christ und habe für Ruhe, einen fairen Ausgang und auch für die eigene Selbstkorrekturfähigkeit gebetet."

Dies ist ein Punkt, der bislang noch keinen Eingang in die Vorschläge zum Blended-Coaching-Projekt fand. Viele Manager werden in ihrem Berufsleben nur deshalb nicht erfolgreicher, weil sie über Jahre immer die gleichen Fehler wiederholen. Eine Krise ist eventuell ein letzter Zeitpunkt, um diese Fehler noch erkennen zu können, um künftige Katastrophen abzuwenden. Kristian Furch beschreibt das Erkennen eigener Fehler als Selbstkorrekturfähigkeit. In jedem Fall sollte ein Coachee, ob mit oder ohne Blended-Coaching-Instrument, daran arbeiten, seine bisher gemachten Fehler zu erkennen. Der persönliche Kontakt mit einem Coach mit allen beinhalteten Tendenzen der Selbstrechtfertigung und Aufwertung vor einem Zuhörer verführt eventuell dazu, eine solche tiefergehende Fehleranalyse zu unterlassen. Interessanterweise spricht keiner der hier genannten Experten sonst diesen, für den weiteren Erfolg elementar wichtigen Punkt an. Das hier zu entwickelnde Projekt benötigt also dringend eine Website-Maske, die Raum zur Analyse eigenen Fehlverhaltens in der Vergangenheit und zur Entwicklung alternativer Verhaltensweisen für die Zukunft gibt.

Nicht allein die Analyse einer Krisensituation mit einem Coach oder unmittelbar Betroffenen hilft, mental das Geschehen in den Griff zu bekommen. Mehrere der Experten geben an, es habe ihnen geholfen, einfach mit Dritten über ihr Erleben zu sprechen ohne tiefergehende Absicht. Als Beispiel sei hier (F) zitiert: „Hilfreich war der Austausch mit Frau und Freunden." Auch (C) beruhigte seine Nerven in der Krise wie folgt: „Durch Austausch und durch erhöhte Kommunikation, stark erhöhte Kommunikation."

Dieser Wille zur balancierenden, zur regulierenden Kommunikation liegt oft gerade bei Menschen danieder, die von krisenhaften Situationen betroffen sind, sie tendieren dazu, sich zurückzuziehen und wollen die Schwierigkeiten „mit sich selbst ausmachen". Auf den vorherigen Seiten wurde in das, für das Blended-Coaching-Instrument zu schaffende, Selbst-Management-Tool ein Button zur Work-Life-Balance-Aktivität für die tägliche Planung eingefügt.

Bei dem, was ein Betroffener (F) hier anspricht, geht es nicht nur um strategisches, am Beruf orientiertes Netzwerken (das ist sicherlich auch wichtig). Relevant als Work-Life-Balance-Faktor ist hier das Aufrechterhalten von Freiräumen für die Pflege von Beziehungen. Das kann beim Ehepartner als Krisenregulator beginnen, das können aber auch Freunde oder Kollegen sein.

Vorzuschlagen ist also für die täglich zu nutzende Zeitmanagement-Maske des Blended Coachings ein Button über dem Tagesplan, hinter dem eine Liste von Schlüsselpersonen auftaucht, damit mit einem von ihnen am betreffenden Tag die menschliche Beziehung besonders gepflegt werden und im Tagesplan mit Zeitressourcen ausgestattet werden kann. Das ist wichtig für Krisenzeiten, markiert aber auch für viele arbeitssüchtige Berufstätige einen Ausbruch aus dem Kreislauf zwischen Arbeitsbelastung und völligem Zusammensinken mit Drogen, Fernsehen und anderen ruhigstellenden Instanzen.

Noch einmal als zusätzlicher Beleg ein Expertenkommentar (G) zur Überwindung der mentalen Folgen der Krise: „Ich habe Freunde getroffen, um aus dem schlechten Groove rauszukommen." Die Antwort eines weiteren Experten (H) auf die Frage, wie er mental die Kräfte zum Durchstehen der Krise sammelte, lautet: „Durch Familie, Freunde und ausfüllende Hobbys."

Hier handelt es sich also um eine zentrale Aufgabe für das Blended-Coaching-Projekt, die ein persönlicher Coach nur bedingt leisten kann. Es geht darum, konstruktive Gewohnheiten im Tagesablauf (wie zum Beispiel genug Zeit für Beziehungspflege aufzuwenden) für eine gelungene Work-Life-Balance nicht nur irgendwann einmal anzusprechen oder für wünschenswert zu halten, sondern ihre Verwirklichung Tag für Tag mit effektivem Selbstmanagement in dem neuen Auditing-Instrument, dem virtuellen Coaching also, zu managen. Zu diesem Selbstmonitoring als Funktion gelungenen Selbstmanagements macht ein Betroffener (G) detaillierte Angaben. Er gibt an, dass das geistige Nachvollziehen eigenen Handelns in der Krise ihm sehr geholfen hat:

Geholfen hat die schriftliche Reflexion im Tagebuch, dort die Beschreibung der Lage und das Skizzieren von Lösungen. Ich habe in Prämissen festgehalten, „Was will ich demnächst nicht mehr haben". Beispiele: Stress wg. fehlerhafter Liquiditätsplanung, Ärger wg. verspäteter Liefertermin, Druck wg. nicht beantworteter Anrufe. Ich mache eine solche Liste jetzt immer zwischen Weihnachten und Neujahr als Vorbereitung für das nächste Jahr.

Für ein externes Monitoring der eigenen Handlungen in kritischen Situationen fehlt oft der entsprechende Widerpart. Ein persönlicher Coach kann dies im Rahmen seiner monatsweisen oder auch wochenweisen Arbeit mit dem Coachee nicht leisten. Eine solche Funktion sollte das Blended-Coaching-Projekt aber täglich übernehmen. Viele Teufelskreise brechen immer wieder in gleicher Weise auf, wenn der Coachee seine eigenen Handlungen regelmäßig mit einer virtuellen Tagebuchfunktion nachvollziehen kann, idealerweise hier geführt von Parametern der Selbstkontrolle, wie sie der Befragte (G) oben formuliert hat. Wichtig für das Projekt ist, dass diese Parameter nicht im Rahmen zu statischer Website-Masken vorgegeben werden, sondern dass der Coachee solche Schlüsselfragen an sich selbst zum Auswerten des Tagesgeschehens selbst stellen und ins System eingeben kann.

Es scheint sinnvoll, hierfür eine Auswahl von Vorschlägen anzubieten. Aber die Entscheidung über das, was in Auswertung von ganzen Tagen, Konferenzen, Verhandlungen, Verkaufsgesprächen etc. kontrolliert werden soll, muss beim Coachee liegen. Hier ergibt sich übrigens auch eine interessante Schnittstelle zwischen persönlichem Coaching und virtueller Mentoringbegleitung: Der persönliche Coach kann Parameter zur tagebuchartigen Analyse des Geschehens mit dem Coachee erarbeiten und in regelmäßigen Abständen rejustieren um sich ändernden Rahmenbedingungen jeweils anzupassen.

D 2.4 Entwicklung von Handlungsalternativen durch die Krisenbetroffenen

Wie beurteilen die Betroffenen die Möglichkeit einer besseren Krisenbewältigung durch das Durchspielen mehrerer Handlungsalternativen, wie es ein externes Analyseinstrument planerisch gewährleisten könnte? Hier ein erster tabellarischer Überblick:

1. „Ein fertiger Plan hätte sehr geholfen und hätte wertvolle Zeit gespart."
2. „Es hätte sicherlich geholfen, noch besser mit den anderen Mitgliedsfirmen des Netzwerkes besser vernetzt zu sein."
3. „Eine unabhängige Bewertung der bestehenden Alternativen und das Durchspielen zusätzlicher Alternativen wäre sehr hilfreich gewesen."

Bei der Prüfung dieses Punktes macht ein Betroffener (B) deutlich, dass ein aus mehreren Handlungsalternativen bestehender Plan zur Krisenbewältigung sinnvoll gewesen wäre:

> Wichtig war, innerhalb des Hauses unsere neue Strategie abzustimmen, sodass alle an einem Strang ziehen und nicht in verschiedene Richtungen laufen. Plan A, B und C bestanden nicht, sondern wurden zeitnah erarbeitet. Ein fertiger Plan hätte sehr geholfen und hätte wertvolle Zeit erspart.

Aus allen bisherigen Äußerungen der Experten lässt sich ableiten, dass sie ihre Krise tiefgehender und effektiver bewältigt hätten, wenn sie ein systematisches Planungsinstrument zur Verfügung gehabt hätten. Arbeitsplätze hätten erhalten werden können, wirtschaftliche Entwicklungen hätten sich bei frühzeitiger Planung anders vollzogen, statt sich induktiv in eine Krise hineinzuarbeiten, immer in Abhängigkeit von dem aktuell Vorrangigen.

Wenn Blended Coaching solch eine wichtige Funktion für das Überleben von Unternehmen haben kann, so wird deutlich, dass sich hier nicht nur ein Geschäftsfeld für den extern arbeitenden Coach eröffnet, der einen individuell operierenden Manager begleitet, sondern dass ganze Unternehmenseinheiten in eine neue Qualität von Managementsteuerung gehoben werden können. Gegenwärtig am Markt verkaufte Management-Informationssysteme, wie die von Oracle, SAP und JD Edwards, analysieren eher Kennzahlen als dass sie helfen, mittels Szenariotechniken und Krisen-Analyse-Systemen unternehmerische Entscheidungen vorzubereiten.

Das Blended-Coaching-Projekt kann, ausgehend von den obigen Äußerungen der Experten, durchaus Grundlage für eine neue Form der Executive-Unternehmensberatung werden, die qualitativ besseres, weil analytisch gesteuertes, Management bewirkt. Einen Hinweis, wie das Durchspielen mehrerer Handlungsalternativen in der Krise erfolgen kann, gibt ein Experte (C) in der Beantwortung der obigen Frage:

Es hätte sicherlich etwas gebracht, noch besser mit den anderen Mitgliedsfirmen des Netzwerks vernetzt zu sein. Ich denke hier konkret an so eine Art virtuellen Emergency Room, in dem man den stark erhöhten Kommunikationsbedarf in der Krise abwickeln kann.

Es genügt also nicht, alternative Handlungsstränge selbst zu entwerfen, sie sollen vielmehr in einem Dialog mit Beteiligten erweitert und unabhängiger gestaltet werden. Dieser Vorschlag lässt sich für das Blended-Coaching-Projekt beispielsweise wie folgt umsetzen:

Eine regelmäßig, in Krisenzeiten eventuell tageweise, verschickte E-Mail an alle Beteiligten enthält den direkten Link zu einem speziellen Krisen-Chatroom, in dem Handlungsalternativen diskutiert werden können. Vorher müssten alle relevanten Gesprächspartner auf ihre Mitarbeit verpflichtet oder darum gebeten werden, damit sichergestellt wird, dass sie wirklich regelmäßig im Projekt mitarbeiten.

Ein Moderator des Krisen-Chatrooms müsste dann die Eingaben bündeln und zu Ergebnissen komprimieren, die der Geschäftsführung des Unternehmens vorgelegt werden können. Die Beteiligten sollten in einer Kette von E-Mails über die neueren Entwicklungen des Krisengeschehens zeitnah informiert werden, damit sie aus ihren jeweiligen Perspektiven neue Vorschläge zum Thema machen können.

Ein Experte (E) berichtet in diesem Zusammenhang über sein Verhalten in der Krise wie folgt: „Ich habe nie auch nur im Ansatz Alternativen durchgespielt. Nach meiner Erfahrung muss man zu 100% hinter dem stehen, wozu man sich entschieden hat – nur so kann man überzeugen."

So sehr Management eine Disziplin von Menschen und nicht von elektronischen Analysesystemen bleiben soll, so sehr macht doch diese Äußerung deutlich, wie weit der Abstand von analytischem Erfassen einer Krisensituation einerseits und limitiertem menschlichem Urteilen andererseits sein kann. Für das Blended-Coaching-Projekt bedeutet dies, dass den Managern solch ein Instrumentarium nicht einfach vorgesetzt werden sollte. Viele Geschäftsführer, so wie hier Andreas Moritz, sind gewohnt, aus dem Bauch heraus ad hoc zu entscheiden und müssen erst für diese völlig andersartige Vorgehensweise sensibilisiert werden. Das kann im persönlichen Gespräch mit dem Coach erfolgen, der dieses innovative System einsetzt.

Sicherlich ist es aber auch sinnvoll, hier einführende Texte vorzuschalten, die Beispiele erläutern, in denen Manager auf der Basis von nicht ausreichend vorliegenden Handlungsalternativen historisch falsche Entscheidungen getroffen haben. Es muss deutlich werden, dass solche Entscheidungen menschliche Schicksale in großer Zahl negativ beeinflussen können.

Generell lässt sich hier ableiten, dass das Blended-Coaching-Projekt die Aufgabe des Hineinführens in alle neuen Instrumente nicht komplett einem menschlichen Coach überlassen kann, sondern dass zu jeder Anwendung erklärende, beispielgebende und ihre Notwendigkeit begründende Texte Teil der Systematik werden müssen.

Ein Experte (F) gibt hier noch einmal Evidenz für die absolute Notwendigkeit der systematischen Krisenanalyse:

> Nachdem ich die Konstellation durchschaut hatte, gab es drei Alternativen:
>
> A. Fortführung der GmbH mit dem Sohn, aber ohne den Vater – nicht sinnvoll, da die Charakterprobleme des Sohns eine fruchtbare Arbeit nicht zugelassen hätten;
>
> B. Trennung vom Sohn (Ausscheiden aus dem Unternehmen);
>
> C. mein Ausscheiden (Verkauf der Gesellschafteranteile).
>
> Realisiert wurde schließlich Alternative B. In der Zwischenzeit hatte das Unternehmen aber Umsatz und teilweise Image verloren, musste erhöhte Kosten in Kauf nehmen und war gezwungen, zusätzlich in New-Business-Aktivitäten zu investieren. Ich hatte keine professionelle Beratung. Eine unabhängige Bewertung der bestehenden Alternativen und das Durchspielen zusätzlicher Alternativen wären sehr hilfreich gewesen.

Die Forschungsmeinung zum rein virtuellen Coaching ist eindeutig: Dies ist eine Disziplin, die heute allein[220] noch nicht zu validen Ergebnissen in der Krisenbewältigung führt. Richard Negrellis Äußerungen machen aber deutlich, dass auch ein systematisches Analyseinstrument, das ausschließlich im Internet operiert, ohne persönlichen Beistand schon mehr an positiven Effekten erzielt, als in einer Krisensituation ausschließlich auf sich selbst gestellt zu sein.

Und die Hürden für ein Coaching mittels persönlicher Beratung sind heute noch hoch. Nur einem Teil von Topmanagern wird eine solche Maßnahme auf Kosten des Unternehmens zur Verfügung gestellt. Eine große Zahl der Manager im Mittelstand und auf mittleren Führungsebenen wäre wohl dankbar, hätte sie eine Anleitung zur Verfügung, die sie, wenn auch zunächst nur virtuell, durch das kritische Geschehen steuern kann. (F), selbst Geschäftsführer einer mittelständischen Gesellschaft, gibt zu Protokoll: „Ich hatte keine professionelle Beratung." So gehen Arbeitsplätze durch mangelnd monitortes Management in großer Zahl verloren, weil bislang noch

---

[220] Taranovych, Rudolph, Förster et al. (2004): 4

kein einfach zugängliches, kostengünstiges und unabhängiges Instrument existiert wie das hier vorbereitete Blended-Coaching-Projekt.

D 2.5 Wie beurteilen die Experten die Notwendigkeit strategisch geplanter Krisenüberwindung?

Die folgenden Fragestellungen bereiten schrittweise auf die Entscheidung vor, ob die Experten eine Arbeit mit dem Blended-Coaching-Instrument für sich selbst oder für andere für sinnvoll halten würden.

Hier zunächst zur Einleitung die Auszüge von drei Betroffenen im Überblick:

1. „Strategisch geplante Krisenüberwindung ist sinnvoller."
2. „Von hinten her planen kann man vor allem das Worst-Case-Szenario."
3. „Intuition ist unerlässlich aber nicht ausreichend."

In diesem Abschnitt geht es zunächst darum, die These zu prüfen, ob strategisches Krisenmanagement von den Experten als wichtige Ressource angesehen wird. Hier ergibt sich ein recht einheitliches Bild in der Expertenmeinung. (A) vertritt einen klaren Standpunkt: „Intuitive Schritte helfen meiner Meinung nach wenig zur Krisenbewältigung, da man Gefahr läuft, falsche Dinge zu tun. Strategisch geplante Krisenüberwindung ist sinnvoller."

Und (B) ergänzt: „Schnelle Entscheidungen oder kleinere Entscheidungen – falls nötig – intuitiv fällen, größere gut mit anderen Abteilungen abstimmen, um den größtmöglichen Erfolg zu erzielen."

Auch (D) spricht sich für ein systematisches Planen aus:

> „Von hinten her" planen kann man meines Erachtens vor allem das Worst-Case-Szenario und den Preis, den dieses Szenario hat. Dann ist man auf den schlimmsten Fall eingestellt, wird weniger stark überrascht und hat die Kosten abgewogen. Erst wenn ich bereit bin diese Kosten zu bezahlen, bin ich wirklich frei und kann mich auf die Krise wirklich einlassen.

(E) stellt intuitives Entscheiden und strategisches Planen nebeneinander:

> Die Strategie muss der Intuition bereitwillig und wachsam dienen. Jedoch: Beides benötigt einander, beides ist gleichsam wichtig, macht ohne den anderen Part überhaupt keinen Sinn. Allein in der zeitlichen Abfolge gibt es einen zwingenden Ablauf.

Ein weiterer Experte (F) möchte in der Zukunft nicht mehr ohne eine strategische Planung in der Krise auskommen müssen: „Intuition ist unerlässlich aber nicht ausreichend. Hinzukommen muss strategisch geplante Krisenbewältigung. Und die setzt professionelle Hilfe voraus." Er gibt hier als erster Betroffener schon vorab ein klares Bekenntnis zur Begleitung durch einen externen Berater in krisenhaften Situationen ab. Ein weiterer Befragter (G) sieht intuitives Vorgehen als eine Voraussetzung für den dann folgenden strategischen Planungsprozess: „Das Intuitive ist wichtig, um den Kopf für die strategische Bewältigung frei zu bekommen."

Ein Experte (H) möchte intuitives Vorgehen und strategisches Planen zur Krisenbewältigung nebeneinander einsetzen: „Eine gesunde Mischung aus beiden Wegen ist vermutlich das beste Mittel, allerdings ist eine entsprechende Durchführung immer personenabgängig."

Hier ein tabellarischer Überblick zu den Äußerungen der Befragten:

(a)	(b)	(c)
Befragte sprechen sich für strategisch geplante Krisenüberwindung aus:	Befragte bevorzugen intuitive Krisebewältigung	Kombination aus (a) und (b) angewandt:
(A) (D)		(B) (C) (E) (F) (G) (H)

Tab. 16: Krisenüberwindung und strategische Planung

Die hier gemachten Äußerungen resümierend kann festgestellt werden, dass sich jeder der Experten zumindest in Teilen ein strategisches Vorgehen in der Krise wünscht. Mehrfach wird die größere Bedeutung der strategischen Komponente gegenüber einem intuitiven Entscheiden herausgestellt. Diese Tendenz spricht für den Einsatz eines extern ergänzenden Planungsinstruments in der Krise. Zu diesem Zeitpunkt ist aus den Expertenmeinungen heraus aber noch nicht geklärt, ob hier ein persönlicher Helfer oder ein virtuelles Projekt bevorzugt wird. Das ist durch die Analyse der weiteren Expertenantworten zu klären.

D 2.6 Bereitschaft zur Zusammenarbeit mit einem Coach im Krisenfall

Aus dem eben formulierten Blickwinkel soll nun zunächst ein Meinungsbild zur Zusammenarbeit mit einem persönlich beratenden Coach im Krisenfall eingeholt werden. Hier zunächst drei Äußerungen zur Wiedergabe eines ersten Stimmungsbildes:

1. „Habe ich noch nicht ausprobiert, kann aber sicherlich helfen."

2. „…ist der Wert einer solchen Maßnahme unschätzbar hoch."

3. „…insofern kann der Coach so etwas wie ein ruhiger Bezugspol sein."

Ein Experte (A) nennt qualifizierende Bedingungen für die Zusammenarbeit mit einem Coach: „Das hängt von der Art der Krise und von der Expertise des Coaches ab. Nicht jeder Coach ist gleich geeignet für bestimmte Krisen."
Der von ihr angesprochene Punkt, dass ein Coach über eine branchen- oder fachorientierte Expertise im Arbeitsbereich des Coachees verfügen sollte, wird auch in der wissenschaftlichen Literatur zum Thema Coaching immer wieder benannt. Ein Coach in der Rolle eines externen Unternehmensberaters sollte die Berufswelt seines Coachees kennen oder sich zumindest gründlich in diese einarbeiten. Ein Betroffener (C) sprach weiter oben in diesem Kapitel von einem Coaching-Instrument in Form einer Informationsdatenbank, die krisenhafte Entwicklungen früh melden kann.

Das in dieser Arbeit vorbereitete Blended-Coaching-Instrument kann nicht zuletzt dazu dienen, den persönlichen Coach systematisch auf seine Aufgabe in der Krisenintervention vorzubereiten. Dies, indem es mit verschiedenen Fragemasken die Rahmensituation eines Unternehmens und der Krise erfassen hilft und den Coach dazu zwingt, einen gründlichen Informationsfuß in seiner persönlichen Expertise aufzubauen, bevor er mit dem Coaching beginnt. Der persönliche Coach wird so in die Möglichkeit versetzt, weitere Blickwinkel über seine limitierten persönlichen Sichtweisen hinaus zu gewinnen, die seine Kompetenz im Coaching-Prozess stärken.

Ein Betroffener (B) spricht sich für die Krisensituation grundsätzlich für die Arbeit mit einem externen Coach aus: „Habe ich noch nicht ausprobiert, kann aber sicherlich helfen, wenn die Krise zu groß wird oder man überfordert ist. Das Problem ist wahrscheinlich, ehrlich sich selbst gegenüber zu sein und sich dies einzugestehen."

Ein Experte (E) begründet, warum er einen externen Coach in der Krisensituation hilfreich findet, wie folgt:

> Ein guter Coach ist für mich jemand, der dem Coachee seine Potentiale aufzeigt und ihn zur Selbstreflexion ermuntert um Defizite aus sich selbst heraus anzugehen bzw. zu verbessern. Letztendlich werden Defizite des Coachees ja auch immer zum Entstehen von Krisen überhaupt beigetragen haben! (...) Wenn also die vorbehaltlose Bereitschaft zur Reflexion eines Coachees und ein geeigneter Coach zueinander finden dürfen, ist der Wert einer solchen Maßnahme unschätzbar hoch!

Ein Betroffener (C) bestätigt den Eingangsgedanken, nach dem der Coach wohl notwendig ist, aber über eine hohe fachliche Expertise im Bereich des Coachees verfügen sollte:

Eine Krisensituation ist immer eine Stresssituation, insofern kann ein Coach zumindest so etwas wie ein ruhiger Bezugspol sein. Er kann die Situation klar und nüchtern von einer Außenperspektive verifizieren. Insofern ist die Idee der Nutzung eines Coaches in einer Krisensituation eine gute aus meiner Sicht. Es gilt einfach, Kriterien zu erstellen, die ein solcher Coach erfüllen müsste. Zunächst muss er sich einfach mit dem Geschäft auskennen, mit dem ich mich dann in der Krise befinde. Er muss sich schon ein Stück weit in meine Situation hineinversetzen können, um dann auch bewerten zu können, wie wichtig einzelne Elemente sind in der Krisenbewältigung.

Die von einem der Experten (C) zu einer parametrischen Ausrichtung der Zusammenarbeit zwischen Coach und Coachee gemachte Anregung führt in die Richtung einer Begleitung durch IT-gestütztes Blended Coaching; denn eine systematische Analyse wie sie ein Online-Coaching-Modul zu leisten vermag, übersteigt oft die Möglichkeiten eines, ohne theoretische Unterlegung arbeitenden, persönlichen Coaches.

Abschließend sollen noch die zustimmenden Antworten von drei Befragten (F, G; H) Erwähnung finden, die sich für die Zusammenarbeit mit einem Coach im Krisenfall aussprechen:

1. „[Der Wert externen Coachings ist] „sehr hoch."

2. „Ein Coach hätte einen sehr hohen Wert."

3. „Der Coach kann immer wieder andere Wege aufzeigen, um dann selbst zu neuem Erfolg zu kommen, von daher beurteile ich den Wert recht hoch."

Resümierend lässt sich feststellen, dass unter einer Zufallsauswahl von acht Führungskräften aus der deutschsprachigen Wirtschaft die einhellige Meinung herrscht, externes Coaching im Krisenfall sei wünschenswert und von hohem Wert.

Die Wichtigkeit einer branchen- und problemorientierten Expertise des Coaches im Arbeitsfeld des Coachees wird von mehreren Experten betont. In diesem Abschnitt wurden entsprechende Ableitungen für Entwicklungsaufgaben an das Blended-Coaching-Projekt vorgenommen. Es kann wichtige Dienste dafür leisten, auf systematische Weise eine noch nicht ausreichend vorhandene Kenntnis der Krisensituation im engeren und weiteren Sinn herzustellen. Hierfür wurde die Entwicklung entsprechend investigativ fragender Websites vorgeschlagen.

D 2.7 Einstellung zum Internet-Coaching-Instrument im Krisenfall

Hier zunächst ein einleitender Überblick zu Äußerungen der Betroffenen hinsichtlich ihrer Beurteilung eines externen Hilfsmittels:

1. „Ich würde in jedem Fall mein Problem einmal durchlaufen lassen."
2. „Wenn es um sachbezogene Krisen ginge (…) wäre das wohl hilfreich."
3. „Könnte einen eventuell vor Fehleinschätzungen der eigenen Situation bewahren."
4. „Solche Checklisten wären eine große Hilfe."
5. „Durchaus sinnvoll."

Hier waren die Experten konkret gefragt worden, ob sie den Einsatz von Frühwarn-Checklisten im Rahmen eines systematisch analysierenden Online-Instruments für die persönliche Krisenbewältigung befürworten würden. Die überwiegende Meinung der Experten ist zwar positiv, eine Befragte (A) hingegen ist skeptisch:

„Ich würde mir Checklisten erst anschauen, wenn ich der Meinung wäre, dass es sich um eine Krise handelt. Daher würde es erst gar nicht zu einem frühen Warnen kommen." Ein weiterer Betroffener (B) kann sich den Einsatz des Internet-Coaching-Instruments in einem Krisenfall als zusätzliche Unterstützung vorstellen: „Ich würde auf jeden Fall „mein Problem" mal durchlaufen lassen, um zu sehen, was mir das Programm empfiehlt." Ein weiterer Befragter (C) spricht sich für einen Einsatz des Interventions-Instruments im Krisenfall aus: „Wenn es nicht länger als eine Seite ist, dann ist es auf jeden Fall gut. Da liegt in der Kürze die Würze. Weitere wichtige Parameter sind Aktualität und ein konkreter Zuschnitt auf das jeweilige Geschäft."

Eine positive Äußerung (D), hier noch einmal den Wert eines systematischen Entscheidungskriteriums heraushebend: „Wenn es um sachbezogene Krisen ginge, wenn die Listen echtes Fach-Know-how enthalten bzw. erschließen, wäre das wohl hilfreich, so wie eine Steuererklärung einen ja auch durch einen Entscheidungsprozess führt."

Ein Befragter (E) findet solch ein Instrument im Krisenfall praktikabel und einsetzbar: „Das wäre sehr gut – könnte es einen doch eventuell vor Fehleinschätzung der eigenen Situation bewahren."

Nachdem ein Betroffener (F) sein eigenes Verhalten in Krisen reflektiert hat, misst er einem Internet-Coaching-Instrument einen hohen Wert zu: „Solche Checklisten wären eine große Hilfe und könnten dazu beitragen, weitreichenden Schaden zu verhindern." Ein Befragter (G) würde das innovative Coaching-Modul für seine Krisenbewältigung einsetzen: „Sehr gut. Vor allem, wenn es Hilfestellung zur Intervention gibt."

Ein weiterer Befragter (H) steht dem neuen Instrument für den Krisenfall ebenfalls positiv gegenüber, gibt aber zu bedenken, dass Nutzer des Systems bereits vorher durch Schaden klug geworden sein müssten, um sich zum Einsatz des Coaching-Moduls zu entschließen: „Durchaus sinnvoll, allerdings würde dieses System nur von Leuten genutzt werden, die sich bereits in einer solchen Situation befanden."

Positive Einstellung zum Internet-Coaching-Instrument im Krisenfall:	Skeptische Einstellung zum Internet-Coaching-Instrument im Krisenfall:
(B) (C) (D) (E) (F) (G) (H)	(A)

Tab. 17: Einstellung zum Internet-Coaching-Instrument im Krisenfall

Zusammenfassend lässt sich sagen, dass der Einsatz unterstützender Software im Krisenfall zwar auf Einschränkungen und Vorbehalte trifft, grundsätzlich von den befragten Experten aber für sinnvoll gehalten wird. Alle sehen hier eine wichtige Funktion der Innovation in der Systematisierung ihrer krisenorientierten Entscheidungen und in der Erweiterung der zur Verfügung stehenden Handlungsalternativen.

D 2.8 Nutzungsinteresse am Blended Coaching generell

Diese Frage in den Experteninterviews erweitert den Rahmen des letztgenannten Punktes, hier geht es um eine Betrachtung der Situation über den konkreten Krisenfall hinaus, also um die Frage, ob die Experten generell und langfristig mit einem externen, online-gestützten Coaching-Instrument arbeiten würden. Eine Betroffene (A) macht hierzu die klare Aussage, sie würde sich lieber nicht von einem solchen Coaching-Modul helfen lassen wollen.

Ein Befragter (B) steht dem Einsatz grundsätzlich nicht negativ gegenüber, sieht aber die Schwierigkeit, hier einen Schutz vertraulicher Informationen zu gewährleisten. „Das kommt darauf an – da ich keine internen Informationen mit Externen teilen darf, wird dies schwierig." Aus der Antwort wird deutlich, dass er direkt den interaktiven Aspekt der Zusammenarbeit mit anderen in diesem Online-Instrument antizipiert hat.

Ein Betroffener (C) äußert sich genauso wie drei Viertel der befragten Experten, er kann sich den ständigen Einsatz dieser Innovation in seinem Geschäftsleben gut vorstellen, und er integriert hier auch gleich den Gedanken der Zusammenarbeit mit anderen Gleichgesinnten in dieser Systematik: „Ja, nachdem man sich vorher getroffen hat und gemeinsam Ziele dieser Zusammenarbeit definiert hat."

Ein Befragter (D) sieht hier vor allem den Vorteil des Moduls in der Zusammenarbeit mit Gleichgesinnten und befürwortet den Einsatz dieser Innovation in seiner beruflichen Praxis: „Ja, als reiner Erfahrungsaustausch und anonym könnte ich mir das vorstellen. Das ist z. B. eine tolle Idee, erinnert an das Konzept des ‚Peer Coachings' (gegenseitiges Coaching auf Augenhöhe)."

Einer der Befragten (E) wäre mit einem Online-Coaching-Instrument als ständigem Begleiter in seiner Tätigkeit einverstanden. Gleiches gilt für zwei weitere Betroffene (G, H). Ein Betroffener (F) ergänzt zu seiner Zustimmung die Wichtigkeit, dass der Austausch mit Gleichgesinnten von kompetenter Seite begleitet werden müsste, um Redundanzen zu vermeiden: „Ja, auf alle Fälle. Es müsste moderiert sein, um belanglose Diskussionen zu verhindern."

Hier das Nutzungsinteresse der Krisenbetroffenen am Blended Coaching im Überblick:

Zustimmung:	Ablehnung:
(B) (C) (D) (E) (F) (G) (H)	(A)

Tab. 18: Nutzungsinteresse am Blended Coaching im Überblick

In der Gesamtschau ergibt sich also ein positives Bild seitens der befragten Experten zu der in dieser Untersuchung vorbereiteten Innovation. Die klare Bereitschaft zum ständigen Einsatz begleitender Online-Coachings ist zu erkennen und damit ist die wichtige Hürde der Frage nach der Akzeptanz des neuen Moduls bei Managern, wenn auch nicht empirisch gültig, beantwortet.

D 2.9 Finale Wünsche an das Blended Coaching

Schließlich wurden die Experten noch nach ihren konkreten Vorschlägen zur Verbesserung des hier vorbereiteten innovativen Modells befragt.

Eine Befragte (A) hebt mit ihren Vorschlägen zum Aspekt gemeinsamen Arbeitens in Coaching-Gruppen ab. Sie sieht erkennbar Chancen der neuen Systematik in einer planenden Arbeit im Team:

„Gemeinsames Analysieren der Situation, Aufstellen eines Aktionsplans und Kontrolle des Plans bzw., falls notwendig, Korrektur." Hier wird die Richtung klar, die alle Experten in ihren Aussagen verfolgen: Der Wert des Blended-Coaching-Instruments wird in der Möglichkeit gesehen, einen Prozess aus allen Perspektiven systematisch zu betrachten und damit die Grenzen persönlicher und situativer Beurteilung zu überwinden.

Eine Betroffene (A) macht einen weiteren Vorschlag, der über den Bereich einer Arbeit in der Coaching-Gruppe hinausgeht: „Es wäre interessant Literaturhinweise zu relevanten Themen zu bekommen oder auch Artikel lesen zu können." Dies stützt den oben formulierten Gedanken eines weiteren Befragten (C), der sich eine Art Informationsdatenbank zu coachingrelevanten Themen gewünscht hat und hier auf besonders relevante aktuelle Informationen täglich aufmerksam gemacht werden möchte.

Auch ein weiterer Betroffener (B) schlägt vor, diesen Informationsaspekt des Blended Coachings zu erweitern: „Es sollte einfach zu bedienen sein, Ratgeber nennen, Infomaterial oder Bücher empfehlen, eventuell Senior Coaches nach Fachrichtungen benennen." Dieser Gedanke ist gänzlich neu: Das Blended Coaching im Internet kann die Nutzer, die zunächst nur mit dem Online-Modul arbeiten, zu einer Kooperation mit einem zusätzlichen Coach hinführen und hier, zum Beispiel nach Branchen und Funktionsschwerpunkten gestaffelt, Vorschläge für den zu der jeweiligen Situation passenden persönlichen Coach machen. Natürlich gibt es auch hier wieder viele Formen der Zusammenarbeit, so kann das Blended Coaching in einer ersten Phase auch in einer telefonischen Zusammenarbeit neben dem Online-Modul bestehen.

Ein weiterer Betroffener (D) möchte, würde er das Blended Coaching einsetzen, einen Prozess der Selbstanalyse angestoßen wissen, in dem Gefahren, Chancen, Ziele und Wünsche klar werden. Entsprechend müsste nach seiner Auffassung das neue Instrument in einer Art Interview die im Folgenden von ihm formulierten Aufgaben erfüllen:

> So, dass der Coach lediglich hilft, die eigene Intuition anzustacheln und die eigene Lösungskompetenz zu aktivieren, ausgehend von diesen Fragen: Was will ich eigentlich? Was wäre der größte anzunehmende Unfall? Was wäre dann? Was würde ich tun?

Einer der Befragten (E) macht deutlich, dass das Blended Coaching nicht nur als Kriseninstrument fungieren sollte, sondern Teil eines ständigen Selbstmanagement-Programms werden könnte: „Systematisch sinnvoll scheint mir vor allem jenes Coaching-Programm, das nicht erst im Moment der Krise beginnt – lebenslanges Studium ist wichtig!"

Er stellt dann noch heraus, dass er sich vom Blended Coaching eine persönliche Stärkung erwarten würde:

Dennoch: Ein derartiges System sollte immer von drei Säulen getragen sein:

- Erhaltung und Stärkung des In-sich-selbst-Vertrauens,

- Verbesserung des Handwerkszeuges (strategische Überlegungen an aktuellen Beispielen, Stärkung der rhetorischen/sozialen Kompetenz etc.), Ermunterung zur Reflexion,

- tiefes Vertrauen zwischen Coach und Coachee."

Seine wichtigsten Punkte sind wohl die Ermunterung zur Reflexion über das eigene Handeln und das Initiieren eines vertrauensvollen Dialogs über das Blended Coaching, der die Beziehung zwischen persönlichem Coach und Coachee in Bezug auf das neue Medium verbessern hilft.

Weiter oben im Abschnitt D 2.3 wurde schon erwähnt, dass eine Art Tagebuch-Funktion im Blended-Coaching-Modul helfen könnte, den lebenslangen Teufelskreis aus immer gleichen Fehlern und daraus resultierenden Krisen aufzubrechen. Hier würde es darum gehen, wichtige Schlüsselsituationen im Berufsleben zu identifizieren und das eigene Verhalten über einen längeren Zeitraum zu beobachten, um Fehlentwicklungen, die sich wiederholen, zu erkennen und auflösen zu können. Wichtige Vorschläge zum neuen System kommen von einem konkret Betroffenen (C):

> Aus meiner Erfahrung heraus, und Ähnliches habe ich auch in meiner Dissertation beschrieben, ist die Nummer eins eine saubere Koordination eingehender und ausgehender Nachrichten zum Krisengeschehen. Das fängt damit an, dass auf einer Krisen-Coaching-Website eine Telefonnummer für eine Telefonkonferenz angegeben ist, dann, dass es einen Link gibt zu einem privat geschützten Videokonferenz-System.
>
> Notwendig sind Instrumente, um schnell und ohne große Hürden miteinander in Verbindung treten zu können.
>
> Dann ist sicherlich notwendig ein laufender Nachrichtenticker mit aktuellsten Meldungen, weiterhin ist hilfreich ein direkter Zugang zu Pressemeldungen zu den relevanten Situationen.
>
> Ich kann mir konkret vorstellen so eine Art Krisen-Baukasten, aus dem man sich in so einem Fall bedienen kann.

Auch dieser Befragte bezieht sich hier, wie vor ihm schon zwei weitere Betroffene (A, B), auf die elementare Kommunikationsfunktion des Blended-Coaching-Moduls. Hier soll ein neuer Raum entstehen, in dem ohne bürokratische, geographische oder andere Hürden das coachingrelevante Geschehen direkt ausgetauscht werden kann.

Interessant und direkt praktikabel auch der Gedanke, einen modulartigen Baukasten anzubieten, aus dem jeder Coachee die Elemente in sein persönliches Selbstmanagement integrieren kann, die er für sich für persönlich relevant hält. Im Folgenden führt ein Betroffener (C) noch einmal konkret seine Idee an, das Blended Coaching zu einer Art Informationszentrum werden zu lassen:

> Ich sehe das nun aus der Perspektive eines Dienstleistungsunternehmens. Ich sage jetzt, wer sind meine Stakeholder, wer sind meine Kunden, wer sind meine Lieferanten und von so einer Krisen-Website würde ich eine Art Frühwarnsystem erwarten. Dort müsste ich meine relevanten Stakeholder über Suchbegriffe definieren können, das geht nur über eine intelligente Verschlagwortung. Über so eine Website wären dann sehr viel früher uns betreffende Pressemeldungen hochgekommen."

Der Vorschlag eines Betroffenen (E) könnte die eben benannten Innovationen in Form von Dialogsystemen im Blended Coaching weiter ausbauen, es geht hier darum, wie die Beteiligten optimal in die gemeinsame Bearbeitung von Coaching-Themen eingebunden werden können:

> Anonymisierte Fälle aufgreifend könnte z. B. wöchentlich ein „kleiner Ratgeber" als Newsletter erscheinen. Dies eventuell sogar mit Aufgabenstellungen an die „Coachee-Community", wie mit der genannten Problemstellung aus deren Sicht umzugehen sei. Nicht als öffentlicher Blog! Denn der Coach sollte in jedem Fall die Möglichkeit haben, zu entscheiden, ob und welche dritte Meinung in den ursprünglich zitierten Coachingprozess zurückfließen soll.

Dieser Gedanke sprengt den Rahmen der bisher beschriebenen Fokusgruppen in der Bearbeitung bestimmter Problemstellungen. Hier könnten von einem größeren Kreis von Community-Mitgliedern immer neue kreative Antworten auf bestimmte Coaching-Fragestellungen gefunden werden. So könnte es für das Blended-Coaching-Instrument einen engeren und einen weiteren Bereich von konkreter Partizipationsmöglichkeit geben, je nachdem, in welcher Intensität der Coachee mitarbeiten möchte. Er kann Teil einer konkreten und moderierten Themengruppe werden oder er kann zu einer Informationsgemeinschaft im weiteren Sinne gehören, die regelmäßig mit einem Newsletter zur sporadischen, aber regelmäßigen Mitarbeit motiviert wird.

Ein Betroffener (F) macht eine ganze Reihe von Vorschlägen, was im Blended-Coaching-Instrumentarium beinhaltet sein sollte:

- Erfassung der Situation nach Schilderung durch den/die Betroffenen,
- Bewertung durch den Coach,

- In-depth-Gespräche,
- Suche nach Vergleichsfällen (best practice),
- Entwicklung von Lösungsstrategien,
- Bewertung der alternativen Lösungen,
- Handlungs- und Argumentationsempfehlungen an den/die Betroffenen,
- Begleitung bis zur Implementierung der gemeinsam ausgewählten Strategie,
- Feedback, ggf. Anpassung bzw. Strategiewechsel,
- anonymer Erfahrungsaustausch mit anderen Teilnehmern,
- standardisierte Auswertung und Beantwortung von Krisenfragebögen,
- Kennenlernen (Person und Vita) eines in Betracht kommenden Coaches, der gegebenenfalls später persönlich zur Verfügung stehen könnte,
- Bewertung von Coaching-Empfehlungen und des Coachs durch Betroffene

  (Empfängerhorizont).

Hier soll ein wesentlicher Punkt herausgegriffen werden. Mehrere Experten benannten schon die wichtige Informationsfunktion des neuen Instruments. Dieser Befragte schlägt eine Informationsdatenbank vor, in der im Rahmen einer Best Practice Lösungsstrategien für Coaching-Aufgabenstellungen gesammelt sind. Idealerweise bietet das Blended-Coaching-Modul hier eine Datenbank an, in die jeder Teilnehmer der Coaching-Gruppen seine Beispiele für konkrete Lösungen in anonymisierter Form anlegen kann. So entsteht über eine Funktion mit Stichwortsuche die Möglichkeit, im eigenen Problemfall von anderen zu lernen, die vergleichbare Wege schon gegangen sind.

In aktuellen Problemfällen sollten die Forenmitglieder ihre Lösungsvorschläge gegenseitig bewerten. Dies scheint ein guter Weg der gegenseitigen Unterstützung im Krisenfall.

Weitere Vorschläge (G) für das Blended-Coaching-Instrument sind die Folgenden: „Coaching Blog, Podcast, Thought of the Day Mailing." Kurz herausgegriffen werden soll hier der Podcast, der Videofilme zu relevanten Fragestellungen (siehe auch Kapitel B 3, Vorteile von Videoclips für die Darstellung im Blended Coaching) beinhalten könnte, die im Fall einer konkreten Problemstellung eine erste Beratungsfunktion erfüllen können. Idealerweise würden diese Podcasts von dafür besonders qualifizierten Spezialisten aufgenommen, passend zum jeweiligen Themenbereich. Das wäre ein erster Schritt, bevor tiefer in die Analyse einer Problemstellung eingestiegen wird. So könnten erste Lösungskompetenzen vermittelt werden. Auch wenn im Krisenfall aktuell kein Coach erreichbar ist, kann so mittels der Website online ein erstes Interventionsinstrument mit einem zumindest sichtbaren Coach angeboten werden.

Ein Befragter (H) formuliert hier einen visionären Gedanken für die künftigen Einsatzmöglichkeiten des Blended-Coaching-Instruments. In dieser Untersuchung wird immer wieder über die Selbstmanagementfunktion dieser Innovation gesprochen. Entsprechend könnte das neue Modul über die reine Coaching-Situation hinausgehen und generell als Unterstützung dafür dienen, Mitarbeiter im Unternehmen systematischer und zielorientierter zu führen. „Solch ein System ist eventuell für Führungskräfte vielleicht auch interessant, um die Mitarbeiter entsprechend anzuleiten." In diesem kurzen Satz steckt das Potenzial für eine neue Dimension der Mitarbeiterführung, die valider, vielschichtiger und transparenter erfolgen kann, als das beim persönlichen Führen der Fall ist.

Eine Zukunftsvision könnte dem folgend sein, das Blended-Coaching-Modul als Führungsinstrument an große Unternehmen in mehreren tausend zertifizierten Softwarekopien zu verkaufen, idealerweise unterstützt durch Moderatoren, die dann in Form einer mit Tagessätzen honorierten Mitarbeit als externe Unternehmensberater tätig sind. Alternativ kann die Moderatorfunktion auch durch interne Personalentwickler geleistet werden, wenn Fragen von Vertraulichkeit und Sanktionsausschlüssen vorab geklärt worden sind.

D 3 Systematische Kriseninterventionsstrategien: Übertragbare Erkenntnisse für das Blended Coaching auf Basis der vorliegenden Forschung

In diesem Abschnitt sollen Erkenntnisse aus aktuellen Forschungsarbeiten betreffs Kriseninterventionsstrategien zu verwertbaren Ergebnissen für die zu entwickelnde Blended-Coaching-Homepage führen. Über diese konkrete Aufgabenstellung hinaus kann das Thema der Krisenintervention hier nicht tiefergehender aufgearbeitet werden. Das würde dem Gedanken einer schlanken und sinnfälligen Struktur für diese Untersuchung entgegenstehen. Daher werden im Folgenden nur solche Forschungsergebnisse wiedergegeben, deren Aussagen unmittelbar dabei helfen, ein unterstützendes Curriculum für den Coachee, der das Blended Coaching nutzt, zu erstellen.

Warum ist ein analytisches, die Problemsensitivität steigerndes Instrumentarium als Teil der Blended-Coaching-Systematik so wichtig? Das ist besonders der Fall bei langsam entstehenden Krisen, die oft zu spät als solche wahrgenommen werden, nämlich erst dann, wenn frühere Interventionsmöglichkeiten mit geringerem Aufwand zum Beheben derselben nicht mehr genügen.

Tief einschneidende Dinge, wie ein nicht mehr bezahlender großer Kunde oder eine Naturkatastrophe, sind als Risiken mit entscheidend gefährdender Wirkung sofort erkennbar. Schwieriger ist es mit krisenhaften Entwicklungen, die leise und schrittweise auftreten und dann spät aber schmerzhaft die Parameter der Unternehmenssteuerung zu völliger Veränderung zwingen.[221] Die folgende Graphik veranschaulicht den Prozess der möglichen Zeitspanne zur Überwindung einer Krise im Unternehmen. Es wird deutlich, dass die Freiheitsgrade zur erfolgreichen Krisenintervention mit fortschreitender Zeit immer mehr abnehmen.

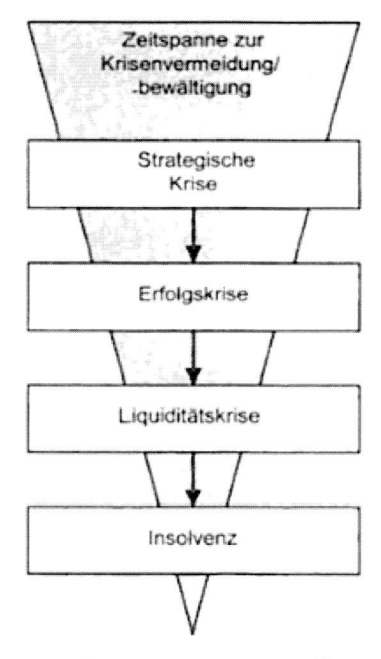

Abb. 23: Phasen von krisenhaften Entwicklungen in Unternehmen[222]

---

[221] Hauschildt in Hutzschenreuter (2006): 35
[222] Hutzschenreuter (2006): 47, in Anlehnung an Müller (1986): 56

Aufkommende Krisen als solche zu identifizieren erfordert also das Kontrollieren von Risikofaktoren im Rahmen eines Frühwarnsystems. Und dies genau muss Teil der Blended-Coaching-Systematik in dem mittels dieser Untersuchung vorbereiteten Projekt werden.

Wünschenswert für eine wirkungsvoll problemsensitivisierende Homepage ist eine Systematik, die die verschiedenen Bereiche des Berufslebens analysiert und dazu Schlüsselfragen stellt anhand derer kritische Entwicklungen identifiziert werden können, bevor sie existentielle Schwierigkeiten evozieren können.

Problemsensitivität ist von daher nicht mehr nur eine menschliche Eigenschaft, die mit welchen Hinweisen hin und wieder im Rahmen eines lockeren Coaching-Gespräches geweckt werden soll, sondern muss ein Faktor werden, dessen zuverlässige Erfüllung mit regelmäßig wiederkehrender, parametrisch kontrollierender Arbeit im Rahmen der Blended-Coaching-Internetseite verbunden ist.

Alle Planungsgrößen, von denen Risiken ausgehen, sollen hier wiederkehrend betrachtet werden. Diese neue Struktur, bestehend aus einer Erfassung von Einflussgrößen auf den risikobehafteten Erfolg in ihren zeitlich versetzten determinierenden Wirkungen, bilden die Komponenten eines neu zu schaffenden, individuellen und sensitiven Frühwarninstrumentariums.[223]

Einzubeziehen sind hier sicherlich nicht nur risikobehaftete Faktoren, sondern auch solche Einflussgrößen, die im Rahmen des Berufslebens präsent sind und jahrelang stabil bleiben können, unter dem Einfluss zugrunde liegender Krisen dann aber ein Gefährdungspotenzial bekommen.

Prisching[224] erklärt, warum ein Frühwarnsystem von großer Bedeutung für ein erfolgreiches Krisenmanagement ist:

> In solchen Fällen geht es schon vor jeder konkreten Katastrophe um die Wahrnehmung von Gefährdungspotentialen und den Umgang mit ihnen. Dort fängt jede Katastrophenforschung an. Das erfordert eine Einschätzung der Verwundbarkeit: bei der Planung von Situationen oder Konstruktionen (Wird es zu einem Problem kommen? Welches Risiko wird in Kauf genommen?) und bei der Beurteilung welche sozialen Gruppen einer Gefährdung ausgesetzt sind (wie viele Menschen werden betroffen sein oder sind betroffen?).

Zum einen ist es eine größere Zahl von Faktoren, die wiederkehrend kontrolliert werden müssen, darüber hinaus aber interagieren einzelne Einfluss-

---

[223] Gleißner & Pflaum (2008): 197
[224] Prisching (2008): ii

faktoren miteinander und es entstehen neue Einflüsse, sodass diese dann immer wieder neu in das Prüfsystem aufgenommen werden müssen.[225]

Weiterhin: In solch einem System existiert eine Vielzahl von Möglichkeiten der varianzsteigernden Interaktion von Risikofaktoren. Virtuell gestützte und graphisch dargestellte Szenariotechniken mit Projektionen der verschiedenen möglichen Risikoentwicklungen helfen, solche schwer zu prognostizierenden Zukunftsentwicklungen zu antizipieren.[226]

Frühwarn-Controlling in dieser systematischen Form kann nicht mehr durch einen persönlichen Coach allein geleistet werden, er kann Vernetzungen und Komplexitäten in ihren Zukunftswirkungen nicht mehr darstellen.

Gleichzeitig wird der Coach durch die Unterstützung des systematisierenden Blended-Coaching-Internetauftritts zu einem sachlich und analytisch mitsteuernden Unternehmensberater. Seine Rolle erfährt mittels dieses ex ante Analyseinstrumentes eine weitgehende Aufwertung. Sein Wert für die Unterstützung, etwa eines Unternehmensleiters, steigt nicht nur in krisenhaften Zeiten. Er kann hier diagnostische Dienste leisten, die in dieser Objektivität nur eine externe Instanz erbringen kann. Es wird aus allem Gesagten deutlich: Krisenprävention ist von zentraler Bedeutung für die beratende Expertise der Blended-Coaching-Systematik.

Zum Thema Informationsverarbeitung und Informationsgenerierung: Für die konkrete Umsetzung des hier vorbereiteten Internetprojektes lässt sich ableiten, dass jeder Entwickler des Blended Coachings umfassende Gewähr dafür tragen muss, dass immer neue Einflussfaktoren flexibel in das Analyseinstrument integriert werden können.

Denn die möglichen Zukunftsszenarien ändern sich ständig. Nur ein hoch flexibles Internetinstrument mit exzellenten Informationszuflüssen kann diesem ständigen Wandel intern wie extern Rechnung tragen. Valide Informationsgewinnung ist also ein zentral den Erfolg der Systematik determinierender Punkt.

---

[225] Nohria (2006): 8-10, macht deutlich, dass diese Komplexität der Risikoanalyse nicht mehr von einem einzelnen Mitarbeiter oder auch nur von spezialisierten Risikomanagement-Teams geleistet werden können. Sie fordert ein weltweites Risikonetzwerk im Unternehmen, das eine große Zahl von Mitarbeitern zu Sensoren von krisenhaften Entwicklungen macht. Als Beispiel führt sie Marineexpeditionskorps an, bei denen jedes Mitglied mit der Risikowahrnehmung beauftragt ist. (Siehe die Beispiele zu vernetzten Blended-Coaching-Systemen/Mitgliederforen in Kapitel B 3 dieser Untersuchung.)

[226] Grossmann (2008): 9

Warum ist dieser Prozess der Umsetzung von Neuinformationen als so anspruchsvoll und aufwendig einzustufen? Die Antwort liegt in vielfachen Hinweisen im Bereich der angewandten Krisenursachenforschung, die keinen Zweifel darüber zulassen, dass die Zahl von möglichen Krisenursachen in empirisch angelegten Prüfszenarien nur durch riesige Komplexitäten abbildbar ist.[227]

Besonders hervorzuheben ist hier die Erkenntnis aus der Notfall- und Katastrophenforschung, dass die Vielfalt der externen Einflüsse in der Erlebensumwelt eine eindeutige Ermittlung von Krisenursachen sehr erschwert.[228]

Wirkungsvolle Interventionskonzepte können so nicht entstehen[229], hierfür bietet sich das Analyseinstrument komplexer IT-Systeme im Rahmen des Blended Coachings an. Dr. Hagen hat in seinem Experteninterview vorgeschlagen, eine umfassende Analyse von informierenden Nachrichtendaten auf globaler Ebene zum Teil eines Frühwarnsystems zu machen.

Eine auf diese Informationszuflüsse folgende neue Systematik zum Aufbau von Gegenstrategien soll, zum Beispiel anhand einer Reihe von Schlüsselfragen, zu einer tiefgehenden Beschäftigung mit solchen Handlungsalternativen führen, die tatsächlich Antworten auf die ganze Bandbreite interner und externer Risikofaktoren bereithalten.

Wie können diese richtigen Gegenstrategien gefunden werden? Hier lassen sich Prognosetechniken einsetzen, um die Analysedaten im Rahmen eines Forecastings zu bündeln. Die im Informationssystem eingehenden Nachrichtendaten sollen, um zu validen Forecasts zu kommen, nicht nur dargestellt, sondern im Zusammenhang interpretiert werden. Der Fachbegriff hierfür ist die Issue-Interpretation.[230]

Die mittels der beschriebenen Werkzeuge entstehenden Gegenstrategiemodelle sollen wieder, wie schon im Frühwarnsystem, darauf ausgerichtet sein, flexibel rasch neue Strategien zu generieren, wenn sich die Ausgangssituation in kurzen Zeitabständen verändert. Wird in der Medizin im Falle einer bestimmten Krankheit ein dazu passendes Medikament verabreicht, so soll das zugrunde liegende Problem behoben sein. Solche Dosis-Wirkungsbeziehungen[231] werden im Kreieren von Gegenstrategien zu Krisen durch fließende Übergangsmodelle ersetzt.

---

[227] Krystek in Hutzschenreuter (2006): 64
[228] Grossmann (2008): 20
[229] Grossmann (2008): 20
[230] Röttger und Ingenhoff, (2008): 138
[231] Grossmann (2008): 21

Der persönliche Coach, der das Blended-Verfahren ergänzend einsetzt, muss also in gleicher Weise vor Sitzungen exzellent vorbereitet sein durch einen aktuellen Einblick in alle neuen Informationszuflüsse, um tatsächlich greifende Gegenstrategien formulieren zu können. Für das Blended-Coaching-Verfahren stellt sich entsprechend die Frage, ob, wie in früheren Zeiten, mit festen Besprechungsintervallen gearbeitet werden kann oder ob nicht besser eine flexible Terminierung aktuell relevante Informationszuflüsse und Neuentwicklungen aufgreifen sollte.

Neben der zeitlichen Flexibilität sollte ein der Situation angepasstes Nutzen von Coaching-Instrumenten für diese neue Form ganzheitlicher Beratung gewählt werden. Manche Krise erfordert das direkte telefonische Eingreifen, für eine spätere, tiefergehende Analyse sollte nicht ohne das IT-Instrument gearbeitet werden, genauso können Gruppen-Coachings, Projekt-Coachings oder Workshops zum Neuausrichten von Zielen angezeigt sein, um die aktuelle Anforderung erfolgreich zu beherrschen.

E   Schlussbetrachtung

Diese Untersuchung wurde berufsbegleitend zur forschenden Investigation eines online-basierten Blended-Coaching-Instruments verfasst. Es ging hier um ein detailliertes Eruieren von Qualitätsparametern, die den Erfolg des Blended Coachings auf ein solides und wissenschaftlich fundiertes Fundament stellen.

Es wurde deutlich, dass eine große Zahl Berufstätiger für die Dauer eines ganzen Arbeitslebens in immer wiederkehrenden Zyklen Fehlern und Krisen verhaftet ist. Eine Grundlage dafür ist ein Mangel an Monitoring der eigenen Erfolgsstrategien und vor allem der eigenen Schwächen.

So träumen Millionen von Menschen vom Erreichen persönlicher Erfolge, die für die große Mehrheit unerreichbar bleiben. Es fehlt ihnen ein Instrument, um sich nicht nur bewusstseinsmäßig von Schwächungen und Unterdrückungen im Alltag zu emanzipieren, sondern auch parametrisch Visionen, Ziele und eigene Erfolgsstrategien in ein Berufsleben zu integrieren, das vielfach hohen Anpassungsdruck einfordert und wenig Gnade mit individuellen Lebenskonzepten zu haben scheint.

Wenn es aber möglich wird, in innovativen Internetforen im Rahmen eines Blended Coachings Gemeinschaften zu finden, die Ziele nicht nur im Organisationsinteresse, sondern im Sinne eigener Entfaltung verfolgen, wenn persönlich bislang vage bleibende Strategien in einem wissenschaftlich fundierten Selbstmanagement und Coaching schrittweise im Rahmen des neuartigen Instruments umgesetzt werden, ergeben sich Chancen für eine Vielzahl von mehr oder minder angepasst dahinlebenden Individuen. Für all jene, die über viel größere Potenziale verfügen als es ihnen die limitierende Positionsbeschreibung ihrer beruflichen Ausrichtung Glauben machen will.

Wenn dieser Weg von einer großen Anzahl von Menschen beschritten wird, dann hat das nicht nur wirtschaftliche, sondern politische Implikationen. Wirklich effizient mit Selbstmanagement und Coaching- Techniken arbeitende Angestellte werden zu selbstbestimmten Unternehmern im Unternehmen, zu Selbständigen in einer Welt, die genau diese freien Geister benötigt, um wirtschaftliche Stagnation, Desinteresse am Leid des Nächsten und Innovationsmangel zu überwinden.

In diesem individuell relevanten Ansatz schält das Blended-Coaching-Instrument Menschen aus ihren vielfachen Abhängigkeiten des nivellierenden Alltags heraus im Sinne von Kants „Sapere Aude!" (Habe Mut, Dich Deines eigenen Verstandes zu bedienen).

So arbeiten durch das Blended Coaching im Unternehmen Tausende von positiv beisteuernden internen Beratern, die sich in Projektforen zusammenschließen und die alte Strategie des „fire fighting" durch neue gemeinsame Strategien für den langfristigen Organisationserfolg ersetzen können.

Konzerne werden dadurch beweglicher und reaktionsschneller im Eingehen auf neue Markttrends; denn es gibt im Unternehmen unter Umständen nicht mehr drei Marktanalysten, sondern zehntausend: Vom endlich parametrisch arbeitenden und sich nun in seiner Leistung selbst monitorenden Vorstand bis zum kreativ mitwirkenden Sachbearbeiter. Voraussetzung ist eine Demokratisierung der Partizipationsmöglichkeiten im Unternehmen, wie sie das Blended Coaching mit Zugangsmöglichkeiten für alle Mitarbeiter eröffnen kann.

Eine finale Version des Blended Coachings kann sein, dass nicht nur Menschen und wirtschaftlich tätige Organisationen Blended Coaching einsetzen, sondern auch Regierungsorganisationen zur Optimierung ihrer Entscheidungsprozesse und für ein zielorientiertes, parametrisch geprägtes Design von Umsetzungsqualität des Beschlossenen. Dies ist ein wünschenswerter Faktor für die Institutionen der Industrienationen, kann aber ein existentiell wichtiges Instrument werden, um Korruption, Konflikte und Misswirtschaft in Staaten der dritten Welt zu überwinden.

Nach siebenjähriger Vorbereitungszeit laufen nun die Arbeiten an einem Prototyp für ein erstes Blended-Coaching-Instrument. Völlig unabhängig davon, ob sich der hier beschriebene Ansatz konkret wirtschaftlich durchsetzt oder nicht: Virtuell unterstütztes, parametrisches Selbstmanagement ist eine Schlüsselqualifikation, die in den kommenden Jahrzehnten zur Kerndisziplin qualitativ exzellenter Managementprozesse werden wird.

Die kommenden 50 Jahre werden große Umwälzungen im Sektor der Informationstechnologie bringen, immer intelligentere, selbständiger agierende Systeme werden den Menschen auf neue Art unterstützen. Als die neue UMTS-Technologie eingeführt wurde, war ein Kernproblem damals die Anreicherung des neuen Kommunikationskanals mit Content, mit Inhalten, die den Menschen dienen. Diese rein technische Ausrichtung von zusätzlichen IT-Kapazitäten wird in den kommenden Jahren immer mehr qualitativ und inhaltlich hochstehenden neuen Anwendungen Platz machen.

Dr. Radowski hat auf solche neue Möglichkeiten in seinem Experteninterview als Teil dieser Untersuchung hingewiesen, wenn es darum ging, passgenaue Informationen zur Unternehmenssituation tagesaktuell vom Blended-Coaching-Instrument geliefert zu bekommen. Hier fänden qualitative Selektionsprozesse statt, die die Richtung künftiger Entwicklung vorgeben können.

Die Marktchancen der in dieser Untersuchung vorbereiteten Innovation sind immens. Es gilt hinsichtlich der dadurch aufkommenden Entwicklungen und Möglichkeiten für die Informationstechnologieindustrie auch hier Michael Gorbatschows Satz: „Wer zu spät kommt, den bestraft das Leben" (formuliert am 6. Oktober 1989 in Ost-Berlin kurz vor Öffnung der Berliner Mauer).

Eine letzte Bemerkung zur Demokratisierung im Bereich virtueller Netzwerke: Es ist keine Frage, dass sich die Lebensumstände von Milliarden von Menschen in den nächsten Jahren immer mehr in virtuelle Räume, in das Internet verlagern werden. Dort wird täglich mehr kommuniziert, gehandelt und Wissen ausgetauscht, so wie das vor Jahrhunderten auf Marktplätzen und später in gedruckten Medien der Fall war. Schon heute ist erkennbar, dass mit global agierenden Konzernen im Bereich der Informationstechnologie neue Machtblöcke entstehen, die tiefgreifend in das Leben ihrer Kunden eingreifen können. Der Raum privater Freiheit kann hier immer mehr eingeschränkt werden und es ist nur eine Frage der Zeit, bis die Medien politischer Partizipation, die Ausübung politischer Gewalt also, den Gesetzen virtueller Instrumente eher folgen als sie im herkömmlichen Sinn zu prägen.

Das erste Jahrzehnt des neuen Jahrtausends markiert eine Epoche des Beginns der Einflussnahme neuer Gewalten mit weitgehender Kenntnis vieler privater Daten von Milliarden von Mitgliedern, wie sie die Unternehmen Amazon, Ebay und Facebook weltweit ausüben.

In dieser Untersuchung spielte der Begriff demokratisch geprägter Kommunikation in den virtuellen Medien eine wesentliche Rolle. Es ist eine große Herausforderung an künftige wissenschaftliche Forschung in diesem Bereich, den Weg zu bereiten für mitmenschliche, für demokratische, für lebens- und weltoffene Instrumente menschlichen Austausches in einer Welt, die hoffentlich nicht direktiv kontrollierenden neuen Machtinstanzen unterworfen sein wird.

In der, heute und in den kommenden Jahrzehnten aufkommenden virtuellen Welt entstehen viele neue Gefahren für die, im Bezug zu größeren historischen Zusammenhängen, noch recht junge Demokratisierung menschlichen Miteinanders.

F Anhang

Anhang 1:
Die befragten krisenbetroffenen Experten und ihre Codierung im Rahmen der qualitativen Analyse

Carola Paschola (A), Vice President und Mitglied der Geschäftsleitung von American Express Deutschland. Carola Paschola berichtet über ihre Erfahrungen im Zuge der Weltwirtschaftskrise in den Jahren 2001 bis 2003.

Robert Oesterschlink (B), Vice President und Mitglied der Geschäftsleitung von American Express Deutschland. Robert Oesterschlink war aktiv involviert in die unmittelbaren Auswirkungen der Krise nach dem 11. September 2001 auf den deutschen Kreditkartenmarkt.

Dr. Hagen Radowski (C), mittelständischer Unternehmer im Bereich der Business-Intelligence-Beratung (Reporting- und Analysesysteme für Unternehmen). Hier fokussiert sich Dr. Radowski auf bestimmte Zielbranchen, z. B. das Asset Management. Sein Unternehmen beschäftigt 90 Mitarbeiter. Herr Dr. Radowski beschreibt die Auswirkungen der Insolvenz eines Partnerunternehmens auf seine Firma und seine Arbeit.

Kristian Furch (D), Geschäftsführer des Beratungsunternehmens LeadershipPartners in Kelsterbach bei Frankfurt am Main. Kristian Furch ist Executive Coach und berät im Schwerpunkt Geschäftsleitungsmitglieder und andere leitende Angestellte. Kristian Furch stellt aus der Sicht eines Unternehmers die konkreten Auswirkungen eines Konfliktes auf der Führungsebene eines Unternehmens dar.

Andreas Moritz (E), Orchestermanager der Komischen Oper Berlin. In seiner vorherigen Tätigkeit als Geschäftsführer der Berliner Symphoniker erlebte Andreas Moritz direkt die Insolvenz des Orchesters mit und war in führender Position an den Bemühungen beteiligt, dieses renommierte Orchester für den Kulturstandort Berlin zu erhalten.

Richard Negrelli (F) (Name auf Wunsch des Befragten zur Anonymisierung geändert), war langjähriger Landtagsabgeordneter und Geschäftsführer eines Beratungsunternehmens, er beschreibt eine Krise in seinem Unternehmen als Folge der Aufnahme einer neuen Führungskraft in den Führungskreis der Firma.

Oliver Klaffke (G), Geschäftsführer eines Unternehmens, das als externe PR-Abteilung mehrerer Firmen in der Schweiz und in Deutschland fungiert. Er beschreibt eine persönliche Krise als Leiter seines Unternehmens, ausgelöst durch ein falsches Selbstmanagement.

Thomas Rück (H), ehemals Europäischer Personaldirektor eines global agierenden Hochtechnologiekonzerns, Thomas Rück erlebte die krisenhafte Situation eines tiefgreifenden Konflikts im Rahmen eines internen, offensichtlich fehlerhaften Auditings.

Anhang 2:
Vorstellung des Fragebogens

Sehr geehrte Teilnehmerin, sehr geehrter Teilnehmer,

vor Ihnen liegt ein Fragebogen für eine qualitative Befragung als Teil einer Dissertationsarbeit. Thema dieser Arbeit ist das Legen einer wissenschaftlichen Grundlage für eine neu zu konzeptionierende virtuelle Coaching-Homepage. Klassische Coaching-Verfahren sollen mit einer solchen Homepage begleitet werden. Ein reines Internet-Coaching ohne persönliche Sitzungen ist nicht Thema dieser Dissertation. Von Ihnen sollen nun ergänzende Hinweise kommen, wie eine solche Homepage aufgebaut werden soll, um einen hilfreichen und unterstützenden Effekt für die persönliche Arbeit zwischen Coachee und Coach zu erzielen. Dieser Fragebogen konzentriert sich auf einen Teilbereich des Projektes, nämlich das Coaching in Krisensituationen.

Hier sind Sie als Teilnehmer angesprochen, über Ihre Erfahrungen mit der Bewältigung einer zurückliegenden Krise zu berichten. Dann sollen Ihre Vorschläge zu einer virtuellen Unterstützung von Krisen Interventionen in die Dissertation eingearbeitet werden.

Ich bedanke mich herzlich für Ihre Mitarbeit an dieser Studie und freue mich, wenn das dann neu geschaffene Medium Sie in absehbarer Zeit in Ihrer nächsten Krisenintervention unterstützen kann.

Frage 1: Bitte beschreiben Sie kurz, gern mit anonymisierten Daten, die krisenhafte berufliche Entwicklung in Ihrer Vergangenheit, zu der wir Sie befragen dürfen.

Frage 2: Bitte nennen Sie die ersten Indikatoren an denen das Auftauchen einer beruflichen Krise erkennbar wurde.

Frage 3: Was für Möglichkeiten sahen Sie zu Beginn der Krise, um Herr der Situation zu werden?

Frage 4: Inwiefern haben Sie das Schadenausmaß der krisenhaften Situation zu Beginn einschätzen können?

Frage 5: Bitte beschreiben Sie, wie Sie die möglichen Folgen der Krise zu einem frühen Zeitpunkt hätten planerisch erfassen können, wenn genug Zeit und Raum dafür dagewesen wäre.

Frage 6: Bitte beschreiben Sie, wie Sie Ihre nervlichen Anspannungen in der Krise gemeistert haben.

Frage 7: Wie sah Ihr Prozess des Durchspielens von Alternativen zur Krisenintervention aus? Hätte es etwas für Sie gebracht, mehr mögliche Alternativen zur Krisenintervention zur Auswahl gehabt zu haben?

Frage 8: Im Licht Ihrer Krisenerfahrungen: Wie beurteilen Sie die Erfolgswirksamkeit von intuitiven Schritten einerseits, wie die Erfolgswirksamkeit von strategisch geplanter Krisenüberwindung andererseits?

Frage 9: Wie arbeiten Sie heute auf der Basis Ihrer Krisenerfahrungen, wenn neue Krisen auftreten?

Frage 10: Haben Sie schon einmal mit einem Coach gearbeitet?

Frage 11: Wie beurteilen Sie den möglichen Wert eines Coaches für Sie zum Überwinden von Krisen in der Zukunft?

Frage 12: Wie müsste ein systematisches Coaching-Programm aufgebaut sein, um Sie in einer Krise wirkungsvoll unterstützen zu können?

Frage 13: Wenn ein Internet-Coaching-Instrument Sie mit Frühwarnchecklisten zur Krisenprävention begleiten würde, wie beurteilen Sie solch eine Möglichkeit?

Frage 14: Was für weitere Ideen haben Sie, auf welche Weise eine Coaching-Homepage Sie in Ihrem Berufsleben unterstützen könnte?

Frage 15: Würden Sie eventuell ein Internet-Medium nutzen, in dem Sie mit Gleichgesinnten an gemeinsamen Zielen und Problemstellungen arbeiten könnten, um gegenseitig Erfahrungen auszutauschen?

Anhang 3:
Die Expertenbefragungen, Protokolle der Interviews im Einzelnen

Die Befragungen mit den Experten wurden telefonisch, schriftlich und teilweise auch persönlich durchgeführt. Die Befragungen fanden im Zeitraum April bis August 2009 statt, in der Wiedergabe der Texte wurden Korrekturen hinsichtlich Grammatik und Satzbau vorgenommen, wo dies notwendig erschien. Es wurden mehr Befragungen durchgeführt, als hier aufgeführt worden sind und für diese Arbeit nur die Experteninterviews verwertet, die hilfreich zur Bearbeitung des vorliegenden Themas erschienen. Grund für den Ausschluss einzelner Experten war insbesondere eine weniger auf Unternehmenskrisen als auf persönliche Krisendarstellung abzielende Beantwortung der Fragen. Der Bereich psychischer Krisen sollte aber nicht Eingang in das Portfolio der hier aufgeführten Experten finden, da dies den Rahmen einer wirtschaftswissenschaftlichen Dissertation gesprengt hätte.

1. Carola Paschola

Frage 1: Bitte beschreiben Sie kurz, gern mit anonymisierten Daten, die krisenhafte berufliche Entwicklung in Ihrer Vergangenheit, zu der wir Sie befragen dürfen.

Von 2000 bis 2003 habe ich im Geschäftsbereich Neue Medien in einem globalen Medienkonzern gearbeitet. Bereits im Jahr 2000 wurde deutlich, dass die New-Economy-Blase am platzen war. Diese Entwicklung setzte sich in den darauf folgenden Jahren fort. Professionell bedeutete dies, dass sich die Schwerpunkte in meiner Tätigkeit öfter verschoben. Während ich ursprünglich eingestellt wurde, um erfolgreiche amerikanische Internetstartups nach Europa zu holen, wurde ich dann beauftragt, einige Tochtergesellschaften zu schließen und bei der Abwicklung zu helfen. Danach wendete ich mich dem Small-Business-Bereich zu und darauf folgend war es meine Aufgabe, den Geschäftsbereich Mobile Inhalte mit aufzubauen. Krisenhaft war die konstante Unsicherheit, inwieweit der Bereich Neue Medien eine Zukunft hatte und wann sich mein Arbeitgeber dazu entschließen würde, diesen Bereich vollständig zu schließen, was im Jahr 2003 passierte.

Frage 2: Bitte nennen Sie die ersten Indikatoren an denen das Auftauchen einer beruflichen Krise erkennbar wurde.

Die Entwicklung der Aktienmärkte und das Verhalten der Konkurrenz waren externe Indikatoren, dass die Arbeitsplätze in unserem Geschäftsbereich konstant gefährdet waren. Intern konnte man die Krise an konstanten Änderungen der Prioritäten und Aufgabenbereiche erkennen.

Frage 3: Was für Möglichkeiten sahen Sie zu Beginn der Krise, um Herr der Situation zu werden?

Ich habe versucht das Positive an der Situation zu sehen, vor allem die Möglichkeit konstant weiterzulernen, mich weiterzuentwickeln und neues Wissen zu erlernen.

Frage 4: Inwiefern haben Sie das Schadenausmaß der krisenhaften Situation zu Beginn einschätzen können?

Es war mir klar, dass es eine Frage der Zeit war, wann mein Geschäftsbereich schließen würde.

Frage 5: Bitte beschreiben Sie, wie Sie die möglichen Folgen der Krise zu einem frühen Zeitpunkt hätten planerisch erfassen können, wenn genug Zeit und Raum dafür dagewesen wäre.

[Keine Antwort erfolgt]

Frage 6: Bitte beschreiben Sie, wie Sie Ihre nervlichen Anspannungen in der Krise gemeistert haben.

Es hat geholfen, mit meinen Kollegen darüber zu sprechen und auf meine Work-Life-Balance zu achten.

Frage 7: Wie sah Ihr Prozess des Durchspielens von Alternativen zur Krisenintervention aus? Hätte es etwas für Sie gebracht, mehr mögliche Alternativen zur Krisenintervention zur Auswahl gehabt zu haben?

[Keine Antwort erfolgt]

Frage 8: Im Licht Ihrer Krisenerfahrungen: Wie beurteilen Sie die Erfolgswirksamkeit von intuitiven Schritten einerseits, wie die Erfolgswirksamkeit von strategisch geplanter Krisenüberwindung andererseits?

Intuitive Schritte helfen meiner Meinung nach wenig zur Krisenbewältigung, da man Gefahr läuft, falsche Dinge zu tun. Strategisch geplante Krisenüberwindung ist sinnvoller.

Frage 9: Wie arbeiten Sie heute auf der Basis Ihrer Krisenerfahrungen, wenn neue Krisen auftreten?

Analysieren der Situation und Aufstellen eines Action Plans.

Frage 10: Haben Sie schon einmal mit einem Coach gearbeitet?

Ja.

Frage 11: Wie beurteilen Sie den möglichen Wert eines Coaches für Sie zum Überwinden von Krisen in der Zukunft?

Das hängt von der Art der Krise und von der Expertise des Coaches ab. Nicht jeder Coach ist gleich geeignet für bestimmte Krisen.

Frage 12: Wie müsste ein systematisches Coaching-Programm aufgebaut sein, um Sie in einer Krise wirkungsvoll unterstützen zu können?

Gemeinsames Analysieren der Situation, Aufstellen eines Action Plans und Kontrolle des Plans bzw., falls notwendig, Korrektur.

Frage 13: Wenn ein Internet-Coaching-Instrument Sie mit Frühwarn-Checklisten zur Krisenprävention begleiten würde, wie beurteilen Sie solch eine Möglichkeit?

Ich würde mir Checklisten erst anschauen, wenn ich der Meinung wäre, dass es sich um eine Krise handelt. Daher würde es erst gar nicht zu einem frühen Warnen kommen.

Frage 14: Was für weitere Ideen haben Sie, auf welche Weise eine Coaching-Homepage Sie in Ihrem Berufsleben unterstützen könnte?

Es wäre interessant, Literaturhinweise zu relevanten Themen zu bekommen oder auch Artikel lesen zu können.

Frage 15: Würden Sie eventuell ein Internetmedium nutzen, in dem Sie mit Gleichgesinnten an gemeinsamen Zielen und Problemstellungen arbeiten könnten, um gegenseitig Erfahrungen auszutauschen?

Nein.

2. Robert Oesterschlink

Frage 1: Bitte beschreiben Sie kurz, gern mit anonymisierten Daten, die krisenhafte berufliche Entwicklung in Ihrer Vergangenheit, zu der wir Sie befragen dürfen.

Mein Beispiel ist der Anschlag vom 11. September in New York und die Auswirkungen auf das Akzeptanzgeschäft und die Umsätze von American Express. Von einem Tag auf den anderen stiegen Privatleute und Geschäftsleute deutlich weniger in die Flugzeuge. Firmen empfahlen ihren Mitarbeitern, auf das Fliegen zu verzichten und Meetings zu verschieben und/oder Telefonkonferenzen durchzuführen. Wer nicht fliegt, braucht keinen Mietwagen, wer nicht fliegt, braucht kein Hotelzimmer und bucht keine Restaurantbesuche.

Frage 2: Bitte nennen Sie die ersten Indikatoren an denen das Auftauchen einer beruflichen Krise erkennbar wurde.

Bei diesem Beispiel ging es rasend schnell und das Verhalten eines Teils unserer Kunden änderte sich über Nacht. Zusätzlich erwarteten unsere Kunden in den folgenden Wochen und Monaten ein schwierigeres Umfeld, die Entscheidungswege beim Kunden wurden deutlich länger und es wurden weitere Familienmitglieder oder Mitglieder der GF vor der endgültigen Entscheidung nach ihrer Meinung gefragt.

Frage 3: Was für Möglichkeiten sahen Sie zu Beginn der Krise, um Herr der Situation zu werden?

Ruhe bewahren, in Ruhe analysieren, Szenario eins bis drei entwerfen und Reaktionen und Strategien darauf festlegen. Eine Strategie z. B war: Wenn wir weniger Travel-&-Entertainment-Umsätze generieren, müssen wir uns auf Industrien konzentrieren, die von dieser Verhaltensänderung nicht betroffen sind, so z. B Daily und Weekend Spend. Wir haben vermehrt Lebensmittel- und Getränkeketten (gegessen und getrunken wird immer), Retailer – wie z. B Textil, Geschenke, Schuhe – Parkhäuser, Ticketbüros, Freizeitparks, B2B-Partner usw. unter Vertrag genommen und somit wegbrechende Umsätze durch Umsätze des täglichen Bedarfs ausgeglichen. Aber auch <u>private</u> Restaurantbesuche wurden wieder interessanter und man gönnte sich – wenn man schon nicht verreist – wieder etwas am Heimatort.

Frage 4: Inwiefern haben Sie das Schadenausmaß der krisenhaften Situation zu Beginn einschätzen können?

Dies ist eine ganz schwere Frage. Vorher konnten wir das nicht genau einschätzen, aber nach einigen Tagen Prognosen für die nächsten Wochen und Monate aufstellen. Der ganz enge Kontakt zu unseren Corporate-Card-Kartenkunden und sowie das nachlassende Call-Volumen bei MTS gaben uns schnell eine realistische Einschätzung, und wir konnten erste Gegenmaßnahmen, wie z. B. Veränderungen des Schichtdienstes im Callcenter, verändertes T&E-Ausgabeverhalten, Einschränkungen bei Marketingausgaben, Absage von Events usw., treffen.

Frage 5: Bitte beschreiben Sie, wie Sie die möglichen Folgen der Krise zu einem frühen Zeitpunkt hätten planerisch erfassen können, wenn genug Zeit und Raum dafür dagewesen wäre.

Wir hätten rechtzeitig unser Marketing von Travel-&-Entertainment-Bewerbung auf Daily Spend und Retail geändert. Was nutzt das schönste Mailing mit Flugangeboten, wenn die Karteninhaber Angst haben ins Flugzeug zu steigen.

Frage 6: Bitte beschreiben Sie, wie Sie Ihre nervlichen Anspannungen in der Krise gemeistert haben.

Da wir nicht nur von Travel-&-Entertainment-Umsätzen abhängen, war die nervliche Anspannung nicht so groß und wir wussten, dies ist eine zeitlich begrenzte Krise. Wenn die Hintergründe des Anschlags aufgearbeitet sind, werden die Geschäftsleute wieder zu ihren Kunden reisen um Geschäfte zu machen. In der Zwischenzeit – und das war die Herausforderung – mussten wir unsere Karteninhaber, z. B durch Membership Reward, motivieren, ihre Karte öfter bzw. am besten immer am Point of Sale für a l l e Ausgaben wie Retail, Theatertickets, Tanken usw. einzusetzen, Bargeld und EC-Karte in der Geldbörse stecken zu lassen, um die Umsatzrückgänge so zu kompensieren.

Frage 7: Wie sah Ihr Prozess des Durchspielens von Alternativen zur Krisenintervention aus? Hätte es etwas für Sie gebracht, mehr mögliche Alternativen zur Krisenintervention zur Auswahl gehabt zu haben?

Wichtig war, innerhalb des Hauses unsere neue Strategie abzustimmen, sodass alle an einem Strang ziehen und nicht in verschiedene Richtungen laufen. Plan A, B und C bestanden nicht, sondern wurden zeitnah erarbeitet. Ein fertiger Plan hätte sehr geholfen und wertvolle Zeit erspart.

Frage 8: Im Licht Ihrer Krisenerfahrungen: Wie beurteilen Sie die Erfolgswirksamkeit von intuitiven Schritten einerseits, wie die Erfolgswirksamkeit von strategisch geplanter Krisenüberwindung andererseits?

Schnelle Entscheidungen oder kleinere Entscheidungen – falls nötig – intuitiv fällen, größere gut mit anderen Abteilungen abstimmen, um den größtmöglichen Erfolg zu erzielen.

Frage 9: Wie arbeiten Sie heute auf der Basis Ihrer Krisenerfahrungen, wenn neue Krisen auftreten?

Ruhig bleiben – Dale Carnegie hat in seinem Buch *Sorge dich nicht, lebe* empfohlen, sich nicht verrückt machen zu lassen und lieber das Problem wie folgt anzugehen: Was kann im allerschlimmsten Fall passieren? Wenn man sich die Frage stellt, ist das Problem auf einmal gar nicht mehr so groß und man fängt an, es in kleine Teilbereiche aufzusplittern und dann nach Lösungen zu suchen.

Frage 10: Haben Sie schon einmal mit einem Coach gearbeitet?

Nein, aber ich hatte das Glück, in jungen Jahren, d. h. am Anfang meiner Laufbahn, zwei sehr gute Leader als „Coach" zu haben.

Frage 11: Wie beurteilen Sie den möglichen Wert eines Coaches für Sie zum Überwinden von Krisen in der Zukunft?

Habe ich noch nicht ausprobiert, kann aber sicherlich helfen, wenn die Krise zu groß wird oder man überfordert ist. Das Problem ist wahrscheinlich, ehrlich sich selbst gegenüber zu sein und sich dies einzugestehen. Die Herausforderung ist, seine gesamte Mannschaft aus dem Schockzustand zu holen, sie zu motivieren, jetzt erst recht eine „Schippe" draufzulegen.

Frage 12: Wie müsste ein systematisches Coaching-Programm aufgebaut sein, um Sie in einer Krise wirkungsvoll unterstützen zu können?

Darüber habe ich mir noch keine Gedanken gemacht.

Frage 13: Wenn ein Internet-Coaching-Instrument Sie mit Frühwarn-Checklisten zur Krisenprävention begleiten würde, wie beurteilen Sie solch eine Möglichkeit?

Ich würde auf jeden Fall „mein Problem" mal durchlaufen lassen, um zu sehen, was mir das Programm empfiehlt.

Frage 14: Was für weitere Ideen haben Sie, auf welche Weise eine Coaching-Homepage Sie in Ihrem Berufsleben unterstützen könnte?

Es sollte einfach zu bedienen sein, Ratgeber nennen, Infomaterial oder Bücher empfehlen, eventuell Senior Coaches nach Fachrichtungen benennen.

Frage 15: Würden Sie eventuell ein Internetmedium nutzen, in dem Sie mit Gleichgesinnten an gemeinsamen Zielen und Problemstellungen arbeiten könnten um gegenseitig Erfahrungen auszutauschen?

Das kommt darauf an – da ich keine internen Informationen mit Externen teilen darf, wird dies schwierig.

3. Dr. Hagen Radowski

Frage 1: Bitte beschreiben Sie kurz, gern mit anonymisierten Daten, die krisenhafte berufliche Entwicklung in Ihrer Vergangenheit, zu der wir Sie befragen dürfen.

Das war der Verkauf unserer Gesellschaft, einer Beratungsfirma, an ein Unternehmensnetzwerk. Und in diesem Netzwerk kam es, aufgrund von Managementfehlern zu einer Krise. Diese hat sich schleichend über das ganze Netzwerk ausgebreitet und kam schließlich bei uns an. Ein Kunde aus München rief mich an und fragte mich, ob wir auch von dieser Krise betroffen seien. Ich wusste zu diesem Zeitpunkt noch gar nichts von der Krise. Dieser Herr war seinerseits angerufen worden von einem Kollegen aus Frankreich und dort ging das aktuelle Krisengeschehen bereits durch die Presse. Das Unternehmen, in dem die Krise begonnen hatte, war französisch und so kam dieses Geschehen praktisch durch die Hintertür zu uns herein. Ab dieser Nachricht haben wir aktiv begonnen, gegenzusteuern.

Frage 2: Bitte nennen Sie die ersten Indikatoren an denen das Auftauchen einer beruflichen Krise erkennbar wurde.

Ganz konkret erlebten wir den Abzug von Beratungsaufträgen durch unsere Kunden. Man hat gesagt, es sei nicht klar, wie die Krise sich weiter entwickele und deshalb wurde, ausgehend von Frankreich, über ganz Europa im ganzen Netzwerk die Auftragsvergabe in der Beratung an uns zurückgestellt.

Frage 3: Was für Möglichkeiten sahen Sie zu Beginn der Krise, um Herr der Situation zu werden?

Sehr extreme Maßnahmen eigentlich. Man versucht natürlich, in der Krise Ursachenforschung zu betreiben und in dem Fall war die Ursachenforschung relativ einfach. Die Mitgliedschaft in dem Unternehmensnetzwerk, an das wir verkauft hatten, war unser Problem. Konkret haben wir so reagiert, dass wir alle Hinweise auf die Mitgliedschaft in diesem Netzwerk von unserer Homepage entfernt haben, dann haben wir unsere Kunden persönlich besucht und den Kunden dargestellt, dass wir selbst kein wirtschaftliches Problem haben, dadurch dass wir zu diesem Netzwerk gehören. Wir machten deutlich, dass wir autonom operieren.

Frage 4: Inwiefern haben Sie das Schadenausmaß der krisenhaften Situation zu Beginn einschätzen können?

Zu Beginn eigentlich überhaupt nicht und erst nachdem wir uns über Presse und Internet informiert hatten, wurde uns das Ausmaß der Krise in Frankreich wirklich klar. Man hat einfach in Frankreich nicht mehr den Umsatz erreicht, den man hatte erreichen wollen, hat dann eine Luftgesellschaft gegründet ohne Mitarbeiter und hat dann Luftrechnungen ohne sachliche Grundlage gestellt. So wurde der Umsatz aufgebläht, das kam dann als Nachricht über die Presse und über einen Artikel in der Zeitung *Le Monde* kam dies an uns zurück.

Frage 5: Bitte beschreiben Sie, wie Sie die möglichen Folgen der Krise zu einem frühen Zeitpunkt hätten planerisch erfassen können, wenn genug Zeit und Raum dafür dagewesen wäre.

Was ich gelernt habe, ist, für geschäftskritische Beziehungen, sei es zu Kunden, zu Lieferanten oder auch im Netzwerk, ein Nachrichtenscreening einzurichten. Damit meine ich, das Internet ständig auf konkrete, für uns relevante Nachrichten absuchen zu lassen, um dann eben auch rechtzeitig auf solche Dinge aufmerksam zu werden. Also ich bin mir sicher, wenn wir solche Nachrichten damals zur Verfügung gehabt hätten, wäre ich dem Anrufer mit der Kriseninformation zuvor gekommen.

Frage 6: Bitte beschreiben Sie, wie Sie Ihre nervlichen Anspannungen in der Krise gemeistert haben.

Mit einer guten Flasche Bordeaux-Wein! Im Ernst: Durch Austausch und durch erhöhte Kommunikation, stark erhöhte Kommunikation.

Frage 7: Wie sah Ihr Prozess des Durchspielens von Alternativen zur Krisenintervention aus? Hätte es etwas für Sie gebracht, mehr mögliche Alternativen zur Krisenintervention zur Auswahl gehabt zu haben?

Wir haben eigentlich alle Interventionsmöglichkeiten durchgespielt bis hin zum Szenario eines Rückkaufs der Firma aus diesem Netzwerk. Es hätte sicherlich etwas gebracht, noch besser mit den anderen Mitgliedsfirmen des Netzwerks vernetzt zu sein. Ich denke hier konkret an so eine Art virtuellen Emergency Room, in dem man den stark erhöhten Kommunikationsbedarf in der Krise abwickeln kann.

Frage 8: Im Licht Ihrer Krisenerfahrungen: Wie beurteilen Sie die Erfolgswirksamkeit von intuitiven Schritten einerseits, wie die Erfolgswirksamkeit von strategisch geplanter Krisenüberwindung andererseits?

Ich denke mal, die geplante, die strategische Krisenplanung stellt die Plattform bereit, die man dann im akuten Krisenfall mit Leben füllt. Das Feintuning findet dann intuitiv oder situationsbezogen statt. Die Qualität des Krisenmanagements steigt dramatisch, wenn man sich vorher intensiv Gedanken über das Krisengeschehen macht.

Frage 9: Wie arbeiten Sie heute auf der Basis Ihrer Krisenerfahrungen, wenn neue Krisen auftreten?

Wir haben heute einen zumindest rudimentären Kommunikationsplan. Wir haben klare Vertretungsregelungen und wir haben einfach Prozesse installiert, damit wir auf solche krisenhaften Vorkommnisse zukünftig schneller reagieren können.

Frage 10: Haben Sie schon einmal mit einem Coach gearbeitet?

Nein

Frage 11: Wie beurteilen Sie den möglichen Wert eines Coaches für Sie zum Überwinden von Krisen in der Zukunft?

Eine Krisensituation ist immer eine Stresssituation, insofern kann ein Coach zumindest so etwas wie ein ruhiger Bezugspol sein. Er kann die Situation klar und nüchtern von einer Außenperspektive verifizieren. Insofern ist die Idee der Nutzung eines Coaches in einer Krisensituation eine Gute aus meiner Sicht. Es gilt einfach, Kriterien zu erstellen, die ein solcher Coach erfüllen müsste. Zunächst muss er sich einfach mit dem Geschäft auskennen, mit dem ich mich dann in der Krise befinde. Er muss sich schon ein Stück weit in meine Situation hineinversetzen können, um dann auch bewerten zu können, wie wichtig einzelne Elemente sind in der Krisenbewältigung.

Frage 12: Wie müsste ein systematisches Coaching-Programm aufgebaut sein, um Sie in einer Krise wirkungsvoll unterstützen zu können?

Aus meiner Erfahrung heraus, und ähnliches habe ich auch in meiner Dissertation beschrieben, ist die Nummer eins eine saubere Koordination eingehender und ausgehender Nachrichten zum Krisengeschehen. Das fängt damit an, dass auf einer Krisen-Coaching-Website eine Telefonnummer für eine Telefonkonferenz angegeben ist, dann, dass es einen Link gibt zu einem privat geschützten Videokonferenzsystem. Notwendig sind Instrumente, um schnell und ohne große Hürden miteinander in Verbindung treten zu können. Dann ist sicherlich notwendig ein laufender Nachrichtenticker mit aktuellsten Meldungen, weiterhin ist hilfreich ein direkter Zugang zu Pressemeldungen zu den relevanten Situationen. Ich kann mit konkret vorstellen so eine Art Krisen-Baukasten, aus dem man sich in so einem Fall bedienen kann.

Frage 13: Wenn ein Internet-Coaching-Instrument Sie mit Frühwarn-Checklisten zur Krisenprävention begleiten würde, wie beurteilen Sie solch eine Möglichkeit?

Wenn es nicht länger als eine Seite ist, dann auf jeden Fall gut. Da liegt in der Kürze die Würze. Weitere wichtige Parameter sind Aktualität und ein konkreter Zuschnitt auf das jeweilige Geschäft.

Frage 14: Was für weitere Ideen haben Sie, auf welche Weise eine Coaching-Homepage Sie in Ihrem Berufsleben unterstützen könnte?

Ich sehe das nun aus der Perspektive eines Dienstleistungsunternehmens. Ich sage jetzt, wer sind meine Stakeholder, wer sind meine Kunden, wer sind meine Lieferanten und von so einer Krisen-Website würde ich eine Art Frühwarnsystem erwarten. Dort müsste ich meine relevanten Stakeholder über Suchbegriffe definieren können, das geht nur über eine intelligente Verschlagwortung. Über so eine Website wären dann sehr viel früher uns betreffende Pressemeldungen hochgekommen. Das wäre für mich der erste Schritt, dass ich sage, ich schaue da draußen nach Meldungen und wenn diese Meldungen ganz bestimmte Stichworte enthalten, wird dies noch mal höher priorisiert. Dies, sodass auf der Website in einem roten Fenster kritische Meldungen erscheinen. Ist der Rahmen grün, bedeutet dies: Heute null kritische Meldungen und in unserem Fall wäre dann auf dieser Seite für mich sichtbar erschienen: heute sieben kritische Meldungen zu unserem Krisengeschehen in Frankreich.

Frage 15: Würden Sie eventuell ein Internetmedium nutzen, in dem Sie mit Gleichgesinnten an gemeinsamen Zielen und Problemstellungen arbeiten könnten um gegenseitig Erfahrungen auszutauschen?

Ja, nachdem man sich vorher getroffen hat und gemeinsam Ziele dieser Zusammenarbeit definiert hat.

4. Kristian Furch

Frage 1: Bitte beschreiben Sie kurz, gern mit anonymisierten Daten, die krisenhafte berufliche Entwicklung in Ihrer Vergangenheit, zu der wir Sie befragen dürfen.

Es gab eine strategische Uneinigkeit zwischen zwei Gesellschaftern/Geschäftsführern.

Frage 2: Bitte nennen Sie die ersten Indikatoren an denen das Auftauchen einer beruflichen Krise erkennbar wurde.

Wir hatten Streit um Kleinigkeiten im Alltag („Stellvertreterdebatten"), dann über Geld (Letzteres zeigt, dass zunehmend Prioritäten unterschiedlich gesetzt wurden).

Frage 3: Was für Möglichkeiten sahen Sie zu Beginn der Krise, um Herr der Situation zu werden?

Vernünftig miteinander reden, später: Dritte mit einbeziehen.

Frage 4: Inwiefern haben Sie das Schadenausmaß der krisenhaften Situation zu Beginn einschätzen können?

Gar nicht. Ich habe das Ausmaß völlig unterschätzt.

Frage 5: Bitte beschreiben Sie, wie Sie die möglichen Folgen der Krise zu einem frühen Zeitpunkt hätten planerisch erfassen können, wenn genug Zeit und Raum dafür dagewesen wäre.

Es wäre gut gewesen, wenn jemand mit Erfahrung systematisch die Frühsignale erfasst und mich zum Durchdenken der vermutlich weiteren Eskalationsschritte ermutigt hätte inklusive des Durchdenkens des „worst case" mit allen Konsequenzen. Das hätte mich vielleicht dazu gebracht, früher „loszulassen".

Frage 6: Bitte beschreiben Sie, wie Sie Ihre nervlichen Anspannungen in der Krise gemeistert haben.

Ich bin Christ und habe für Ruhe, einen fairen Ausgang und auch für die eigene Selbstkorrekturfähigkeit gebetet. Aus dem Gebet heraus wurden mir oft die nächsten Schritte klar, schlussendlich auch die Freiheit, loszulassen und auf meine Rechte zu verzichten und den Konflikt durch entschädigungslosen Weggang zu beenden.

Frage 7: Wie sah Ihr Prozess des Durchspielens von Alternativen zur Krisenintervention aus? Hätte es etwas für Sie gebracht, mehr mögliche Alternativen zur Krisenintervention zur Auswahl gehabt zu haben?

Wie gesagt, mit Gott habe ich das getan, auch mit einigen guten Freunden. Geholfen hätte mir ergänzend ein „advocatus diaboli", der immer wieder an die nüchterne, eher hoffnungslose Worst-Case-Alternative erinnert hätte.

Frage 8: Im Licht Ihrer Krisenerfahrungen: Wie beurteilen Sie die Erfolgswirksamkeit von intuitiven Schritten einerseits, wie die Erfolgswirksamkeit von strategisch geplanter Krisenüberwindung andererseits?

Ich glaube, letztlich braucht man die Intuition am meisten, weil es zu jedem gedachten Zeitpunkt zu viele Möglichkeiten zum Weitermachen gibt und vieles auch von der Reaktion des Konfliktpartners abhängt, die auch oft nicht vorhersehbar ist.

„Von hinten her" planen kann man meines Erachtens vor allem das Worst-Case-Szenario und den Preis, den dieses Szenario hat. Dann ist man auf den schlimmsten Fall eingestellt, wird weniger stark überrascht und hat die Kosten abgewogen. Erst wenn ich bereit bin diese Kosten zu bezahlen, bin ich wirklich frei und kann mich auf die Krise wirklich einlassen.

Frage 9: Wie arbeiten Sie heute auf der Basis Ihrer Krisenerfahrungen, wenn neue Krisen auftreten?

Ich kalkuliere früh die möglichen Kosten und verlasse mich anschließend für die einzelnen Schritte auf meine Intuition bzw. auf die von Freunden. Mein Gottvertrauen ist außerdem extrem gewachsen, denn selbst das Worst-Case-Szenario ist meist nicht so schlimm wie man denkt. Es geht eigentlich immer irgendwie weiter. Oft entsteht auch erst aus der Krise heraus die Energie für wirklich neue Dinge.

Frage 10: Haben Sie schon einmal mit einem Coach gearbeitet?

Ich bin selber Executive Coach. Ich selber lasse mich durch gute Freunde coachen, bisher aber noch nicht professionell.

Frage 11: Wie beurteilen Sie den möglichen Wert eines Coaches für Sie zum Überwinden von Krisen in der Zukunft?

Als sehr hoch, in den genannten Punkten.

Frage 12: Wie müsste ein systematisches Coaching-Programm aufgebaut sein, um Sie in einer Krise wirkungsvoll unterstützen zu können?

So, dass der Coach lediglich hilft, die eigene Intuition anzustacheln und die eigene Lösungskompetenz zu aktivieren, ausgehend von diesen Fragen: Was will ich eigentlich? Was wäre der größte anzunehmende Unfall? Was wäre dann? Was würde ich tun?

Frage 13: Wenn ein Internet-Coaching-Instrument Sie mit Frühwarn-Checklisten zur Krisenprävention begleiten würde, wie beurteilen Sie solch eine Möglichkeit?

Immer, wenn es letztlich um Menschen geht, kann ich mir nicht vorstellen, wie das funktionieren würde, wegen der Komplexität der Szenarien. Wenn es um sachbezogene Krisen ginge: Wenn die Listen echtes Fach-Know-how enthalten bzw. erschließen wäre das wohl hilfreich, so wie eine Steuererklärung einen ja auch durch einen Entscheidungsprozess führt.

Frage 14: Was für weitere Ideen haben Sie, auf welche Weise eine Coaching-Homepage Sie in Ihrem Berufsleben unterstützen könnte?

Derzeit keine, da bin ich echt überfordert.

Frage 15: Würden Sie eventuell ein Internet-Medium nutzen, in dem Sie mit Gleichgesinnten an gemeinsamen Zielen und Problemstellungen arbeiten könnten um gegenseitig Erfahrungen auszutauschen?

Ja, als reiner Erfahrungsaustausch und anonym könnte ich mir das vorstellen. Das ist z. B. eine tolle Idee, erinnert an das Konzept des „Peer Coachings" (gegenseitiges Coaching auf Augenhöhe).

5. Andreas Moritz

Frage 1: Bitte beschreiben Sie kurz, gern mit anonymisierten Daten, die krisenhafte berufliche Entwicklung in Ihrer Vergangenheit, zu der wir Sie befragen dürfen.

Ich war Manager des Orchesters Berliner Symphoniker während der Zeit der gänzlichen Streichung öffentlicher Zuwendungen. Dies mit der letztendlichen Folge eines Antrags auf Eröffnung eines Insolvenzverfahrens.

Frage 2: Bitte nennen Sie ersten Indikatoren an denen das Auftauchen einer beruflichen Krise erkennbar wurde.

Mit dem zunehmenden Bewusstsein, dass eine Weiterführung des Spielbetriebs meines Orchesters nicht realisierbar sein würde, wurde mir natürlich gleichzeitig klar, dass dies auch für mich persönlich in eine berufliche Krise führen wird, da ja in der Konsequenz einer Abwicklung meines Orchesters auch meine Tätigkeit obsolet werden musste.

Jedoch habe ich vom ersten Augenblick dies für mich persönlich nie als Krise, sondern immer als neue Herausforderung verstanden und gefühlt, um so eine neue Ebene in meinem beruflichen Leben erreichen zu dürfen.

Frage 3: Was für Möglichkeiten sahen Sie zu Beginn der Krise, um Herr der Situation zu werden?

So ich den Begriff „Möglichkeit" in seiner Bedeutung als „nutzbares Potential" verstehen darf, war die wichtigste Möglichkeit für mich mein Vertrauen auf mein persönliches Potential im Sinne von Ausdauer bzw. positiver und disziplinierter (!) Einstellung. Dies möchte ich nicht verwechselt wissen mit persönlichen Möglichkeiten im Sinne von klassischer Ausbildung. Auf dieses Feld (Ausbildung/Weiterbildung) wollte ich mich nämlich zunächst konzentrieren – jedoch wurde mir dank einer Coaching-Maßnahme schnell klar, dass ich in dieser akuten Situation a priori mit meinen vorhandenen Möglichkeiten arbeiten muss, anstatt durch Weiterbildungsmaßnahmen zu diesem Zeitpunkt (!) von der Bahn des schnellstmöglichen Findens eines beruflichen Anschlusses abzukommen.

Ausbildung/Weiterbildung darf „nicht zur Unzeit" erfolgen: Entscheidend ist für mich im Rückblick, dass es in Krisensituationen generell wichtig ist, bereits vorhandenes Potential zu nutzen und sich ggf. nach, oder besser noch frühzeitig vor einer Krise, Gedanken über Verbesserungsmöglichkeiten im eigenen Kompetenzportfolio zu machen. Nur so kann man sich selbst gegenüber sicherstellen, in einer akuten Krisensituation innerlich stabil zu bleiben. Ruhe in der Krise kommt ausschließlich durch Vertrauen in sich selbst. Extremer formuliert bedeutet dies für mich: Eine Krise kann dazu dienen, das Vertrauen sich selbst gegenüber (im Idealfall fast schon spielerisch) auf die Probe zu stellen, anstatt – vor sich und seinem eigentlichen Potential selbst flüchtend – kurzfristig und aktivistisch nach zusätzlichen Rettungsankern zu suchen. Dies ist definitiv nicht nötig, wenn man den Mut hat, jener Person zu trauen, die einem am allernächsten steht: sich selbst. Ich hatte eingangs erwähnt, dass ich die betreffende Situation nie als Krise, sondern als eine Herausforderung empfunden habe – diese Haltung ist das Resultat des hier geschilderten In-sich-selbst-Vertrauens. Dies ist deswegen umso wichtiger, als dass man diese innere Haltung z. B. bei Vorstellungsterminen als Gegenüber sehr wohl wahrnimmt.

Frage 4: Inwiefern haben Sie das Schadenausmaß der krisenhaften Situation zu Beginn einschätzen können?

Zu 100%: Es war völlig klar, dass ein kompletter Neustart nötig sein wird. Dies hat mir jedoch geholfen, mich nicht in falschen Hoffnungen aufzuhalten.

Frage 5: Bitte beschreiben Sie, wie Sie die möglichen Folgen der Krise zu einem frühen Zeitpunkt hätten planerisch erfassen können, wenn genug Zeit und Raum dafür dagewesen wäre.

Ich möchte es so formulieren: Sollte ich je wieder in eine solche Situation kommen, so würde ich dank meiner Krisenerfahrung sehr konzentriert einen Aufgaben- und Zeitplan erstellen können, der mir jene, dann absolut klar strukturierbare Arbeit, eine neue berufliche Aufgabe zu finden, noch schneller vonstatten gehen lassen würde. Ich hätte also – um auf die Frage 5 zurückzukommen – die gleichen Dinge getan, diese jedoch schon in der Zeit zuvor zu Papier bringen können. Eine klare Struktur der Aufgaben zu Zeiten einer Krisenbewältigung scheint mir überhaupt von größter Wichtigkeit: Es geht damit los, dass der „Arbeitstag Krisenbewältigung" zeitlich so diszipliniert und klar geregelt ist wie nur irgend möglich und ebenso klar mit Inhalten gefüllt ist. Keinesfalls passend ist das Verständnis, sich als „arbeitslos" zu empfinden. Das ginge schief!!!

Frage 6: Bitte beschreiben Sie, wie Sie Ihre nervlichen Anspannungen in der Krise gemeistert haben.

Durch Mehrerlei: Zum einen durch die Ebene „Disziplin und Arbeit", wie z. B. unter Frage 2 und 3 geschildert („Möglichkeit statt Krise"; In-sich-selbst-Vertrauen") – es mag altmodisch klingen, trifft für mich aber den Kern: „Die Freude eines (jungen) Menschen an der Entdeckung althergebrachter Tugenden."

Zum anderen: Ich denke es ist wichtig, sich einem – wie auch immer gearteten – geistigen Überbau anzuvertrauen. Dies kann jedoch sicherlich nur eine individuelle, jedoch auf mich zutreffende, zusätzliche Hilfe sein.

Des Weiteren: Glücklich, wer in einer solchen Situation den passenden Lebenspartner hat – den hatte/habe ich. Und: Es darf keinesfalls dazu kommen, z. B. mehr Alkohol zu konsumieren, als man dies vor der Krise getan hat. Weitere „Hilfsmittel" zerstören das so wichtige In-sich-selbst-Vertrauen sicherlich zur Gänze und führen jegliche Versuche, Konstruktives zu tun ad absurdum. Sport hilft!

Frage 7: Wie sah Ihr Prozess des Durchspielens von Alternativen zur Krisenintervention aus? Hätte es etwas für Sie gebracht, mehr mögliche Alternativen zur Krisenintervention zur Auswahl gehabt zu haben?

Nein. Ich habe nie auch nur im Ansatz Alternativen durchgespielt. Nach meiner Erfahrung muss man zu 100% hinter dem stehen, wozu man sich entschieden hat – nur so kann man überzeugen.

Hier ein Beispiel: Hätte ich gleichzeitig in meiner Zeit der Krisenintervention, also während der Suche nach einem neuen Job als Kulturmanager angefangen, zur Sicherheit als Instrumentallehrer tätig zu sein, wäre ich, so denke ich, nicht erfolgreich gewesen. Man kann nicht am Tag vor einem Vorstellungsgespräch aus der Haut des Musikschullehrers glaubhaft in die des Managers schlüpfen. Die gesamte Persönlichkeit muss zu jeder Sekunde schlüssig sein. Die Möglichkeit von verschiedenen Alternativen würde ich mir demnach nicht wünschen.

Frage 8: Im Licht Ihrer Krisenerfahrungen: Wie beurteilen Sie die Erfolgswirksamkeit von intuitiven Schritten einerseits, wie die Erfolgswirksamkeit von strategisch geplanter Krisenüberwindung andererseits?

Die Strategie muss der Intuition bereitwillig und wachsam dienen. Jedoch: Beides benötigt einander, beides ist gleichsam wichtig, macht ohne den anderen Part überhaupt keinen Sinn. Allein in der zeitlichen Abfolge gibt es einen zwingenden Ablauf: Zuerst muss die Intuition sagen dürfen wohin die Reise gehen soll. Danach muss immer strategisch geplant werden, um dieses Ziel erreichen zu können – im Großen wie im Kleinen.

Groß: Wo möchte man am Ende hin? Wie kann ich meiner Intuition ihren Wunsch erfüllen?

Klein: Wie sieht jeder (!) einzelne Tag, jeder (!) Arbeitsschritt auf diesem Weg aus?

Diese Planung ist rein strategisch-technisch und sollte der Ratio überlassen werden. Dann folgen, quasi immer in dieses strategische Muster eingefügt, die intuitiven Zwischenschritte, wie z. B.: Ist die vakante Position wirklich eine, die in den „großen Bogen" passt? Rufe ich heute wirklich Herrn XY an, nur weil es mein Telefonplan vorsieht, wenngleich ich z. B. seit gestern weiß, dass Herr XY temporär wichtige Probleme hat, etc.?

Die Intuition hat also die verantwortungsvolle Aufgabe, die Ratio wohlwollend zu kontrollieren, die Intuition muss sich auf diesem Feld also auch aktiv (!) beteiligen – sie dient als Schutz davor, dass eine einmal geplante Strategie ohne Rücksicht zur Umsetzung kommt. Die Intuition darf also nicht nur den kreativen Geist spielen und die Antwort der Ratio allein überlassen.

Im Prozess ergibt sich so letztendlich ein Wechselspiel zwischen strategischem und intuitivem Handeln. Wichtig ist hier wiederum: Man muss Freude daran haben, diese gegensätzlichen Geschwister in sich spielen zu lassen, man muss sich selbst darin vertrauen, dass beide zum Zug kommen.

Frage 9: Wie arbeiten Sie heute auf der Basis Ihrer Krisenerfahrungen, wenn neue Krisen auftreten?

Dank meiner Erfahrungen strukturiert und mit Freude an der Aufgabe.

Frage 10: Haben Sie schon einmal mit einem Coach gearbeitet?

Ja. Mehrfach.

Frage 11: Wie beurteilen Sie den möglichen Wert eines Coaches für Sie zum Überwinden von Krisen in der Zukunft?

Ein guter Coach ist für mich jemand, der dem Coachee seine Potentiale aufzeigt und ihn zur Selbstreflexion ermuntert, um Defizite aus sich selbst heraus anzugehen bzw. zu verbessern. Letztendlich werden Defizite des Coachees ja auch immer zum Entstehen von Krisen überhaupt beigetragen haben! Dies ist allerdings eher eine Quelle zur Verbesserung im weiteren Prozess als Stoff für ein klassisches Drama.

Wenn also die vorbehaltlose Bereitschaft zur Reflexion eines Coachees und ein geeigneter Coach zueinander finden dürfen, ist der Wert einer solchen Maßnahme unschätzbar hoch!

Frage 12: Wie müsste ein systematisches Coaching-Programm aufgebaut sein, um Sie in einer Krise wirkungsvoll unterstützen zu können?

Systematisch sinnvoll scheint mir vor allem jenes Coaching-Programm, das nicht erst im Moment der Krise beginnt – lebenslanges Studium ist wichtig! Dennoch: Ein derartiges System sollte immer von drei Säulen getragen sein:

- Erhaltung und Stärkung des In-sich-selbst-Vertrauens,
- Verbesserung des Handwerkszeuges (strategische Überlegungen an aktuellen Beispielen, Stärkung der rhetorischen/sozialen Kompetenz etc.), Ermunterung zur Reflexion,
- tiefes Vertrauen zwischen Coach und Coachee.

Frage 13: Wenn ein Internet-Coaching-Instrument Sie mit Frühwarn-Checklisten zur Krisenprävention begleiten würde, wie beurteilen Sie solch eine Möglichkeit?

Das wäre sehr gut – könnte es einen doch eventuell vor Fehleinschätzung der eigenen Situation bewahren.

Frage 14: Was für weitere Ideen haben Sie, auf welche Weise eine Coaching-Homepage Sie in Ihrem Berufsleben unterstützen könnte?

Anonymisierte Fälle aufgreifend könnte z. B. wöchentlich ein kleiner Ratgeber als Newsletter erscheinen. Dies eventuell sogar mit Aufgabenstellungen an die Coachee-Community, wie mit der genannten Problemstellung aus deren Sicht umzugehen sei. Nicht als öffentlicher Blog! Denn der Coach sollte in jeden Fall die Möglichkeit haben, zu entscheiden, ob und welche dritte Meinung in den ursprünglich zitierten Coaching-Prozess zurückfließen soll.

Frage 15: Würden Sie eventuell ein Internet-Medium nutzen, in dem Sie mit Gleichgesinnten an gemeinsamen Zielen und Problemstellungen arbeiten könnten um gegenseitig Erfahrungen auszutauschen?

Ja.

6. Richard Negrelli

Frage 1: Bitte beschreiben Sie kurz, gern mit anonymisierten Daten, die krisenhafte berufliche Entwicklung in Ihrer Vergangenheit, zu der wir Sie befragen dürfen.

Ich war mit 34% Partner (geschäftsführender Gesellschafter) in einer GmbH. Der Sohn des Mehrheitsgesellschafters war – nicht zuletzt wegen eines Streits mit seinem Vater - bei meinem Eintritt kein Partner, sondern in einem anderen Unternehmen beschäftigt. Als er dort keine berufliche Zukunft sah, bot ihm mein Partner eine Position als Mitarbeiter in unserer GmbH an. Der familiäre Konflikt zwischen dem Mehrheitsgesellschafter und seinem Sohn verschärfte sich immer mehr. Der Sohn empfand seine Stellung als privilegiert und nahm seine – empfundenen – Privilegien zu Lasten der anderen Mitarbeiter wahr. Er ließ sich nicht in die Organisation eingliedern, respektierte die Hierarchie nicht und wurde trotz fachlicher Eignung zunehmend zum Außenseiter im Unternehmen. Sein Vater war nicht in der Lage, sich und damit das Reglement im Unternehmen durchzusetzen. Nach verbalen Zusammenstößen kam es immer wieder zum Einlenken und – fruchtlos verstreichenden – Fristsetzungen. Als formaler Vorgesetzter des Sohns, aber Familien-Outsider wurde die Situation für mich immer schwerer erträglich.

Frage 2: Bitte nennen Sie ersten Indikatoren an denen das Auftauchen einer beruflichen Krise erkennbar wurde.

Die Unzufriedenheit des Sohnes mit seinem externen Job, die anhaltenden Vater-Sohn-Konflikte.

Frage 3: Was für Möglichkeiten sahen Sie zu Beginn der Krise, um Herr der Situation zu werden?

Durchsetzung der Unternehmensorganisation und Stellenbeschreibungen, Unterstellung des Sohns unter meine Person und damit Ausklammern familiären Streits aus dem Unternehmen.

Frage 4: Inwiefern haben Sie das Schadenausmaß der krisenhaften Situation zu Beginn einschätzen können?

Der Schaden war zu Beginn sehr schwer einzuschätzen, weil der Sohn sich freundlich, kooperativ und loyal gab und fachlich eine Bereicherung unseres Teams darstellte. Dass Probleme auftreten könnten, war mir bewusst. Das kaufmännisch korrekte Verhalten des Vaters und das zunächst konziliante

Verhalten nährten bei mir den Irrtum, die Kooperation könnte zufriedenstellend funktionieren.

Frage 5: Bitte beschreiben Sie, wie Sie die möglichen Folgen der Krise zu einem frühen Zeitpunkt hätten planerisch erfassen können, wenn genug Zeit und Raum dafür dagewesen wäre.

Intensivere Gespräche mit dem Mehrheitsgesellschafter, um dessen Durchsetzungskraft gegenüber seinem Sohn besser einschätzen zu können; möglicherweise Nutzung externer Informationen. Umfangreichere Informationen über das bisherige Verhalten des Sohnes in anderen beruflichen Situationen. Nutzung von Erfahrung aus vergleichbaren Familienunternehmen.

Frage 6: Bitte beschreiben Sie, wie Sie Ihre nervlichen Anspannungen in der Krise gemeistert haben.

Hilfreich war der Austausch mit Frau und Freunden.

Frage 7: Wie sah Ihr Prozess des Durchspielens von Alternativen zur Krisenintervention aus? Hätte es etwas für Sie gebracht, mehr mögliche Alternativen zur Krisenintervention zur Auswahl gehabt zu haben?

Nachdem ich die Konstellation durchschaut hatte, gab es drei Alternativen:

A. Fortführung der GmbH mit dem Sohn, aber ohne den Vater – nicht sinnvoll, da die Charakterprobleme des Sohns eine fruchtbare Arbeit der nicht zugelassen hätten;

B. Trennung vom Sohn (Ausscheiden aus dem Unternehmen);

C. mein Ausscheiden (Verkauf der Gesellschafteranteile). Realisiert wurde schließlich Alternative B. In der Zwischenzeit hatte das Unternehmen aber Umsatz und teilweise Image verloren, musste erhöhte Kosten in Kauf nehmen und war gezwungen, zusätzlich in New-Business-Aktivitäten zu investieren. Ich hatte keine professionelle Beratung. Eine unabhängige Bewertung der bestehenden Alternativen und das Durchspielen zusätzlicher Alternativen wären sehr hilfreich gewesen.

Frage 8: Im Licht Ihrer Krisenerfahrungen: Wie beurteilen Sie die Erfolgswirksamkeit von intuitiven Schritten einerseits, wie die Erfolgswirksamkeit von strategisch geplanter Krisenüberwindung andererseits?

Intuition ist unerlässlich, aber nicht ausreichend. Hinzukommen muss strategisch geplante Krisenbewältigung. Und die setzt professionelle Hilfe voraus.

Frage 9: Wie arbeiten Sie heute auf der Basis Ihrer Krisenerfahrungen, wenn neue Krisen auftreten?

Eine vergleichbare Krise ist nicht mehr aufgetreten. Ich wäre aber viel vorsichtiger in der Einschätzung Dritter, besonders wenn eine Vermengung geschäftlicher und familiärer Interessen vorliegt. Ich würde versuchen, einen externen Coach zu gewinnen und case studies vergleichbarer Situationen heranzuziehen.

Frage 10: Haben Sie schon einmal mit einem Coach gearbeitet?

Nein.

Frage 11: Wie beurteilen Sie den möglichen Wert eines Coaches für Sie zum Überwinden von Krisen in der Zukunft?

Sehr hoch – siehe Antwort auf Frage 9.

Frage 12: Wie müsste ein systematisches Coaching-Programm aufgebaut sein, um Sie in einer Krise wirkungsvoll unterstützen zu können?

- Erfassung der Situation nach Schilderung durch den/die
- Betroffenen,
- Bewertung durch den Coach.
- In-depth-Gespräche,
- Suche nach Vergleichsfällen (best practice),
- Entwicklung von Lösungsstrategien,
- Bewertung der alternativen Lösungen,
- Handlungs- und Argumentationsempfehlungen an den/die
- Betroffenen,
- Begleitung bis zur Implementierung der gemeinsam

- ausgewählten Strategie,
- Feedback, ggf. Anpassung bzw. Strategiewechsel.

Frage 13: Wenn ein Internet-Coaching-Instrument Sie mit Frühwarn-Checklisten zur Krisenprävention begleiten würde, wie beurteilen Sie solch eine Möglichkeit?

Solche Checklisten wären eine große Hilfe und könnten dazu beitragen, weitreichenden Schaden zu verhindern.

Frage 14: Was für weitere Ideen haben Sie, auf welche Weise eine Coaching-Homepage Sie in Ihrem Berufsleben unterstützen könnte?

- Anonymer Erfahrungsaustausch mit anderen Teilnehmern,
- standardisierte Auswertung und Beantwortung von Krisen-
- fragebögen,
- Kennenlernen (Person und Vita) eines in Betracht kommenden
- Coaches, der gegebenenfalls später persönlich zur Verfügung
- stehen könnte,
- Bewertung von Coaching-Empfehlungen und des Coachs durch
- Betroffene (Empfängerhorizont).

Frage 15: Würden Sie eventuell ein Internet-Medium nutzen, in dem Sie mit Gleichgesinnten an gemeinsamen Zielen und Problemstellungen arbeiten könnten, um gegenseitig Erfahrungen auszutauschen?

Ja.

7. Oliver Klaffke

Frage 1: Bitte beschreiben Sie kurz, gern mit anonymisierten Daten, die krisenhafte berufliche Entwicklung in Ihrer Vergangenheit, zu der wir Sie befragen dürfen.

Zu viele Aufträge, dazu bürokratische Verpflichtungen und ein Liquiditätsengpass sorgten für Stress, der sich in Schlafproblemen, Unkonzentriertheit, Gereiztheit und der Frage „Ist das hier der richtige Weg?" manifestierte.

Frage 2: Bitte nennen Sie ersten Indikatoren an denen das Auftauchen einer beruflichen Krise erkennbar wurde.

Das Gefühl die Lage nicht mehr im Griff zu haben. Ich bin Kunden ausgewichen, um mehr Zeit herauszuholen, um den Rückstand irgendwie aufholen zu können.

Frage 3: Was für Möglichkeiten sahen Sie zu Beginn der Krise, um Herr der Situation zu werden?

Eine bessere Arbeitsorganisation und ein besseres Selbstmanagement.

Frage 4: Inwiefern haben Sie das Schadenausmaß der krisenhaften Situation zu Beginn einschätzen können?

Ich konnte nur die direkten Kosten eines eventuellen Scheitern des Projektes abschätzen, aber nicht die indirekten Kosten durch schlechte Stimmung, weniger Akquisebereitschaft usw.

Frage 5: Bitte beschreiben Sie, wie Sie die möglichen Folgen der Krise zu einem frühen Zeitpunkt hätten planerisch erfassen können, wenn genug Zeit und Raum dafür dagewesen wäre.

Krisenmanagement wird möglich durch ein gutes Projektmanagement und eine gute Ressourcenplanung. Außerdem die Fähigkeit Nein sagen zu können, wenn man den Auftrag nur unter Stress durchführen kann.

Frage 6: Bitte beschreiben Sie, wie Sie Ihre nervlichen Anspannungen in der Krise gemeistert haben.

Ich habe versucht die Kontrolle über die Situation wieder zu erlangen, indem ich detailliert geplant habe, um die Situation wirklich zu erfassen und zu sehen, „wie schlimm ist es wirklich". Das hat mich auf der Prozessebene beruhigt. Ich habe dann aktiv das Gespräch mit Kunden gesucht, um den Druck, dass sich hier garantiert etwas zusammenbraut, abzubauen und um wieder in den Driver Seat zu kommen. Geholfen hat die schriftliche Reflexion im Tagebuch, dort die Beschreibung der Lage und das Skizzieren von Lösungen. Ich habe in Prämissen festgehalten, „Was will ich demnächst nicht mehr haben?". Beispiele: Stress wg. fehlerhafter Liquiditätsplanung, Ärger wg. verspäteter Liefertermin, Druck wg. nicht beantworteter Anrufe. Ich mache eine solche Liste jetzt immer zwischen Weihnachten und Neujahr als Vorbereitung für das nächste Jahr. Ich habe Freunde getroffen, um aus dem schlechten Groove rauszukommen.

Frage 7: Wie sah Ihr Prozess des Durchspielens von Alternativen zur Krisenintervention aus? Hätte es etwas für Sie gebracht, mehr mögliche Alternativen zur Krisenintervention zur Auswahl gehabt zu haben?

Ja, vor allem, wenn ich mit einem Profi hätte reden und mich beraten lassen können.

Frage 8: Im Licht Ihrer Krisenerfahrungen: Wie beurteilen Sie die Erfolgswirksamkeit von intuitiven Schritten einerseits, wie die Erfolgswirksamkeit von strategisch geplanter Krisenüberwindung andererseits?

Das Intuitive ist wichtig, um den Kopf für die strategische Bewältigung frei zu bekommen.

Frage 9: Wie arbeiten Sie heute auf der Basis Ihrer Krisenerfahrungen, wenn neue Krisen auftreten?

Ich greife auf meine Erfahrungen zurück, die mir z. T. zu Gewohnheiten geworden sind oder die ich mir als Regeln formuliert habe.

Frage 10: Haben Sie schon einmal mit einem Coach gearbeitet?

Ich habe versucht meine Lage mit Freunden zu reflektieren, die unter ähnlichen Bedingungen arbeiten wie ich, aber älter sind und mehr Erfahrung haben.

Frage 11: Wie beurteilen Sie den möglichen Wert eines Coaches für Sie zum Überwinden von Krisen in der Zukunft?

Ein Coach hätte einen sehr hohen Wert.

Frage 12: Wie müsste ein systematisches Coaching-Programm aufgebaut sein, um Sie in einer Krise wirkungsvoll unterstützen zu können?

[Keine Antwort erfolgt]

Frage 13: Wenn ein Internet-Coaching-Instrument Sie mit Frühwarn-Checklisten zur Krisenprävention begleiten würde, wie beurteilen Sie solch eine Möglichkeit?

Sehr gut. Vor allem wenn es Hilfestellung zur Intervention gibt.

Frage 14: Was für weitere Ideen haben Sie, auf welche Weise eine Coaching-Homepage Sie in Ihrem Berufsleben unterstützen könnte?

Coaching Blog, Podcast, Thought of the Day Mailing.

Frage 15: Würden Sie eventuell ein Internetmedium nutzen, in dem Sie mit Gleichgesinnten an gemeinsamen Zielen und Problemstellungen arbeiten könnten um gegenseitig Erfahrungen auszutauschen?

Ja, auf alle Fälle. Es müsste moderiert sein, um belanglose Diskussionen zu verhindern.

8. Thomas Rück

Frage 1: Bitte beschreiben Sie kurz, gern mit anonymisierten Daten, die krisenhafte berufliche Entwicklung in Ihrer Vergangenheit, zu der wir Sie befragen dürfen.

Kündigung des Arbeitsvertrages nach ca. 10 Jahren.

Frage 2: Bitte nennen Sie ersten Indikatoren an denen das Auftauchen einer beruflichen Krise erkennbar wurde.

Erscheinen eines Auditors, der persönliche Vorbehalte und Vermutungen gegenüber meiner Person äußerte.

Frage 3: Was für Möglichkeiten sahen Sie zu Beginn der Krise, um Herr der Situation zu werden?

Alle vom Auditor vorgebrachten Argumente waren haltlos und nicht nachweisbar.

Frage 4: Inwiefern haben Sie das Schadenausmaß der krisenhaften Situation zu Beginn einschätzen können?

Nicht besonders gut, da sich erst nach Kündigung eine Wirtschafts- und Finanzkrise ankündigte.

Frage 5: Bitte beschreiben Sie, wie Sie die möglichen Folgen der Krise zu einem frühen Zeitpunkt hätten planerisch erfassen können, wenn genug Zeit und Raum dafür dagewesen wäre.

Vermutlich wäre ich auf weniger attraktive Jobangebote eingegangen.

Frage 6: Bitte beschreiben Sie, wie Sie Ihre nervlichen Anspannungen in der Krise gemeistert haben.

Durch Familie, Freunde und ausfüllende Hobbys.

Frage 7: Wie sah Ihr Prozess des Durchspielens von Alternativen zur Krisenintervention aus? Hätte es etwas für Sie gebracht, mehr mögliche Alternativen zur Krisenintervention zur Auswahl gehabt zu haben?

Unter den herrschenden Umständen (Wirtschafts- und Finanzkrise) wohl eher nicht.

Frage 8: Im Licht Ihrer Krisenerfahrungen: Wie beurteilen Sie die Erfolgswirksamkeit von intuitiven Schritten einerseits, wie die Erfolgswirksamkeit von strategisch geplanter Krisenüberwindung andererseits?

Eine gesunde Mischung aus beiden Wegen ist vermutlich das beste Mittel, allerdings ist eine entsprechende Durchführung immer personenabgängig.

Frage 9: Wie arbeiten Sie heute auf der Basis Ihrer Krisenerfahrungen, wenn neue Krisen auftreten?

Zunächst einmal versuchen, eine Bestandssicherung zu betreiben, um aus einigermaßen gesicherten Verhältnissen neu aufzubauen.

Frage 10: Haben Sie schon einmal mit einem Coach gearbeitet?

Ja.

Frage 11: Wie beurteilen Sie den möglichen Wert eines Coaches für Sie zum Überwinden von Krisen in der Zukunft?

Der Coach kann immer wieder andere Wege aufzeigen, um dann selbst zu neuem Erfolg zu kommen, von daher beurteile ich den Wert recht hoch.

Frage 12: Wie müsste ein systematisches Coaching-Programm aufgebaut sein, um Sie in einer Krise wirkungsvoll unterstützen zu können?

M. E. immer personenabhängig, denke aber eine Mischung aus dem Instrumentarium sollte zum richtigen Weg führen.

Frage 13: Wenn ein Internet-Coaching-Instrument Sie mit Frühwarn-Checklisten zur Krisenprävention begleiten würde, wie beurteilen Sie solch eine Möglichkeit?

Durchaus sinnvoll, allerdings würde dieses System nur von Leuten genutzt werden, die sich bereits in einer solchen Situation befanden.

Frage 14: Was für weitere Ideen haben Sie, auf welche Weise eine Coaching-Homepage Sie in Ihrem Berufsleben unterstützen könnte?

Solch ein System ist eventuell für Führungskräfte vielleicht auch interessant, um die Mitarbeiter entsprechend anzuleiten.

Frage 15: Würden Sie eventuell ein Internetmedium nutzen, in dem Sie mit Gleichgesinnten an gemeinsamen Zielen und Problemstellungen arbeiten könnten um gegenseitig Erfahrungen auszutauschen?

Wenn es die Zeit erlaubt und die Gleichgesinnten auf Augenhöhe sind, ja.

G   Literaturverzeichnis

Abrahams, M. (2006): Vorsicht, Forschung! Inkompetenz macht blind. Harvard Business Manager 3/2006, S. 17. Quelle der zitierten Studie von Dunning/Kruger (1999): www.apa. Org/journals/features/psp7761121.pdf, gefunden am 23.12.2009

Achtenhagen, F. (1984): Didaktik des Wirtschaftslehreunterrichts, Opladen, 1984

Aff, J. (2005): Zwei Jahrzehnte Handlungsorientierung in der beruflichen Erstausbildung – oder die Wiederentdeckung der Didaktik im Dickicht lernpsychologischer Bevormundung. In: Horlebein und Schanz (Hrsg.), (2005) S. 43-61

Ally, M. (2004): Foundations of educational theory for online learning. In: T. Anderson und F. Eloumi (Eds.), Theory and practice of online learning (pp. 3-31). Athabasca, AB: Athabasca University. In: Deschler, 2007

Alwang, M. (2006): Wirtschaftspsychologen entdecken Netzwerke, Wirtschaft und Weiterbildung, 3/2006, zum BDP-Kongress am 22.5.2006 in Leipzig, S. 48-49

Anderson, J. R. (1983): The architecture of cognition, Lawrence Erlbaum Associates, Mahwah, New Jersey, USA, year of publishing under this copyright: 1996

Arnold, R. und Schüßler, I. (1998): Wandel der Lernkulturen: Ideen und Bausteine für ein lebendiges Leben. Wiss. Buchgesellschaft, Darmstadt. In: Berg, 2006

Arnold, R. (2001): Von Lehr-/Lernkulturen: Auf dem Weg zu einer Erwachsenendidaktik nachhaltigen Lernens? Heuer. U., Botzat. T., Meisel, K. (Hrsg.): Neue Lehr- und Lernkulturen in der Weiterbildung, Verlag Bertelsmann, 2001. In: Jordan, 2008

Arnold, R. und Gomez Tutor, C. (2006): Möglichkeiten der Einschätzung von Selbstkompetenz. In: Euler, D., Lang, M. und Pätzold, G., 2006

Arthur, D. (2005): Recruiting, interviewing, selecting & orienting new employees, Fourth Edition, American Management Association, Boston et al., USA, 2005

Aufenanger, S. (1999): Lernen mit neuen Medien: Was bringt es wirklich? Forschungsergebnisse und Lernphilosophien. Medien praktisch, 4, 4-8, in: Deschler, 2007

Aulerich, G., Behlke, K., Grube, B. et al. (2005): Prozessbegleitende Lernberatung, Konzeption und Konzepte, QUEM-report, Schriften zur beruflichen Weiterbildung, Heft 90, Bundesministerium für Bildung und Forschung, Berlin, 2005

Backhausen, W. und Thommen, J. P. (2006): Coaching, durch systemisches Denken zu innovativer Personalentwicklung, 3. Aufl., Gabler Verlag, Wiesbaden, 2006

Bader, R. (1989): Berufliche Handlungskompetenz. Die berufsbildende Schule (2), S. 73-77 in: Euler, D. und Hahn, A., Wirtschaftsdidaktik, 2. Auflage, Haupt Verlag, Bern, Stuttgart, Wien, 2007

Bandura, A. (1971): Psychological Modeling. USA, Chicago, Aldine & Atherton, Inc., 1971

Bandura, A. (1977), Self-efficacy: Toward a unifying theory of behavioural change, Psychological Review, 84, S. 191-215, 1977. In: Wehmeier, 2001

Bandura, A. (1991): Social cognitive theory of self-regulation. Organizational behaviour and human decision processes, 50, S. 248-287. In: Pickl, 2004, S. 23

Barton, J. und Collins, A. (Eds.) 1997: Portfolio assessment: A handbook for educators, Menlo Park (CA): Addison-Wesley. In: Seifried, 2004

Beck, H. und Horlacher, T. (2005): Bearbeiten eines Fertigungsauftrages auf der Basis eines Kundenauftrages. In: Horlebein, M. und Schanz, H.: Wirtschaftsdidaktik für berufliche Schulen, 2005

Beck, S. et al.(2008): Organisation des Lernfeldunterrichts, Cornelsen Verlag, Berlin

Behrendt, P., Pritschow, K., Rüdesheim, B. (2007): Transfercoaching, vom Seminar zur erfolgreichen Umsetzung im Berufsalltag, Zeitschrift Führung und Organisation, 1/2007, S. 49-55

Berg, C. (2006): Selbstgesteuertes Lernen im Team, Springer Medizin Verlag, Heidelberg

Berglas, S. (2002): The very real dangers of Executive Coaching. Harvard Business Review, USA, 6/2002

Berkel, K. Konflikttraining, Konflikte verstehen und bewältigen, Heidelberg, 1990. In: Heckt, Krause und Jürgens, 2006

Bersin, J. (2004): The blended learning book, best practises, proven methodologies, and lessons learned, Wiley Publishers, Hoboken, USA, 2004

Beywl, W. (1987): Zur Weiterentwicklung der Evaluationsmethodologie: Grundlegung, Konzeption und Anwendung eines Modells der responsiven Evaluation. Frankfurt am Main

Birgmeier, B. (2005): Coaching und Soziale Arbeit, Grundlagen einer Theorie sozialpädagogischen Coachings, Juventa Verlag, Weinheim, 2005

Birk, D. (2003): Situationsangepasstes und problemorientiertes Lernen bei Veränderungsprozessen. Verlag dissertation.de, Mannheim, Univ. Dissertation, 2003

Böning, U. (1994): Moderieren mit System, Besprechungen effizient steuern, Wiesbaden, Gabler, 1994, (2. Aufl.) In: Myhsok, A. und Jäger, A., 2008

Böning, U., Frischle, B., Rexler, T. (2005): Was Coaches, Personaler und Manager über Coaching wissen müssen, Manager Seminare Verlag, Bonn, 2005

Brockmann, C. (2007): Lernen am Arbeitsplatz, Möglichkeiten einer lernförderlichen Arbeitsorganisation, Verlag Dr. Müller, Saarbrücken, 2007

Bruchhäuser, H.-P. (2003). Zur Rationalisierung curricularer Konstruktionsprinzipien. In: ZBW (99), S. 494-508 Fundstelle: Horlebein, M. und Schanz, H. (Hrsg.), 2005

Brunsson, N. (2009): Mythos Change Management, Harvard Business Manager, 5/2009, S. 104

Bullen, M. und Janes, D. (2006): Making the transition to e-learning, strategies and issues. IGI Publishing, Hershey, USA, 2006

Carell, A. (2006): Selbststeuerung und Partizipation beim computergestützten kollaborativen Lernen, Waxmann Verlag, Münster, 2006

Czycholl, R. (1974): Wirtschaftsdidaktik, Göttingen, Hogrefe Verlag, 1974

Czycholl, R. (1985): Fachdidaktik Wirtschaftswissenschaften im Problemgefüge von Fachwissenschaft, Fachdidaktik, Didaktik und Unterrrichtsfach. In M. Twardy

(Hrsg.), Fachdidaktik zwischen Normativität und Pragmatik (S. 239-273), Verlagsanstalt Handwerk, hier in Euler und Hahn, 2007

Czycholl, R. (2001): Einführung in die Wirtschaftsdidaktik, in: Beiträge zur Berufs- und Wirtschaftspädagogik, Heft 21, Universität Oldenburg, 3., veränderte Aufl., Oldenburg, 2001

Darmann-Finck, I. und Boonen, A. (Hrsg.) (2008): Problemorientiertes Lernen auf dem Prüfstand. Schlütersche Verlagsgesellschaft, Hannover, 2008

Deci, E. und Ryan, R. M. (1993): Die Selbstbestimmungstheorie der Motivation und ihre Bedeutung für die Pädagogik, Zeitschrift für Pädagogik, 39(2), S. 223-238. In: Berg, 2006

Dehnbostel, P. et al. (2001): Mitten im Arbeitsprozess: Lerninseln, Hintergründe, Konzeption, Praxis, Handlungsanleitung, Bielefeld, 2001

Dehner, U. (2004): Grundsatzdiskussion: Weg mit den schädlichen Coaching-Mythen, Zeitschrift Wirtschaft und Weiterbildung, 9/2004, S. 38-43

Dehner, U. und Dehner, R. (2004): Coaching als Führungsinstrument, Campus Verlag, Frankfurt/Main, New York, 2004

De Jong, T. und Pieters, J. (2006): The design of powerful learning environments. In: P.A. Alexander und P.H. Winne (Eds.), Handbook of educational psychology (2nd edition), pp. 739-754. Mahwah, N.J., Erlbaum, in: Deschler, S. (2007)

Dembkowski, S. (2004): Coachingkultur. Zehn Erfolgsfaktoren: Coaching optimal einführen, Zeitschrift Wirtschaft und Weiterbildung, 9/2004, S. 44-47

Deschler, S. (2007): Multimediale Lernumgebungen im Weiterbildungsbereich einer Bundesbehörde - Einschätzung der Akzeptanz, Motivation und des Lernerfolgs einer videobasierten und textbasierten Lernumgebung, Logos Verlag, Berlin

Deutsch, M. (1976): Konfliktregelung: Konstruktive und destruktive Prozesse. München, 1976. In: Heckt, Krause, Jürgens, 2006

De Waele, M. et al. (1993:) Self Management in Organizations, The Dynamics of interaction, Verlag Hogrefe und Huber, Seattle, 1993

Dieckmann, H., Dittrich, K. H., Lehmann, B. (Hrsg.) (2006): Kompetenztransfer durch selbstgesteuertes Lernen, Verlag Julius Klinkhardt, Bad Heilbrunn, 2006

Dillenbourg, P. (2002), Over-Scripting CSCL: The Risks of Blending Collaborative Learning with Instructional Design. In: Three Worlds of CSCL. Can we support CSCL, hrsg. von P. A. Kirschner, Heerlen, S. 61-91. In: Hansen, 2007

Dittler, U. (2003): E-Learning, Einsatzkonzepte und Erfolgsfaktoren des Lernens mit interaktiven Medien, 2. Aufl., Oldenbourg Wissenschaftsverlag, München, 2003

Dittrich, K. H., Hedderich, V. (2006): Transfersicherung im Fernunterricht durch evaluationsbasiertes Qualitätsmanagement. In: Dieckmann, Dittrich, Lehmann, (Hrsg.), 2006

Dolch, J. (1965): Lehrplan des Abendlandes, Verlag A. Henn, Ratingen, 1965

Dorando, M. und Grün, J. (2004): Verordnetes Coaching im betrieblichen Kontext, Zeitschrift Personalführung, 1/2004, S. 40-45

Dorando, M. und Kerbst, R. (2004): Annäherungsversuche an die langfristigen und nachhaltigen Wirkungen eines Führungskräftetrainings: Wie langfristig wirkt Fortbildung? Zeitschrift Personalführung, 7/2004, S. 52-57

Drees, G. und Pätzold, G. (2002): Lernfelder und Lernsituationen, Realisierungschancen in Berufskollegs, Dortmunder Beiträge zur Pädagogik, Projekt Verlag, Bochum

Dresing, T. (2007): Entwicklung und Evaluation eines hybriden Online-Seminars zur Textanalyse, Verlag Waxmann, Münster, 2007

Dunning, D. und Kruger, J. (1999): Unskilled and Unaware of It: How Difficulties in Recognizing One's Own Incompetence Lead to Inflated Self-Assessments. Journal of Personality and Social Psychology 77 (6): 1121-1134

Ehrenspeck, Y., de Haan, G., Thiel, F. (Hrsg.) (2007): Bildung, Angebot oder Zumutung?, VS Verlag für Sozialwissenschaften, Wiesbaden, 2007

Epping, R. (1998): Pädagogische Aspekte der Professionalisierung in der beruflichen Weiterbildung. In: Klein, R., Reutter, G.: Lehren ohne Zukunft? Baltmannsweiler 1998, S. 101-108. In: Aulerich, Behlke, Grube et al., 2005

Eucken, W. (1965): Die Grundlagen der Nationalökonomie, 8. Aufl., Berlin, Heidelberg, New York, 1965

Euler, D. und Hahn, A. (2007): Wirtschaftsdidaktik, 2. Aufl., Haupt Verlag, Bern, Stuttgart, Wien, 2007

Euler, D., Lang, M., Pätzold, G. (Hrsg.) (2006): Selbstgesteuertes Lernen in der beruflichen Bildung, Franz Steiner Verlag, Stuttgart, 2006

Euro-Science-Open-Forum, o. V. (2004): Immer mehr Psychopathen im Management, Zeitschrift Personalführung, 10/2004, S. 14

Fatzer, G. et al. (1999): Qualität und Leistung von Beratung, Edition humanistische Psychologie, Verlag Andreas Kohlhage, Bergisch Gladbach, 1999

Faulstich, P., Forneck, H., Knoll, J. (2005): Lernwiderstand – Lernumgebung – Lernberatung, Empirische Fundierung zum selbstgesteuerten Lernen, Bertelsmann Verlag, Bielefeld, 2005

Faulstich, P. und Grell, P. (2003): Weiterbildung, Begründungen lebensentfaltender Bildung, München, 2003. In: Faulstich, Forneck, Knoll, 2005

Faulstich, P., Grell, P., Grotlüschen A. (2005): Lernen in der betrieblichen Weiterbildung, IG Metall Bezirksleitung Baden-Württemberg, Stuttgart, 2005

Faulstich, P. und Zeuner, C. (2006): Erwachsenenbildung, eine handlungsorientierte Einführung in Theorie, Didaktik und Adressaten, Verlag Juventa, Weinheim und München, 2. Aufl., 2006

Feeken, H. (2003): Mediale Dimensionen der Wirtschaftsdidaktik. In: Kaiser, F. J. und Kaminski, H. (Hrsg.), 2003

Fehrenbach, F. (2004): Was war ihre schwierigste Entscheidung? Top-Manager schildern ihre schwierigsten Entscheidungen und erklären was sie daraus gelernt haben, Zeitschrift Harvard Business Manager, 5/2004, S. 102

Finn, C., Ravitch, D., Fancher, R. (Eds.) (1984): Against Mediocrity, The Humanities in America's High Schools, Holmes & Meier, New York, 1984

Fischer, A.: Unterwegs zu einer nachhaltig ausgerichteten Wirtschaftspädagogik. In: Wirtschaftsdidaktische und –pädagogische Fragmente für eine nachhaltige berufliche Bildung, WDF 99-102, Universität Lüneburg, 1999

Fischer, M. (2009): Erfolgreiches Coaching für das Personalwesen, Praxium Verlag, Zürich, 2009

Fischer, R. (2004): Problemorientiertes Lernen in Theorie und Praxis, Verlag Kohlhammer, Stuttgart, 2004

Flake, R. (2006): Wer hilft mehr, Coach oder Mentor? Zeitschrift Wirtschaft und Weiterbildung, 07/2006, S. 46-53

Forneck, H. (2005): Selbstsorge und Lernen – Umrisse eines integrativen Konzepts selbstgesteuerten Lernens. In: Forneck, Klingovsky, Kossack, Wrana, 2005

Forneck, H., Klingovsky, U., Kossack, P., Wrana, D. (2005): Selbstlernumgebungen – Zur Didaktik des selbstsorgenden Lernens und ihrer Praxis. Schneider Verlag Hohengehren, Baltmannsweiler, 2005

Fraisse, P. (1985): Psychologie der Zeit: Konditionierung, Wahrnehmung, Kontrolle, Zeitschätzung, Zeitbegriff, Verlag Reinhardt, München, 1985. In: Wehmeier, P., 2001

Frayne, C. und Latham, G. (1987): Application of social learning theory to employee self management of attendance, Journal of Applied Psychology (JAP), 72, p. 387-392

Frayne, C. und Latham, G. (1987), ebenda, in Klein, S. (2001): Selbstmanagement und beruflicher Fortschritt, Marburg, 2001, elektronische Ressource der Universitätsbibliothek Frankfurt am Main

Frayne, C. und Geringer, J. (2000): Self management training for improving job performance, a field experiment involving salespeople, Journal of Applied Psychology, Vol. 85 (3), June 2000, p. 361-372

Fricke, R. (2000): Qualitätsbeurteilung durch Kriterienkataloge. Auf der Suche nach validen Vorhersagemodellen. In: P. Schenkel, S.-O. Tergan, A. Lottmann (Hrsg.), Qualitätsbeurteilung multimedialer Lern- und Informationssysteme. Evaluationsmethoden auf dem Prüfstand (S. 75-88). Nürnberg: BW Bildung und Wissen. In: Niegemann, Domagk, Hessel et al., 2008

Friedmann, I., Fleischmann, E. A., Mikulka Fletcher, J. (1992): Cognitive and interpersonal abilities related to the primary activities of R.&D. Managers. Journal of Engineering and Technology Management, Vol. 9, p. 211-242. In: Weber, T., 2006, S.70

Friedrich, F. und Mandl, H. (1997): Analyse und Förderung selbstgesteuerten Lernens. In: F. E. Weinert und H. Mandl (Hrsg.) Enzyklopädie der Psychologie. Bd. D/1/4: Psychologie der Erwachsenenbildung, Göttingen: S. 239 ff., in: Rebel, 2008

Gamer, M. (2003): E-Learning: Erfahrung und Perspektiven. In: Wendt und Caumanns (2003)

Garth, A. J. (2008): Krisenmanagement und Kommunikation, Gabler Verlag, Wiesbaden 2008

Gefahr Dauerterror (2001): Warum Manager mit der Angst leben müssen, Manager Magazin 2001, Heft 11, S. 66-68

Geissler, K. A. (1989): Zeit leben, 3. Aufl, Verlag Quadriga, Weinheim, 1989

Geissler, K. A. (1992): Haben Sie Zeit ? Psychologie heute, 1992, Nr. 11, Seite 20-26

Geldermann, B. und Geldermann, R. (2006): Lernberatung für selbstgesteuertes Lernen, Neue Aufgaben für Bildungsdienstleister, Bertelsmann Verlag, Bielefeld, 2006

Gieseke, W. (Hrsg.): Professionalität und Professionalisierung. Theorie und Praxis der Erwachsenenbildung. Verlag Klinkhardt, Bad Heilbrunn, in: Jordan, M., 2008

Gleißner, W. und Pflaum, R. (2008): Risiken konzernweit managen - Die organisatorische Verankerung des Risikomanagements bei EnBW. In: Roselieb, F. und Dreher, M. (Hrsg.), 2008

Götz, K. und Häfner, P. (2005): Didaktische Organisation von Lehr- und Lernprozessen, Ein Lehrbuch für Schule und Erwachsenenbildung, Beltz Deutscher Studienverlag, 7. Auflage, Weinheim und Basel, 2005

Gooding, A. (2003): Life Coaching, an emerging paradigm in the helping relationship, Annals of the American Psychotherapy Association, Vol. 6, 2003

Gotthard-Lorenz, G.(2000): Die Methode Supervision – eine Skizze. In Klinkhammer, M.: Supervision und Coaching für Wissenschaftlerinnen, theoretische, empirische und handlungsspezifische Aspekte, VS Verlag für Sozialwissenschaften, Wiesbaden, 2004

Grossmann, G. (Hrsg.) (2008): Allgemeine Perspektiven der Krisen- und Katastrophenforschung, in der Reihe: Ergebnisse und Perspektiven aus der Krisen- und Katastrophenforschung, Bd. 1, LIT Verlag, Berlin, 2008

Gorski, K. (2008): Die Bearbeitung von Team-Konflikten in Feldern der sozialen Arbeit durch Coaching, Grin Verlag, München, 2008

Gudjons, H. (2001): Pädagogisches Grundwissen, 7. Aufl., Verlag Klinkhardt, Bad Heilbrunn, 2001, in: Tenberg, R., 2006

Haberstroh, M. (2006): Indidvuelle Selbstführung in Projektteams, Verlag DUV, Wiesbaden, 2006

Hannafin, J. M. und Peck, K. L. (1988): The Design, Development and Evaluation of Instructional Software. New York: Macmillan Publishing Company. In: Niegemann, Domagk, Hessel, 2008

Hansen, S.(2007): Bedarfsgerechte Lehr-Lernarrangements, Zielgruppenorientierte Planung von Inhalten, Methoden und Medien, Josef Eul Verlag, Lohmar, Köln, 2007

Hartmuth, D. (2003): Forming a scientific base for a time management system of personal excellence which provides explicit definition frames to create a set of valuable personal life objectives. Bachelor Thesis, University of Lincoln (UK), Lincoln, 2003

Hartmuth, D. (2005): Konzeption einer Marketing- und Vertriebsstrategie für multimediale Produkte der Karriereberatung im deutschen Handel am Beispiel des IPE Institutsverlages, Master Thesis, Universität Münster, Münster, 2005

Hausschildt, J. (2006): Entwicklungslinien der empirischen Krisenforschung. In: Hutzschenreuter, 2006: S. 29-36

Heckhausen, H. (1989): Motivation und Handeln, 2.Aufl. Springer Verlag, Berlin et al. 1989. In: Karner, 2004

Heckt, D., Krause, G., Jürgens, B. (2006): Kommunizieren, Kooperieren, Konflikte lösen, Bad Heilbrunn, 2006

Hedtke, R. (2004): Wirtschaftsdidaktik in Wissensgesellschaften. In: Schlösser, H. J., 2004, S. 131-164

Heimann, P., Otto, G., Schulz, W. *(Hrsg.)* (1965): Unterricht – Analyse und Planung, Hermann Schroedel Verlag, Hannover, 1965

Heinemeier, S. (1991): Zeitstrukturkrisen, Biographische Interviews mit Arbeitslosen, Verlag Leske & Budrich, Opladen, 1991

Hemp, P. (2009): Das Recht auf Ruhe, Havard Business Manager 12/2009, S. 99-108

Höher, P. (2007): Coaching als Methode des Organisationslernens, Verlag Andreas Kohlhage, Bergisch Gladbach, 2007

Hoffmann, E. (2008): Personalentwicklung. Haupt Verlag, Bern, Stuttgart, Wien, 2008

Hohmann, R. (2007): Variation von Lernumgebungen(VaLe) im Kontext erwachsenenpädagogischer Praxis, in: Kaiser, A. et al., 2007

Holmes, B. und Gardner, J. (2006): E-Learning, concepts and practise, Pine Forge Press, Londen, UK, 2006

Holzkamp, K. (1993): Lernen, Subjektwissenschaftliche Grundlegung, Frankfurt am Main, 1993

Horlebein, M. und Schanz, H. (Hrsg.) (2005): Wirtschaftsdidaktik für berufliche Schulen, Berufsbildung konkret, Band 8, Schneider Verlag Hohengehren, Baltmannsweiler

Horton, W. (2001a): Evaluating E-Learning, American Society for Training and Development, Alexandria, USA, 2001

Horton, W. (2001b): Leading E-Learning, ASTD, Alexandria, USA, 2001

Huber, G. (2000): Lernen in kooperativen Arrangements. In: Duit, R., Rhöneck, C. von (Hrsg.): Ergebnisse fachdidaktischer und psychologischer Lehr-Lern-Forschung. Beiträge, Kiel, S.55-76. In: Euler, D., Lang, M., Pätzold, G. (Hrsg.), 2006

Hunt, M. (1992): Das Rätsel der Nächstenliebe. Der Mensch zwischen Egoismus und Altruismus, Campus Verlag, Frankfurt/Main, 1992

Hutzschenreuther, T. (2006): Krisenmanagement: Grundlagen, Strategien, Instrumente, Gabler Verlag, Wiesbaden, 2006

Jermann, P. (2002): Task and Interaction Regulation in Controlling a Traffic Simulation. In: G. Stahl (Hrsg.): Computer Support for Collaborative Learning: Foundations for a CSCL Community. Proceding of CSCL 2002, Boulder USA, Jan. 7-11 (S. 601-602). Hillsdale, USA: Lawrence Erlbaum Associates. In: Carell, 2006, S. 69

Jerusel, S. und Greif, S. (1996): Lernquellenpool. In: S. Greif und H-J. Kurtz(Hrsg.) Handbuch selbstoranisiertes Lernen (S. 115.123). Verlag für angewandte Psychologie, Göttingen. In: Berg, 2006

Jordan, M. (2008): Alltagsdidaktische Konfigurationen in der Erwachsenenbildung, Dissertationsarbeit, Institut für Erziehungswissenschaften, Humboldt Universität zu Berlin, Berlin, 2008

Kaiser, A., Kaiser, R. und Hohmann, R. (Hrsg.) (2007): Lernertypen-Lernumgebung-Lernerfolg, Bertelsmann Verlag, Bielefeld

Kaiser, F.-J. und Kaminski, H. (Hrsg.) (1994): Methodik des Ökonomie-Unterrichts. Grundlagen eies handlungsorientierten Lernkonzepts mit Beispielen, Bad Heilbrunn, Klinkhardt, 1. Auflage. In: Horlebein, M. und Schanz, H. (Hrsg.), 1994, S.47

Kaiser, F.-J. und Kaminski, H. (Hrsg.) 2003: Wirtschaftsdidaktik, Verlag Julius Klinkhardt, Bad Heilbrunn/Obb.

Kanfer, F. H. (2000): Selbstmanagement-Therapie, Springer Verlag, Heidelberg, 2000

Kant, I. (1784): Beantworutng der Frage, was ist Aufklärung? Essay in der Berliner Monatsschrift, Band vier, zwölftes Stück, S. 481-494, Berlin, 1784

Karner, C. (2004): Lernberatung statt Beurteilung, Begleitete Selbsteinschätzung – ein möglicher Weg zu eigenständigen Leistungen im Lehrberuf, Tectum Verlag, Marburg, 2004

Kauffeld, S. (2006): Ergebnis statt Erlebnis: Ansätze für eine effektive Fortbildungsevaluation. In: Dieckmann et al. (Hrsg.), 2006

Keil, R. und Schubert, D. (Hrsg.) (2006): Lernstätten im Wandel, Innovation und Alltag in der Bildung, Waxmann Verlag, Münster

Kirkpatrick, D. L. (1967): Evaluation of training. In: R. L. Craig (Ed.), Training and development handbook: A guide to human resources development, New York. In: Dieckmann et al., (2006)

Kirsch, H. M. (2008): Integrierte Personalentwicklung. Ein systematisch mitarbeiterorientierter Ansatz, Rainer Hampp Verlag, München und Mering, 2008

Klafki, W. (1981): Die Bildungstheoretische Didaktik im Rahmen kritisch-konstruktiver Erziehungswissenschaft, in: Gudjons, H., Teske, R., Winkel, R., (Hrsg.), Didaktische Theorien, Braunschweig, Fundstelle: Paape, B., 2002

Klein, R. (2002): Komplexe Lernkontexte am Beispiel von Lernberatung, in: Beiheft zum Report, S. 241-252. In: Faulstich et al., 2005

Klein, R. (2005): Argumente und Empfehlungen für prozessbegleitende Lernberatung – aus der Praxis für die Praxis. In: Aulerich, Behlke, Grube et al., 2005

Klein, S. (2001): Selbstmanagement und beruflicher Fortschritt, Entwicklung,

Evaluation und Vergleich eines Trainingsprogramms, Marburg 2001, elektronische Ressource im Bestand der Universitätsbibliothek Frankfurt am Main

Kleinbeck, U. (1993): Arbeitsmotivation, -leistung, -zufriedenheit, Studienbrief 4752-6-01-S1 Fernuniversität Hagen, in: Karner, 2004

Klingovsky, U. und Kossack P. (2005): Der Weiterbildungsstudiengang QINEB oder: Wie Professionelle selbstsorgend lernen, Selbstlernprozesse zu gestalten, in: Forneck, Klingovsky, Robak, Wrana, 2005

Klink, T. (2009): Führen, fordern, fördern, kann sozialpädagogisches Coaching Führungskräfte in ihrem täglichen Geschäft unterstützen? Diplomarbeit, GRIN Verlag, Books on Demand, Norderstedt, 2009

Klinkhammer, M. (2004): Supervision und Coaching für Wissenschaftlerinnen, theoretische, empirische und handlungsspezifische Aspekte, SV Verlag für Sozialwissenschaften, Wiesbaden, 2004

Knight, J. (2007): Instructional coaching: A partnership approach to improving instruction, Corwin Press, Thousand Oaks, USA, 2007

Knoll, J. (2008): Lern- und Bildungsberatung, Perspektive Praxis, Bertelsmann Verlag, Bielefeld, 2008

Koch, J. (2006): Kernkompetenzen: Immer wieder werden Führungskräfte Opfer ihres Erfolges, Zeitschrift Harvard Business Manager, 1/2006, S. 97-102

Kochendörfer, J. (2005): Geschäftsprozessorientierung als Verknüpfung von Ökonomie und Technik. In: Horlebein, M. und Schanz, H., 2005

Köhler, W. (1921): Intelligenzprüfungen an Menschenaffen, Springer Verlag, Berlin, Neudruck 1963

König, E. und Volmer, G. (2005): Systemisch denken und handeln, Personale Systemtheorie in Erwachsenenbildung und Organisationsberatung, Beltz Verlag, Weinheim und Basel, 2005

Kohler, B. (1998): Problemorientierte Gestaltung von Lernumgebungen, Beltz, Deutscher Studien Verlag, Weinheim, Dissertation an der pädagogischen Fakultät der Universität München, 1997

Kopp, B. und Mandl, H. (2006): Selbstgesteuert kooperativ lernen mit neuen Medien. In: Euler, Lang, Pätzold (Hrsg.), 2006

Kopp, F. (1973): Allgemeine Didaktik, Fachdidaktiken und Methodik, in: Heiland, H. (Hrsg.): Didaktik und Lerntheorie, Bad Heilbrunn (1973), in: Paape, B., 2002, S. 48.

Kostka, C. (2007): Coaching, Veränderungsprozesse meistern. Hanser Verlag, München, 2007

Kral, H. (2008): Effizientes Krisen- und Katastrophenmanagement durch Führung? In: Grossmann, G. (Hrsg.), 2008

Krcmar, H. (2006): Webbasiertes Projekt-Coaching, Josef Eul Verlag, Köln, 2006

Kreijns, K., Kirschner, P.A., Jochems, W. (2003): Identifying the Pitfalls for Social Interaction in Computer-Supported Collaborative Learning Environments: A Review of the Research, in: Computers in Human Behavior, Vol. 19., S. 335-353. In: Hansen (2007)

Krystek, U. (2006): Krisenursachenforschung, Versuch einer kritischen Würdigung. In: Hutzschenreuter (Hrsg.), 2006, S. 64-65

Krystek, U. (2006): Krisenarten als unterschiedliche Erscheinungsformen überlebenskritischer Prozesse in Unternehmen. In: Hutzschenreuter (Hrsg.), 2006, S. 43-51

Kromrey, H. (2001): Evaluation ein vielschichtiges Konzept, Sozialwissenschaft und Berufspraxis, 24, S. 104-105. In: Niegemann, Domagk, Hessel et al., 2008

Kron, F. (1993): Grundwissen Didaktik, Ernst Reinhardt Verlag, München, 1993

Kühl, S. (2006): Coaching nur ein Placebo? Kühl Studie provoziert Personalentwickler, Zeitschrift Wirtschaft und Weiterbildung, 1/2006, S.46-53

Kühn, J. (2008): Die P2R2 Formel- Das international koordinierte Risikomanagement bei Motorola. In: Roselieb, F. und Dreher, M. (Hrsg.), 2008

Labaf-Wiltzsch, B. (2006): Evaluation der Lehre, Dissertation an der Technischen Hochschule Aachen, Medizinische Fakultät, 2006

Lachner, R. (2008): Coaching als Instrument der Personalentwicklung. Eine Begriffsbestimmung, Grin Verlag, München, 2008

Lampe, A. und Zentgraf, C. (2008): Kommunikation und Kollaboration im E-Learning-Virtuelle Gruppenprozesse als Lerngelegenheiten. In: Schachtner und Höber (Hrsg.), 2008, S. 131-145

Lassahn, R. und Ofenbach, B. (Hrsg.) (1986): Arbeits-, Berufs- und Wirtschaftspädagogik im Übergang, Frankfurt/New York

Leder, A. (2007): Führen oder coachen? Zeitschrift Wirtschaft und Weiterbildung, 9/2007, S. 52-55

Lefrancois, G. und Leppmann, P. (1994): Psychologie des Lernens, 3. Aufl., Springer Verlag, Heidelberg, 1994

Lehmberg, K. (2006): Wirtschaftsmediation, Verlag Dr. Müller, Saarbrücken, 2006

Lehmann, B. (2006): Handlungsorientierung durch Fernlehre ? In: Dieckmann, H., Dietrich, K., Lehmann, B. (Hrsg.), 2006

Lehmenkühler-Leuschner, A. und Leuschner, G. (Hrsg.): Forum Supervision, Aspekte dynamischer Psychologie in Gruppen und Organisationen, Fachhochschulverlag, Frankfurt am Main, 2003

Lentze, A. (2003): Qualitätsentwicklung von Supervision, Projekt 2003-2006, Deutsche Gesellschaft für Supervision, Köln, 2003

Littig, P. (2003): Mehr Erfolg mit virtueller Weiterbildung, Zeitschrift Havard Business Manager 1/2003, S. 10-11

Lucht, M. (2007): Erfüllung der Informations- und Meinungsbildungsfunktion im Fernsehen: Eine experimentelle Studie zum Vergleich von herkömmlicher Dokumentation und Multiperspektivendokumentation, Saarbrücken: VDM Verlag, Dr Müller. In:Niegemann, Domagk, Hessel et al., 2008

Ludwig, J. (2008): Hat sich Online-Lernen im Unternehmen durchgesetzt? Personal, Zeitschrift für Human Resources Management, 2/2008, S. 25

Ludwig, J., Faulstich, P., Zeuner, C. (2006): Erwachsenenbildung 1990-2022, Entwicklungs- und Gestaltungsmöglichkeiten, Juventa Verlag, Weinheim, 2006

Mayer, B. (2007): Die Dynamik der Konfliktlösung, Verlag Klett-Cotta, Stuttgart, 2007

Mandl, C. (1996) : Dialogos oder eine Collage über Team-Lernen. In: Organisationsentwicklung 4/1996, S. 32-45, in: Myhsok, A. und Jäger, A., 2008

Mandl, H., Gruber, H., Renkl, A. (1997): Information und Lernen mit Multimedia, Psychologie Verlags Union, Weinheim, 1997

Mandl, H. und Spada, H. (1988): Wissenspsychologie. In: Rebmann, K. (1998): Fachdidaktik Wirtschaft und Verwaltung. In: Czycholl, R (Hrsg.) 2002

Mankins, C. und Steele, R. (2006): Strategie: Konzentrierter planen, besser entscheiden, Zeitschrift Harvard Business Manager, 4/2006, S. 88-99, Originaltitel: Harvard Business Review 1/2006: Stop making plans, start making decisions

Manning, S. (2007): Berater als Netzwerkpartner, Zeitschrift Führung und Organisation, 5/2007, S. 275-282

Maturana, H. (1982): Erkennen: Die Organisation und Verknüpfung von Wirklichkeit,

in: Rebmann, K.(1998): Fachdidaktik Wirtschaft und Verwaltung, in: Czyholl, R. (Hrsg.), 2002

Manstetten, R. (1983): Historische Entwicklung. In: Twardy, M. (Hrsg.), Kompendium Fachdidaktik Wirtschaftswissenschaften, Bd. 3, Düsseldorf

Maslow, A. H. (1943): A Theory of Human Motivation, Psychological Review 50, 370-396

Mathes, C. (1998): Wirtschaft unterrichten, Praxishandbuch für kaufmännische Fächer, Haan-Gruiten

Maurer, S. (2007): Training und Coaching verzahnen, Zeitschrift Wirtschaft und Weiterbildung, 10/2007, S. 34-36

May, H. (2007): Didaktik der ökonomischen Bildung, 6. Aufl., Oldenbourg Wissenschaftsverlag, München, 2007

Mehnert, A. (2008): Evaluation von Personalentwicklungsmaßnahmen, Bildung messbar machen, Books on Demand, Norderstedt, 2008

Meichenbaum, D. (1979): Kognitive Verhaltensmodifikation, Verlag Urban & Schwarzenberg, München, 1979

Meier, R. (2006): Praxis E-Learning, Grundlagen, Didaktik, Rahmenanalyse, Medienauswahl, Gabal Verlag, Offenbach, 2006

Meister, D., Tergan, S., Zentel, P. (2004): Evaluation von E-Learning, Medien in der Wissenschaft, Bd. 25, Waxmann Verlag, Münster, 2004

Merriam, S. B. (2006): The Five Assumptions of Andragogy. In: Pillars of Adult Learning Theory, Adult Learning, 2006. In: Internet:
http://witchyrichy.wordpress.com/2006/09/19/the-five-assumptions-of-andragogy/ found on 2.4.2009

Meyer, H. (1987a): Unterrichtsmethoden I. Theorieband, in: Euler und Hahn, 2007

Möller, C. (1995): Die curriculare Didaktik – oder: Der lernzielorientierte Ansatz. In:

Euler und Hahn, 2007

Moore, M. und Kearsley, G. (1996): Distance education. A systems view, Belmon Publishing. In: Schachtner und Höber (Hrsg.), 2008

Moon, B., Ben-Peretz, M., Brown, S. (Eds.) (2000): Routledge International Companion to Eduction. Routledge, London, 2000

Müller, G. F. (2004): Die Kunst, sich selbst zu führen, Konzept, Strategie und Messung von Selbstführung, Zeitschrift Personalführung, 11/2004, S. 30-41

Müller, R. (1986): Krisenmanagement in der Unternehmung: Vorgehen, Maßnahmen und Organisation, 2. Aufl., Verlag Peter Lang, Frankfurt am Main, 1986

Muster-Wäbs, H., Schneider, K., Bodenberg, I. (2005): Vom Lernfeld zur Lernsituation-Sozialpädagogik, Bildungsverlag Eins, Troisdorf, 2005

Myhsok, A. und Jäger, A. (2008): Moderieren in Gruppen und Teams, effektiv und human kommunizieren, Verlag Jungfermann, Paderborn, 2008

Nemeth, Andreas (2000): Zielorientiert kommunizieren, Selbsttraining zur Gesprächsführung, Deutscher Sparkassen Verlag, Stuttgart, 2000

Nickolaus, R. (2008): Didaktik – Modelle und Konzepte beruflicher Bildung, Schneider Verlag, Hohengehren, Baltmannsweiler, 2008

Niegemann, H., Domagk, S., Hessel, S. et al. (2008): Kompendium multimediales Lernen, Springer Verlag, Berlin, Heidelberg, 2008

Nohria, N. (2006): Risikomanagement I: Nur wer sich anpasst, überlebt, Zeitschrift Harvard Business Manager 5/2006, S. 8-10. Originaltitel: „Survival of the Adaptive", Harvard Business Review, 6/2006

Nowak, C. (2008): Blended Learning im zweiten Bildungsweg - Ist expansives Lernen in institutionellem Rahmen möglich? In: Schachtner und Höber (Hrsg.), 2008, S. 321-333

Nuissl, E. (1992): Verunsicherungen in der politischen Bildung. Bad Heilbrunn, 1992. In: Faulstich, P., 2006

O'Connor, J. und Mc Dermott, I. (1998): Die Lösung lauert überall, systemisches Denken vestehen und nutzen, VAK Verlags GmbH, Kirchzarten bei Freiburg, 1998

Online Tools allow Distant Students to Collaborate on Research Projects, Journal article. T H E Journal (Technological Horizons in Education), Vol. 32, p. 14, 2005

Paape, B. (2002): Aspekte der Integration von Lernfeldern in eine handlungsorientierte Wirtschaftsdidaktik, Verlag Peter Lang, Europäischer Verlag der Wissenschaften, Frankfurt am Main,

Pätzold, G. (1992): Handlungsorientierung in der beruflichen Bildung, Frankfurt am Main, in: Paape, B. (2002)

Pätzold, H. (2001): Lernberatung und selbstgesteuertes Lernen. Neue Aufgaben in der Erwachsenenbildung, Göttingen et al., S. 360-365. In: Faulstich, P. et al. (2005)

Pallas, B., Rust, H., Schmalholz, G. (2002): Jetzt sind Sie dran, Turbulenzen meistern, Manager Magazin 1/2002, S.144-150

Pallasch, W. und Petersen, R. (2005): Coaching, Ausbildungs- und Trainingskonzeption zum Coach in pädagogischen und sozialen Arbeitsfeldern, Juventa Verlag, Weinheim, 2005

Payome, T. (2007): Lehrmittel, neuer Trend zum Lernvideo, Zeitschrift Wirtschaft und Weiterbildung, 1/2007, S. 68

Personalführung, (o. V.), Zeitschrift (2008): Stressabbau per E-Coaching, Hilfe zur Selbsthilfe. Jg. 41, 12/2008, S. 14-15

Petzold, H. (2007): Integrative Supervision, Meta-Consulting, Organisationsentwicklung, ein Handbuch für Modelle und Methoden reflexiver Praxis, 2. Auflage, Verlag für Sozialwissenschaften, Wiesbaden, 2007

Pichler, M. (2004): Beraterausbildung. Sicherer agieren im Veränderungsprozess, Zeitschrift Wirtschaft und Weiterbildung, 7/2004, S. 8-13

Pichler, M. (2004): Der Berater der Zukunft, Neuorientierung: Die Consultingbranche befindet sich im Umbruch, Zeitschrift Wirtschaft und Weiterbildung, 11/2004, S. 8-15

Pichler, M. (2007): Systemische Beratung, strategisch denken lernen, Zeitschrift Wirtschaft und Weiterbildung, 1/2007, S. 18-24

Pickl, C. (2004): Selbstregulation und Transfer, Entwicklung und Evaluation eines Trainingsprogramms zum selbstregulierten Lernen und die Analyse von Transferdeterminanten in Trainingskontexten, Beltz Verlag, Weinheim, Basel, 2004

Pieper, A. (2008): Kollaboration online in der Erwachsenenbildung: Lernpfadpfadabhängiges und lernerzentriertes Blended Learning. In: Schachtner und Höber (Hrsg.), 2008, S. 309-321

Pleiß, U. (1986): Berufs- und Wirtschaftspädagogik als wissenschaftliche Disziplin. In: Lassahn, R. und Ofenbach, B. (Hrsg.), 1986

Prisching, M. (2008): Katastrophen, ihre Deutung und ihre Bewältigung. In: Grossmann, (Hrsg.), 2008

Probst, G. und Gomez, P. (Hrsg.) (1991): Vernetztes Denken, Ganzheitliches Führen in der Praxis, 2. Aufl., Wiesbaden. In: Kaiser und Kaminski (Hrsg.), 2003

Pühl, H. (Hrsg.) (2000): Supervision und Organisationsentwicklung, Verlag Leske und Budrich, Opladen, 2000

Pütz, B. W. (1997): Psychische Grundkonflikte im Selbstmanagement Prozess von Führungskräften, Verlag Peter Lang, Frankfurt am Main, 1997

Radatz, S. (2006): Einführung in das systemische Coaching, Carl Auer Systeme, Heidelberg, 2006

Rappe-Giesecke, K. (2000): Diagnose in Supervision und Organisationsberatung: Gemeinsamkeiten und Unterschiede. In: Pühl (Hrsg.), 2000

Rauen, C. (2002a): Sammelrezension Coaching, OSC Organisationsberatung, Supervision, Coaching, Jg. 9, 3/02, S. 295-298. In: Klinkhammer, 2004

Rauen, C. (Hrsg.) (2002b): Handbuch Coaching, Verlag Hogrefe, Göttingen, 2002

Rauen, C. (2003a): Coaching, Verlag Hogrefe, Göttingen, 2003

Rauen, C. (2003b): Coaching, innovative Konzepte im Vergleich, 3. Aufl., Verlag Hogrefe, Göttingen, 2003

Rauen, C. (2007): Gruppen-Coaching. Verfügbar in: www.coaching-lexikon.de/Gruppen-Coaching. Abgerufen am 24.4.2009

Rauen, C. (2007): Projekt-Coaching. Verfügbar in: www.coaching-lexikon.de/Projekt-Coaching. Abgerufen am 24.4.2009

Rauen, C. (2008): Coaching-Varianten. Verfügbar in: www.coaching-lexikon.de/Coaching. Abergerufen am 24.4.2009

Rauen, C. (2009): Projekt-Coaching., Verfügbar in: http://www.coaching-report.de/index.php?id=413. Abgerufen am 24.4.2009

Rebel, K. (2008): Lernkompetenz entwickeln – modular und selbstgesteuert. Bildungshaus Schulbuchverlage, Braunschweig

Reetz, L. (1984):Wirtschaftsdidaktik, in: Euler, D. und Hahn, A., Wirtschaftsdidaktik, 2. Aufl., Haupt Verlag, Bern, Stuttgart, Wien, 2007

Reid, W. A. (1998): Systems and structures of myths and fables? A cross cultural perspective on curriculum content. In B.B. Gundem und S. Hopmann (Eds.), Didaktik and/or curriculum: An international dialogue (pp. 11-27). Peter Lang, New York,. In: Westbury, I. 2000

Reimann, G. (2006): Entwicklung und Evaluation interaktiver Lernaufgaben einer webbasierten Lernumgebung zum Thema „Operantes Konditionieren". Dissertationsschrift an der Technischen Universität Chemnitz, Philosophische Fakultät, Chemnitz

Reinisch, H. (2003): „Handlungsorientierung" als didaktische Leit(d?)kategorie zur Begründung, Konstruktion, Realisierung und Analyse des berufsbezogenen Ökonomieunterrichts an kaufmännischen Schulen, Friedrich Schiller Universität Jena, Jenaer Arbeiten zur Wirtschaftspädagogik, Jena, 2003

Reinmann-Rothmeier, G. et al. (2001): Wissensmanagement lernen, Ein Leitfaden zur Gestaltung von Workshops und zum Selbstlernen, Beltz Verlag, Weinheim und Basel

Renkl, A., Gruber, H., Mandl, H. (1996): Kooperatives problemorientiertes Lernen in der Hochschule. In Lompscher, J., Mandl, H. (Hrsg.), Lehr- und Lernprobleme im Studium – Bedingungen und Veränderungsmöglichkeiten (S. 131-147), Bern: Huber. In: Berg (2006)

Renkl, A. (1997): Lernen durch lehren – Zentrale Wirkmechanismen beim kooperativen Lernen. Wiesbaden, Deutscher Universitätsverlag. In: Deschler, S. (2007)

Retzmann, T. (1994): Wirtschaftsethik und Wirtschaftspädagogik, Köln. In: Kaiser und Kaminski (Hrsg.), 2003

Riedl, A. (2004): Didaktik der beruflichen Bildung, Franz Steiner Verlag, München, 2004

Riesman, D. (1950): The lonely crowd, reprint (2001) in Yale University Ppress, Yale, USA

Röttger, U. und Ingenhoff, D. (2008): Rollen, Workflows und IT. Wie Bertelsmann und Swissre Issues Management strukturieren und organisieren. In: Roselieb und Dreher (Hrsg.), 2008

Rogner, L. (2004): Weiterbildung in virtuellen Lernumgebungen- Grundlage, Entwicklung und Evaluation eines Konzepts, Dissertation an der erziehungswissenschaftlichen Fakultät der Universität Paderborn, München, 2004

Roselieb, F. und Dreher, M. (Hrsg.) (2008): Krisenmanagement in der Praxis, Erich Schmidt Verlag, Berlin, 2008

Rosenberg, M. (2000): E-learning: Strategies for delivering knowledge in the digital age, McGraw Hill, Dubuque, USA, 2000

Rosdale, R. (2003): Online-Coaching als integraler Bestandteil von E-Learning für KMU: Überlegungen zu Möglichkeiten und Grenzen. In: Wendt und Caumanns (Hrsg.), 2003

Rossi, P. H. und Freeman, H. E. (1999): Evaluation. A systematic Approach. Thousand Oaks, Sage. In: Niegemann, Domagk, Hessel et al., 2008

Rossi, P. H., Lipsey, M. W., Freeman, H. E. (2005): Evaluation. A systematic approach. Thousand oaks, Sage. In: Niegemann, Domagk, Hessel et al., 2008

Roth, E. (1999): Erfolgreich Projekte leiten, Verlag Gabler, Wiesbaden, 1999

Rowntree, D. (1992): Exploring open and distance learning, London: Kogan Page. In: Niegemann, Domagk, Hessel et al., 2008

Rückle, H. (2001): Coaching, Verlag Moderne Industrie, Landsberg, 2001

Rüsen, T. A. (2009): Krisen und Krisenmanagement in Familienunternehmen, Verlag Gabler, Wiesbaden, 2009

Salewski, W. (2008): Die Kunst des Verhandelns, Motive erkennen-erfolgreich kommunizieren. Wiley-VCH Verlag, Weinheim, 2008

Schachtner, C. und Höber, A. (Hrsg.) (2008): Learning Communities, Das Internet als neuer Lern- und Wissensraum, Campus Verlag, 2008

Schäffter, O. (1988): Bildungsexperten der Praxis. Selbstorganisiertes Erschließen von Tätigkeitsfeldern der Erwachsenenbildung als Weg der Professionalisierung. In: Gieseke (Hrsg.): 2008. In: Jordan, 2008

Schank, R. (1994): Goal-Based Scenarios: A Radical Look at Education.In: The Journal of the Learning Sciences, Jg.3, Nr. 4, S.304-345. In: Schachtner und Höber, 2008, S.146

Schiersmann, C. (2008): Betriebliches Lernen und Organisationsentwicklung. Teil 5: Betriebliche Organisations- und Personalentwicklung. Fernuniversität Hagen, Fakultät für Kultur- und Sozialwissenschaften, 2008

Schlösser, H. J. (Hrsg.) (2004): Anforderungen der Wissensgesellschaft: Informationstechnologien und Neue Medien als Herausforderungen für die Wirtschaftsdidaktik, Verlag Thomas Hobein, Bergisch Gladbach, 2004

Schmid, B. (2004): Systemisches Coaching, Konzepte und Vorgehensweisen in der Persönlichkeitsberatung, Verlag Andreas Kohlhage, Bergisch Gladbach, 2004

Schmidt, U. (2008): Lizzy Net – Vom Selbstlernen zum kooperativen Lernen in geschlechtshomogenen Gruppen. In: Schachtner und Höber (Hrsg.), 2008, S.259-271

Schneider, W. (2000): Didaktik des Rechnungswesens im Konflik zwischen Fachwissenschaft, komplexer Realität und subjektiver Fasslichkeit. In: Euler, D., Jongebloed, H.C., Sloane, P. (Hrsg.): Sozialökonomische Theorie – sozialökonomisches Handeln – Konturen und Perspektiven der Wirtschafts- und Sozialpädagogik, bajOsch-Hein, Kiel 2000

Schneidermann, B. (1978): Designing the User Interface. Logman: Addison-Wesley. In: Niegemann, Domagk, Hessel et al. (2008)

Schnotz, W. und Lowe, R. K. (2008): A unified view of learning from animated and static graphics. In: R.K. Lowe und W. Schnotz (Eds.): Learning with animation, New York: Campbridge University Press. In: Niegemann, Domagk, Hessel et al. 2008

Schömbs, W.: in: Office Management Nr.12, S.12-14

Scholz, B. und Imhof, S. (2008): In dem Projekt-Labor informieren sich Personaler über Blended Learning und erproben es gleichzeitig: Blended Learning will gelernt sein. Personal, Zeitschrift für Human Ressource Management, 2/2008, S. 21-23

Schreyoegg, A. (2004): Supervision, ein integratives Modell, Lehrbuch zu Theorie und Praxis, 4. Auflage, Verlag Jungfermann, Wiesbaden, 2004

Schröder, R. (2003): Multimediales und telekommunikatives Lernen und Lehren in der wirtschaftsberuflichen Bildung, in: Kaiser. und Kaminski, (Hrsg.) 2003

Schubert, D. (2006): Das Beständige ist der Wandel: Entwicklung von Medienkonzepten für Schule und Unterricht. In: Keil und Schubert 2006

Schuett, S. (2003): Evaluation von Bildungsprojekten, Universität Rostock, Dezernat Studium und Lehre, Rostock, 2003

Schulte, K. M. (2005): Lernen durch Einsicht, VS Verlag für Sozialwissenschaften, Wiesbaden, 2005

Schulz, W. (1965): Unterricht – Analyse und Planung. In: Heimann, P., Otto, G., Schulz, W. (Hrsg.), 1965.

Schwertfeger, B. (2006): Gesundheitsmanagement setzt auf Coaching, Zeitschrift Wirtschaft und Weiterbildung, 10/2006, S. 50-55

Scriven, M. (1991): Evaluation thesaurus, London, Sage: In: Niegemann, Domagk, Hessel et al. (2008)

Seel, N. (1997): Lernumgebungen-Theorietische Grundlagen und Anwendungen. In: Pahl, J.-P. (1997): Lern- und Arbeitsumgebungen zur Instandhaltungsausbildung. Seelze-Velber, S. 11-46. In: Dieckmann et al (Hrsg.), 2006

Seifried, J. (2004): Fachdidaktische Variationen in einer selbstorganisationsoffenen Lernumgebung. Deutscher Universitäts Verlag, 2004

Seligmann, M. (1991): Learned Optimism, University of Pennsylvania, Positive Psychologiy Center, 1991

Sembill, D. und Seifried, J. (2006): Selbstorganisiertes Lernen als didaktische Lehr-Lern-Konzeption zur Verknüpfung von selbstgesteuertem und kooperativem Lernen. In: Euler, Lang, und Pätzold (Hrsg.), (2006)

Sethi, R., Smith, D., Park, W. (2002): How to Kill a Team's Creativity, Harvard Business Review, USA, 8/2002

Shanbhag, R.(2008): Virtual Coaching Brings Video Web Training to Fortune 500 Companies, www.tmcnet.com, International Communications and Technology Community, http://call-recording.tmcnet.com/topics/agent-training/articles/35647-virtual-coaching-brings-video-web-training-fortune-500.htm, aufgerufen am 31.5.2009

Simmerl, W. und Simmerl, C. (2006): Sinn finden mit System – Coaching-Werkzeug, Zeitschrift Wirtschaft und Weiterbildung 2/2006, S. 34-35

Simon, F. B. und Weber, G. (1987): Vom Navigieren beim Driften, über den Kontext von Therapie. Familiendynamik 12, 1987, S. 355-362. In: Backhaus/Thommen, 2006

Skinner, B. F. (1971): Beyond Freedom and Dignity, Hackett Publishing Company, Indianapolis, USA, Reprint 2002

Slavin, R. (1989): Cooperative learning and student achievement. In: Slavin, R.E. (Hrsg.): School and classroom organization. Hillsdale, NJ: Erlbaum, S. 129-156. In: Euler, Lang, Pätzold, (Hrsg.) 2006

Sloane, P. (2000): Lernfelder und Unterrichtsgestaltung. In: Bbsch. 52/2000, S. 79-84, In: Horlebein und Schanz, 2005

Sloane, P. (Hrsg.) (2000): Sozialokonomische Theorie – sozialökonomisches Handeln. Konturen und Perspektiven der Wirtschafts- und Sozialpädagogik. Festschrift für Martin Twardy zum 60. Geburtstag. Kiel bajOsch-Hein Verlag für Berufs- und Wirtschaftspädagogik. In: Horlebein und Schanz (Hrsg.), 2005

Sommer, D. (2004): Qualitätsinformationssysteme für E-Learning Anwendungen, Dissertationsarbeit an der Universität Karlsruhe, AIFB Institut für angewandte Informatik, Books on Demand, Norderstedt, 2004

Speck, P. (2005): Employability, Herausforderung für die strategische Personalentwicklung, Gabler Verlag, Wiesbaden, 2005

Spemann, K. (2008): Vom Feld bis auf den Teller – Stufenübergreifendes Themen- und Ereignismanagement des QS Prüfsystems für Lebensmittel. In: Roselieb und Dreher (Hrsg.), 2008

Spiro, R. J., et al. (1988): Cognitive flexibility theory : Advanced konwledge acquisition in ill structured domains. 10th Annual Conference of the Cognitive Science Society, Hillsdale, In: Deschler, 2007

Spiro, R. J. et al. (1989) : Cognitive flexibility theory. Advanced knowledge acquisition in ill-structured domains. Hillsdale: Erlbaum. In: Weritz, 2008

Spiro, R. J. et al. (1992): Cognitive flexibility, constructivism and hypertext. Random access instruction for advanced knowledge acquisition in ill structured domains, Hillsdale. In: Deschler, 2007

Sporer, T. (2008): Projekt Knowledgebay – Ein Fallbeispiel zur Integration extracurricularer Studierendenprojekte in das Hochschulstudium. In: Schachtner und Höber (Hrsg.), 2008, S. 145-157

Stieler-Lorenz, B. und Krause, A. (2003): E-Learning in der Weiterbildung-Chance oder Krise? In: Wendt und Caumanns (Hrsg.), 2003

Strijbos, J.-W., Martens, R.L., Jochems, W. M. G., Broers, N. J. (2004): Telekooperation – Verteilte Arbeits- und Organisationsformen. Small Group Research, 35(2), S. 195-229. In: Carell, 2006

Stöger, R. (2009): Krisen zur Neuorientierung nutzen. Zeitschrift Harvard Business Manager, 12/2009, S. 70-7

Storch, M. (2007): Coaching: Wie Manager entspannen lernen. Zeitschrift Harvard Business Manager, 8/2007, S. 8-10

Taranovych, Y., Rudolph, S., Förster, C., Krcmar, H. (2004): Webbasiertes Projekt-Coaching – Ein Ansatz zur Unterstützung wissensintensiver Coaching-Dienstleistungen im Umfeld digitaler Produktionen. TU München, Lehrstuhl für Wirtschaftsinformatik. http://wwwkrcmar.in.tum.de/public/webcoach/wsw/attachments/WebCo@ch_Artikel_GeNeMe2004.pdf, abgerufen am 13.1.2010, gedruckte Version in: Engelien, M.; Meissner, K. (Hrsg.), Virtuelle Organisation und neue Medien, EUL Verlag, 2004, S. 237-248

Tenberg, R. (2006): Didaktik lernfeldstrukturierten Unterrichts, Verlag Handwerk und Technik, Hamburg, 2006

Tenfelde, W. (1996): Wirtschaftsdidaktik. In: Rebmann, K., Fachdidaktik Wirtschaft und Verwaltung, 2005

Terhart, E. (2008): Allgemeine Didaktik, Traditionen, Neuanfänge, Herausforderungen. In: Perspektiven der Didaktik, Zeitschrift für Erziehungswissenschaft, Sonderheft 9, VS Verlag für Sozialwissenschaften, Wiesbaden, 2008

Thönneßen, J. (2001): Entscheidungen aus dem Bauch heraus, Personalwirtschaft 4/2001.In: Hofmann, E., 2008

Thom, N. (1992): Organisationsentwicklung. In: Handwörterbuch der Organisation, hrsg. v. Frese, Erich, 3. Aufl., Stuttgart 1992, Sp. 1477 - 1491

Thom, N. und Zaugg, R. (Hrsg.) (2007): Moderne Personalentwicklung, Mitarbeiterpotenziale erkennen, entwickeln und fördern, 2. Aufl., Gabler Verlag, Wiesbaden, 2007

Thoresen, C. und Mahoney, M. (1974): Behavioral Self Control, Holt, New York, 1974

Thorne, K. (2003): Blended Learning. How to integrate online and traditional learning, Kogan Page Publishers, London, UK, 2003

Thüringer Institut für Lehrerfortbildung, Lehrplanentwicklung und Medien (Hrsg.), (2006): Vom Lernfeld zur Lernsituation, Bad Berka

Tietgens, H. (1991): Ein Blick der Erwachsenenbildung auf die Biographieforschung. In: Hoerning, E.M.: Biographieforschung und Erwachsenenbildung, Verlag Klinkhardt, Bad Heilbrunn, S. 206-223. In: Knoll, 2008

Tietgens, H. (1992): Reflexionen zur Erwachsenendidaktik. Pädagogische Arbeitsstelle des deutschen Volkshochschulverbandes (Hrsg.): Theorie und Praxis der Erwachsenenbildung, 1.Aufl. Verlag Klinkhardt, Bad Heilbrunn, 1992, in: Jordan, 2008

Ting, S. und Scisco, P. (Eds.) (2006): The CCL handbook of coaching: A guide for the leader coach, John Wiley & Sons, San Francisco, USA, 2006

Tomann, Walter (1978): Tiefenpsychologie. Zur Motivation des Menschen, ihrer Entwicklung, ihren Störungen und ihren Beeinflussungsmöglichkeiten, Stuttgart, 1978

Tümmers, J., Kraux, A., Barkey, F. (1995): Ganzheitliche Problemorientierung in der sozialpädagogischen Ausbildung von Berufs- und Wirtschaftspädagogen, Universität Gesamthochschule Kassel, Berufs- und Wirtschaftspädagogik, Bd. 19, 1995

Uljens, M. (1997): School Didactics and Learning: A School Didactic Model Framing an Analysis of Pedagogical Implications of Learning Theory. Psychology Press. Hove, England, 1997, p. 126.

Wahren, H.-K. und Hoffmann, T. (1998): Das lernende Unternehmen. Gemeinsam individuelles Wissen nutzen. In: Blick durch die Wirtschaft, Jg. 41, Nr. 131. In: Kirsch, 2008

Weber, P. und Werner, S. (2005): Online Lernen in der Aus- und Weiterbildung – Ein Modell für die Praxis, Reinhold Krämer Verlag, Hamburg, 2005

Weber, T. (2006): Anreizsysteme für die betriebliche Forschung und Entwicklung, Verlag DUV, Wiesbaden, 2006

Wehmeier, P. (2001): Selbstmanagement, Organisationsentwicklung und Interaktion, Verlag Wissenschaft und Praxis, Sternenfels 2001

Weinbrenner, P. (1999): Problemorientierung als fachwissenschaftliche und fachdidaktische Kategorie der Wirtschafts- und Sozialwissenschaften. Schriften zur Didaktik der Wirtschafts- und Sozialwissenschaften, Nr. 46, Universität Bielefeld, Fakultät für Wirtschaftswissenschaften, 1999

Weiner, F. (1982): Selbstgesteuertes Lernen als Voraussetzung, Methode und Ziel des Unterrrichts. In: Unterrichtswissenschaft 10(1982),2:99-110, in: Rebel (2008)

Weißeno, G. (2006): Politik und Wirtschaft unterrichten, VS Verlag für Sozialwissenschaften, Wiesbaden, 2006

Wendel, W. (2005): Der Einsatz einer Selbstlernarchitektur in der Lehrer/-innenbildung, in: Forneck, H. et al., 2005.

Wendt, A. und Caumanns, J. (Hrsg.) (2003): Arbeitsprozessorientierte Weiterbildung und E-Learning, vom Content zum Coaching: E-Learning in arbeitsprozessorientierten Lernszenarien, Waxmann Verlag, Münster, 2003

Weritz, W. (2008): Fall- und problemorientiertes Lernen in hybriden Lernarrangements, Internationaler Verlag der Wissenschaften Peter Lang, Frankfurt am Main, 2008

Westbury, I., Hopmann, S., Riquarts, K., (Eds.) (2000): Teaching as a Reflective Practise: The German Didaktik Tradition. Publisher: Lawrence Erlbaum Associates. Mahwah, NJ, 2000

Wild, E., Hofer, M., Pekrun, R. (2006): Psychologie des Lernens, in A. Krapp und B. Weidenmann (Hrsg.), Pädagogische Psychologie (S. 203-268). Weinheim: Beltz, hier in: Deschler, 2007

Wimmer, H. (2008): Hochwasserkatastrophe 2002 – Bewältigung und Auswirkungen unter dem Gesichtspunkt des Katastrophenschutzmanagements, hier in: Grossmann, G. (Hrsg.), 2008

Winkel, S., Petermann, F., Petermann, U. (2006): Lernpsychologie, UTB Verlag, Stuttgart, 2006

Wirth, K. (2006): Konstruktion problembasierter Lernumgebungen im Spannungsverhältnis informationstechnischer und pädagogischer Rationalität. Europäischer Verlag der Wissenschaften, Frankfurt am Main, 2006

Woll, H. (2005): Die Umsetzung des Lernfeldkonzeptes in einem Schulbuch für Industriekaufleute. In: Horlebein und Schanz, 2005, S. 74-96

Zentrum für Lehrerfortbildung (2006): Workshop der Studienwerkstätten für Lehrerausbildung an der Universität Kassel. Universität Kassel, Kassel, 2006

Zimmer, G. (2006): Was bestimmt den Lernerfolg? Aufgabenorientierte Didaktik als Grundkonzept für den Erwerb ganzheitlicher Handlungskompetenzen. In: Dieckmann et al. (Hrsg.), 2006

Zimmermann, B. J. (2000): Attaining self-regulation: A social cognitive perspective. In: M. Boekaerts, P.R. Pintrich, M. Zeidner. Handbook of self-regulation (13-39). London, Academic Press. In: Pickl 2004, S.22

Zimmerman, B. J. und Risemberg, R. (1997). Becoming a self-regulated writer: A social cognitive perspective. Contemporary Educational Psychology, 22, 73-101. In: Pickl 2004, S. 23

Zimmermann, M. (2008): Die Professionalisierung der Coachingbranche. Diplomarbeit an der wirtschaftswissenschafltichen Fakultät der Fachhochschule Fresenius, Idstein, GRIN Verlag, Books on Demand, München, 2008